国家社会科学基金重大项目"长江上游生态大保护政策可持续性与机制构建研究"（20&ZD096）资助

国土综合整治与生态修复技术研究

——以重庆市为例

邵景安　邓　华　马　磊等　著

科学出版社

北　京

内 容 简 介

本书基于地域分异规律，聚焦生态–经济强信号对国土资源提出的新要求，结合乡村振兴、生态修复等领域的需求，从粮油主产区高标准基本农田建设、特色农业区高附加值产业化发展、建设用地挖潜区价值转换与流动、保育区与屏障区景观修复与再造四个方面系统地开展国土综合整治与生态修复技术的集成和创新研究。

本书可供土地综合整治、国土空间规划、流域生态治理、国土空间生态修复、高标准农田建设等领域的专业人员及决策者参阅。

图书在版编目(CIP)数据

国土综合整治与生态修复技术研究：以重庆市为例 / 邵景安等著. —北京：科学出版社，2024.3
ISBN 978-7-03-076440-9

Ⅰ. ①国… Ⅱ. ①邵… Ⅲ. ①国土整治–研究–中国 ②国土资源–生态恢复–研究–中国 Ⅳ. ①F129.9 ②X321.2

中国国家版本馆 CIP 数据核字(2023) 第 182533 号

责任编辑：陈 杰 / 责任校对：彭 映
责任印制：罗 科 / 封面设计：义和文创

科学出版社 出版
北京东黄城根北街16号
邮政编码：100717
http://www.sciencep.com

成都锦瑞印刷有限责任公司 印刷
科学出版社发行 各地新华书店经销
*
2024 年 3 月第 一 版 开本：787×1092 1/16
2024 年 3 月第一次印刷 印张：13 3/4
字数：322 000

定价：159.00 元
（如有印装质量问题，我社负责调换）

编 委 会

前　　言

　　国土综合整治与生态修复的开展，符合"十四五"规划纲要提出的"推动绿色发展，促进人与自然和谐共生"的根本方略，符合国家生态文明建设和"两山论""两化论"的理论精髓，更与不同区域自然、经济、社会基础和发展趋势的分异相一致，而土地整治作为平衡区域发展环境的重要手段之一，其行动也必然要体现差别化。重庆作为中国的典型丘陵山区之一，占据长江上游的腹心地带和西南地区重要增长极之位，经济战略地位重要，生态屏障作用独特，而且，重庆又是我国最大的直辖市和统筹城乡发展试验区的重要组成部分之一，在率先统筹城乡和破解"三农"问题的双重压力下，重庆如何才能实现经济的健康发展，打牢"菜篮子""米袋子"基础，并切实维持良好的生态资源本底，均是目前所必须统筹的主要问题。本书根据地形地貌和产业发展、生态建设的需要，从粮油主产区高标准基本农田建设、特色农业区高附加值产业化发展、建设用地挖潜区价值转换与流动、保育区与屏障区景观修复与再造四个方面开展技术集成与创新，结果如下。

　　(1)粮油主产区高标准基本农田建设的差别化以影响土地利用的限制性因子为突破口，在浅丘带坝、河谷平坝区，满足农业生产的机械化、高效化，开展基本农田的条田整治，特别是合理确定田块大小非常重要；在浅丘宽谷与丘陵交错区，基于田块分散化、镶嵌式基本农田分布特点，以地形起伏为约束，考虑机械化耕作需要，融条田-缓坡整治为一体；在岩溶槽谷耕地连片区，以解决灌溉排水为出发点，构建高集中、低保水基本农田灌排系统整治体系；在中低山缓坡丘陵过渡区，为满足规模化、连片式基本农田建设需要，满足交通通达性和耕作便捷性的需要，构建合适的道路体系，包括路网完整性、生态化(宽度、材质)等。

　　(2)特色农业区高附加值产业化发展的差别化以特色产业发展的需求为导向，强调一体化的集成配套，形成"标准化田坎整治、公共基础设施和服务设施配套"的特色农业区差别化农地整治技术体系。高附加值农业特色产业的发展常基于"工业化发展思想"，走规模化、产业化道路，对标准田块和基础设施配套均有特殊的要求，如柑橘园的发展对灌排、道路等的要求不同于其他产业。而且，在适应市场发展方面，也要走产供销一体化道路，需要一定的公共服务设施配套。不同产业发展阶段，对公共服务设施的需求差异较大，如产业功能提升和链条延伸阶段就不同于重构阶段，针对目前设施农用地不足的问题，研发了公共资源嫁接技术，将农村闲置建设用地嫁接到农业产业发展过程中，分散满足设施农用地需要。

　　(3)建设用地挖潜区差别化整治主要体现在复垦方向的确定、拆除物的再利用与生态化处置、耕作层保护等方面，研发集"挖潜区评价、工程布局优选、地上附着物再利用和邻近地类整合"于一体的建设用地挖潜区差别化整治技术体系。在建设用地挖潜区，构建了可整治出土地类别的快速分类、识别与功能评价技术；在宅基地复垦片块内，形成了工程布局比选和地上复杂附属物循环再利用与处置技术；针对线性工程周围的闲置临时用地，以就地复垦归并为主，研发了与邻近用途间的重划-整合高效利用技术；对于表土剥离区，理清了剥离、运输、堆放与覆土间的关系，形成了耕作层层序剥离、堆放定位、运距设置和异地覆盖、熟化再利用技术。

(4)考虑关键区域(保育区与屏障区)的生态修复，兼顾生态脆弱和非脆弱区，以景观修复和再造为抓手，以全域生态建设为目标，形成了集"重要水体屏障区保护、矿山环境修复、地质灾害防治和高山生态保育"于一体的保育区与屏障区差别化整治技术体系。在大江大河流域和主要水库周围，主要关注水土流失防治和污染物拦截与消纳；针对综合压占损毁与采动影响损毁单元，重点考虑矿山生态环境快速修复与再造；在整合搬迁避让与就地防治的地灾多发或隐患区，突出生物修复与工程阻挡相结合；针对高山整体移民与可耕地用途转换，进行景观自然恢复与人工选育再造的整合。

基于已有研究成果和现有实践，本书分不同类型对土地整治的差别化进行了研究和集成，从整个研究过程看，研究还存在以下几个方面的问题。

(1)研究选择的典型区或示范区是针对每一项差别化内容的，从差别化理念的运用方面看，具有较大程度的适用性，可外延至其他项目。然而，如细化到工程布局的差别化，本研究基于典型区或示范区的参数就需要进行一定修正。

(2)部分研究内容因未收集到相关资料或在重庆没有开展，研究过程中就没有给出典型区或示范区的研究结果，仅开展了理论性研究和集成。

(3)本书涉及的研究体量较大，部分研究工作仍在进一步开展，后续还会有一些新的研究成果或结论出现，现有研究成果会进一步完善。

目　　录

第1章 研究背景

1.1 研究的必要性及推广应用前景

1.1.1 研究的必要性

(1)开展差别化国土综合整治与生态修复技术研究，符合贯彻国家政策倾斜和践行主体功能区划的主要行动，可丰富全域土地整治的区域空间内涵。

开展差别化国土综合整治与生态修复技术研究，可满足重庆不同区域发展所面临的生态-经济强信号对国土资源空间差别化的需求。2016年习近平总书记到重庆考察时提出了生态优先的绿色发展新理念，2016年两会提出的"不要'要钱不要命'的发展"，以及"要像保护眼睛一样保护生态环境"，不仅给重庆经济跨越式发展营造了良好势头，而且将其在长江上游的生态战略地位提高到了"全域""大安全"的战略需求高度，但这些强信号的破解，必须以现有或未来国土资源的空间差别化整治和有序开发为载体，优化空间布局，整合和协调人口、资源和环境之间的关系，以更好地完成国家和重庆关于生态-经济的重大战略部署和落地。贯彻国家政策倾斜的主要行动，体现在如何在"粮食安全、经济安全和生态安全"间找到平衡点，而所有这些又最终诉诸土地。而且，"三大安全"的实现又不能完全依靠原有的方式，如粮食安全已由注重土地生产率转向强调劳动生产率（适度规模经营），经济安全已形成城镇化引擎的新格局（城乡建设统筹），生态安全已由单纯的生态治理转向提升生态整体服务功能，必须依靠国土资源差别化整治技术的集成与研发，进行高标准基本农田建设，实施适度规模经营，提高劳动生产率；统筹城乡建设用地综合整治，破解城镇化发展瓶颈，实现经济增长方式转变和经济梯度转移；开展景观生态再造，打造田园、宜居的生产生活环境，为经济发展和产业重构提供良好的景观生态场。最终，丰富全域土地整治的区域空间内涵，体现不同区域自然和社会经济的差别化，以及区域内自然与社会经济间的共生化、协同化，提升全域土地整治的合理性与适应性。

(2)攻克差别化国土综合整治与生态修复技术，有助于实现针对不同区域特点实施不同整治方略的整治诉求，破解重庆整治技术的普适性问题。

尽管重庆的土地整治经由最初的"土地整治"→"整镇推进"→"整村推进"→"高标准基本农田建设"演化到"全域整治"，但从规划设计所涉及的工程技术看，都没有摆脱最传统的"土地整治"的影响，即工程布局没能体现区域本身的分异性，公共基础设施和服务设施的配套以及土地平整工程的开展仍旧停留于低水平的重复阶段，当然，更未考虑当地产业发展、居民生产和生活、生态环境维持和保护对工程的具体需求，尤其是整治区耕地利用效率、主导产业培育、整治后与功能提升相配套的利用方式转变等，目前的土地整治技术的普适性较强，能够体现区域特色和产业发展需求的整治规划并不多见。特别需要提出的是，即便部分整治项目提到产业发展，但产业选择与打造大多不是基于项目所在区域"水土气生人"资源本底优势，或者并未对其展开进一步的挖掘。

重庆目前的国土综合整治与生态修复，大多仍停留在田、水、路、林、村的综合整治和配套上(部分对周围生态景观重视不够)，尚未实现在整治区开展资源环境效应诊断、项目类型判别与选址、产业发展培育、景观生态再造等方面的技术研究和创新，规划设计方案中涉及与生态景观有关的内容，往往轻描淡写地带过。新增耕地面积仍受路、沟、渠、林等占用多且乱的限制，农业产业化也未在产业化规模扩大方面实现配套设施技术的突破，城乡建设用地统筹因缺乏合适的评价技术体系，没有突破城乡建设用地逐级流动的技术障碍，景观生态建设受生态化设计技术的约束，未能达到生态化路面、生态化沟渠、生态化土地平整、生态化防护等的综合要求，"田水路林村"共同体的耦合程度较差且档次较低。

要实现重庆国土综合整治与生态修复技术由传统向现代的转变，必须集成和研发差别化国土综合整治与生态修复技术，实现土地整治由数量向质量和生态方向转变，规划布局由均一化向有重点、有针对性方向转变，规划效应由同质化向差别化方向转变，提升基于产业选择的特色性及其与"田水路林村"共同体间的耦合程度。伴随党的十八大和十八届三中全会后土地流转、适度规模经营、生态文明等强信号的发出，必须开展差别化国土综合整治与生态修复技术的集成与研发，尤其需要在高标准基本农田建设、特色农业产业发展、城乡建设用地统筹、景观生态再造四个方面取得突破，防止目前国土综合整治与生态修复技术普适性的继续蔓延，并设计出符合地方诉求的整治方案。

(3)开展差别化国土综合整治与生态修复技术研究，符合确保公平与公共资源、基础设施惠及广大人民群众的初衷。

目前看，重庆的国土综合整治与生态修复工作已由最初的注重增加耕地、提高基础设施的配套程度、确保耕地总量动态平衡和提高耕地的抗旱涝能力，逐渐向以产业培育为目标，强调适度规模经营和集约化程度的高标准农田建设过渡。

详细分析目前服务于农业产业发展的国土综合整治，可以发现主要存在三大问题：首先，国土综合整治工程的类别布设，没能很好地体现产业发展适应市场频繁变化的多功能性，即现有的国土综合整治工程不管是田土调型(条田和缓坡)、田间道路规格还是灌排水系布设都不具有多功能性；其次，国土综合整治工程很少被布局于粮油主产区，而是大多布设于高附加值特色产业优势明显区，即盲目追求特色产业的培育和经济产出，很大程度上背离了国家层面开展高标准基本农田建设的根本目的；最后，国土综合整治较多布设于工商资本介入的土地流转区，而很少布局于缺少工商资本介入的一般农业发展区，即盲目为工商资本的介入提供大包大揽的基础和服务设施建设，助长了工商资本介入的思维惯性。在这三大问题的影响下，国土整治工程不仅不能适应市场变化，而且还会造成农业的畸形发展，以及国家投入国土整治成为部分工商资本牟利的不公平现象的频繁发生，且一旦工商资本因效益不佳而撤出，整治区又会回到原有状态。

很显然，农业产业的现代化离不开市场需求导向的作用，而市场导向下的需求变化势必带来产业发展方向的调整，当然，产业发展思路和定位变换也必将促使与其配套的土地整治工程相应变动。因此，在受市场影响较大的产业发展区，国土整治工程的差别化特性就体现在工程本身的多功能性上。

高附加值特色农业区在产业发展上拥有较粮油主产区更好的经济收益，而且，整治后产业有看头、农民有赚头、产投有算头，从而使得土地整治工程大多布设于此地。对此，国土整治的差别化就是要以粮油主产区为主，当然需要兼顾高附加值特色农业产业的发展。

工商资本介入农业必将用工业化发展的理念发展农业，且工商资本在发展农业时必将以营利为目的，当然，没有工商资本的介入，现代农业的发展可能需要更长的时间，但是，不能为此就大包大揽工商资本介入区所需要的全部整治工程。在工商资本介入区，本着"筑巢引凤"的理念，为其产业发展布局大的基础设施或公共服务设施，剩余部分留给他们自己来投入。这不仅体现国土整治的差别化理念，而且能确保国家公投享用的公平性。

1.1.2　研究的推广应用前景

土地整治立足需求、谋转型。农村土地整治涉及范围广泛、项目建设施工手续繁杂、事关众多主体的切身利益，很多整治规划设计与多主体的要求难以完全一致，由此导致管理方、施工方和利用方矛盾重重。在规划设计环节要区别对待不同类型的国土整治项目，创新差别化土地整治技术，做到因地制宜、贴近群众。现行土地整治立项程序是区（县）及以上国土部门申报立项，通过招投标方式确定施工企业，乡镇、村进行协调，整治好后交给村民委员会，村民委员会再将田块分配到承包的农户，或转包给其他经营主体。但在实际执行过程中，上级要求与多主体诉求会有很多不一致的地方，协调困难，难接地气。

其实，在这一过程中关键就是缺乏差别化国土整治的理念，并在其指导下创新差别化土地整治技术。"资源决定产业，整治服务产业"，这是必须遵守的大区域土地整治思路，否则，土地整治定不能协调多方利益，不能接地气。针对这一问题，开展差别化国土综合整治与生态修复技术的集成和创新研究，重点攻克以粮油主产区高标准基本农田建设、特色农业区高附加值产业化发展、建设用地挖潜区价值转换与流动、保育区与屏障区景观修复与再造为主要内容的差别化国土综合整治与生态修复技术。借助技术集成与创新，突破土地差别化整治规划技术，攻克土地整治从传统向现代技术转变过程中的"瓶颈"问题，实现土地整治由数量向质量和生态方向的转变。本研究为重庆生态-经济强信号所带来的现代农业发展对适度规模经营的需求、经济跨越式发展对建设用地的需求、全域生态文明战略地位维持对生态用地的需要提供技术支撑，提升重庆国土空间开发与整治的整体水平，提高关键整治技术的适宜性程度。以往开展的与土地整治有关的技术研究，主要是瞄准具体的工程设计方面的技术研究，而关于工程规划布局的技术创新涉及相对较少，特别是在特定资源本底约束下，产业选择有较大差异，建设用地流动与价值显化路径不同，生态地位也各不相同，如何突破或设计出针对粮油主产区、特色农业发展、建设用地挖潜、生态保育与再造的差别化国土综合整治与生态修复技术，关键在于规划布局方面的技术研发，以实现重庆农村国土空间开发的优化。

　　当然，以往的土地整治缺乏差别化理念的支撑，导致规划设计没有特色，独特性差，到处以农村道路的修建为主，水利设施布局相对较少，且不能到达主要田块，土地平整或田块归并更是摆设，生态环境保护工程仅写在纸上。产生这一问题的原因，在于整个土地整治的规划思路仍停留在最初"土地整治"的水平上，不能站在区域"水土气生"耦合的背景下，对产业发展、生态保护、建设用地流动作出较为合适的定位，致使研究区"水土气生"要素变成"八股式"的简述，规划设计人员根本不知道"水土气生"对当地产业发展有什么作用，在这种情况下，产业选择与定位大多缺乏根基，雷同、相似性较强，而服务于产业发展的土地整治工程的布局更是缺乏差别化，重路轻水现象经常发生。更为可笑的是，在规划设计时，布局、变更及规划的不落地均与当地农民有关。其实，在土地整治规划过程中，应区分是粮油主产区高标准基本农田建设还是特色农业区高附加值产业化发展，是建设用地挖潜区价值转换与流动还是保育区与屏障区景观修复与再造，只有理清楚这些问题才能有针对性地规划设计出适合特定区域的整治方案，也才能设计出接地气、好实施、多主体的差别化国土整治优化方案。从这个意义上讲，本研究成果具有很好的推广应用前景，尤其是可以改变现有国土综合整治的规划设计理念，将差别化贯穿于国土综合整治工程的全过程。针对重庆市来说，本研究成果的推广应用前景主要体现在以下三方面。

　　(1)重庆市国土整治量大、面广，需要差别化国土综合整治与生态修复技术。截至2023年，全市乃至全国均没有一个完善的差别化国土综合整治技术规范或要求，导致现行的国土整治规划设计思路仍是走老路。针对重庆市国土整治量大、面广的特点，亟须创新农村差别化土地整治技术，设计出独具地方特色的土地整治方案，服务于生产、生活和生态需求。

　　(2)新一轮高标准基本农田建设需要差别化国土综合整治与生态修复技术。截至2020年底，重庆市已建成高标准基本农田1315万亩[①]，为夯实粮食生产、确保稳产保供奠定了坚实基础。在高标准基本农田建设过程中，重庆市也探索出了不同的整治模式，如"基本具备""稍加改造"和"全面整治"三种类型，还制定了《重庆市高标准基本农田建设技术要求》等一系列的技术要求。但是，随着高标准农田建设的进一步推进，对"高标准"定义和尺度的理解也将越来越深刻，"高标准"不应仅仅是对耕地产能、农业机械化、规模化的"高标准"，还应在规划设计的差别化上予以"高标准、严要求"。新时期的高标准基本农田建设强调差别化的重要性，从差别化的角度出发，进行高标准规划设计，真正意义上达到"提高基础设施配套程度，改善农业机械化、规模化生产条件，增强抵御自然灾害能力，改善生态景观，提高粮食生产保障能力"的建设目标。

　　(3)为农田基础设施建设提供差别化整治思路与规范。农田基础设施的建设大多停留在加强田间水资源利用效率、改善农村道路通达性等方面，实施的工程一般倾向于以硬化为主，较少考虑对产业需求的差别化的影响，更没有考虑生态景观的培育与再造。因而急需以差别化意识来加快推进农田基础设施整治，并建立相应的标准体系。

---

① 1亩≈666.7平方米。

1.2 国内外研究现状评述

经济的持续良性发展不仅仅需要建设用地作保障，而且还需要粮食安全和生态安全提供基础支撑，否则，经济发展就失去了根基和保障，从这个意义上讲，国家提出的"保增长，保红线"和"生态文明"的用地思路也就不难理解了(Long et al.，2010，2019)。但是，不管是经济发展还是粮食生产与生态完整性提升，其所有目标的实现均系于土地，均需要一定的土地为基础(刘刊等，2010)。然而，在党的十八大和十八届三中全会后，经济发展、粮食生产和生态维持三者均面临难得的机遇和挑战，在后备资源供给有限的情况下，需要对一定区域内的国土空间资源进行重新审视，以便更好地以土地整治为手段开展优化调控(贾文涛，2012；白中科等，2019)。

农村土地综合整治的健康运行脱离不了自然、经济和体制系统的耦合框架。欧盟的农村土地综合整治框架，借助国土均衡开发，达到了发展基础设施、改善地区结构、缩小经济差距和转移经济梯度的目的(施学光，2001；López-Gamero et al.，2009；雅克·马修·亨利·博德利，2017)。分析发现，欧盟的综合整治始终以区域的总体格局为背景，注重人口、资源和环境的"空间互补"，区域间的"减压增效"效应发挥明显。譬如，整治中，法国的乡村发展就强调农业产业化和景观保护与再造(彭新万，2006)；德国20世纪90年代以来的快速发展和农民进城，掀起了城乡互动的整治热潮(施学光，2001；周淑景，2002)。

农村土地综合整治的开展并取得预期效果离不开好的思路框架，适应性技术的创新与研发更为这一整治运行提供了强有力的支撑。德国的农村土地综合整治技术创新，已跳出短期的、单纯的田块归并和调整的技术思路，将改善农林业生产条件、改善生态环境和保护景观、促进乡村革新等视为一个综合的技术体系(张国斌，2008；Pašakarnis and Maliene，2010)，这源于其曾单独追求耕地面积和作物产量而使生态环境遭到破坏的经历。经过多年的发展，具体的整治技术现已形成一套完善的技术框架(中央党校访德代表团，2006；秦天宝，2007；Cay and Iscan，2011)，如路沟渠林节地、灌溉节水、机械化压实恢复、景观再造、田块归并、土壤污染防治等技术。同时，德国还重视信息工程技术研发(贾文涛和张中帆，2005；Pašakarnis et al.，2013)，如节水技术中的激光平地技术，具有精度高、灌溉均匀的特点，适合以增加耕地为主的土地整治区。

日本国土面积较少，资源短缺，其农村土地综合整治更是遵循严格的技术程序(伍新木和杨莹，2006)，不仅有像德国那样的工程和信息技术，而且还针对不同的整治对象，编制不同的技术细则，创新不同的技术体系。如水资源管理、森林管理、防灾减灾等，以使每块土地发挥其最大的价值。法国"农村土地综合整治"的技术创新行动，也是循着相同思路，进行整治优化设计的技术创新，涉及国土资源的信息化监测与诊断、整治工程施工、均衡区域整治等技术。其中，信息化监测与诊断使得整治以现存的问题和人的需求为出发点(潘文灿，2001)，整治工程施工技术便于防止土壤压实和土壤结构变异，均衡区域整治技术则主要基于区域协调发展、基础设施建设、景观生态保护等方面进行(袁中友等，2012)。

以上分析表明，国外的土地整治技术已日臻成熟，在优化国土空间布局、支持经济梯度转移，以及维持生态环境健康演化、生态农业发展、新型城镇化建设、耕地保护等方面确实发挥了非常重要的作用。换句话说，国外的经验是宏观布局指导微观技术创新，而微观技术突破实践宏观战略目标。从深层次角度看，国外的土地整治技术始终以国土资源的空间差别化特性为基础，开展针对性、因地制宜和求同存异的土地整治技术的研发，这是值得我们借鉴之处。

国外农村土地综合整治技术的成熟，并不能说明我国就不必开展农村土地综合整治技术的研发。众所周知，各国的土地整治技术的创新动力，均受自身技术水平、自然环境格局、生态-经济态势和未来发展的需求所驱动。国外的技术可以参考、借鉴，但不能照搬、照抄，否则，不但不能起到预期的整治效果，还可能抑制我国对创新农村土地整治技术的兴趣，不利于土地整治由传统向现代技术的突破（鲍海君和徐保根，2009；陈浮等，2018）。为此，必须进行适合我国农村土地整治的新技术攻关，以形成符合我国居民现有认识、符合资源环境和生态-经济态势等的土地整治技术框架，避免直接引进技术导致的不适性。

我国开展土地综合整治技术研究由来已久，沿"新中国成立初期至20世纪80年代前期的国土规划、改田改土→20世纪80年代中后期至2000年前的'田水路林村'的综合整治→2000～2010年的土地整治、生态退耕和新农村建设→2010年以来的整镇推进、整村推进和全域整治"的轨迹演变。20世纪80年代前期的国土规划、改田改土主要以提高土地产出率为最终目标，其中前者主要从宏观上切入对国土资源进行空间安排，协调区域间发展的不平衡，如区域产业布局、大的基础设施调整、灾害治理与防治、开发整治、经济区划等（胡序威，1982；郑秋月等，2018），其实，这个意义上的国土规划与国外发达国家土地整治有很大的趋同性，即协调区域经济发展的不平衡、改善生态环境等。后者是在前者导向的基础上开展的从微观层面入手的田土调型和培肥地力的沃土和水土流失治理工程，如坡改梯、保水保肥、增施有机肥等（严企松，1959；胡桐元，1984；刘东海，1985；曾吉彬等，2018），而从这个意义上讲，改田改土与我国2000年后开展的土地整治有很大相似性。

20世纪80年代中后期至2000年的"田水路林村"的综合整治，主要从微观尺度协调经济、社会与生态间的耦合性，是从系统论角度将田、水、路、林和村间的关系囊括在土地整治当中，属我国最早提出改善生产条件、提高生活质量、维持生态环境三位一体的做法（白宪台和景才瑞，1994）。但是，从综合整治的覆盖面来讲，这一做法与后来深入开展的整镇推进、整村推进以及全域整治和高标准基本农田建设是基本一致的，只是前者在综合整治的过程中未明确提出瞄准产业发展（林芬和宋衍川，1995；周丽和唐瑭，2018），而后者的开展则要求考虑产业发展的实际情况，使整治为产业发展服好务。

2000～2010年的土地整治、生态退耕和新农村建设，是分别开展但又有相互联系的土地整治工程，如土地整治主要针对农业生产用地，或可开发为农业生产用地的土地，实施土地平整、道路设施和灌排系统配套等，即瞄准生产和生产生态（邵景安等，2005；魏秀菊等，2005）；生态退耕主要是2002～2006年开展的陡坡耕地的退耕，是纯属改善生态环境的做法（赖敏和刘黎明，2006）；新农村建设是为配合土地整治、田块归并和产业发展而实施的改善居住条件和居住环境的惠民行动（邵景安等，2004；单薇等，2019）。可以说，它们三者各有侧重点，相互之间又有些联系，但离综合整治仍有一定差距。

2010 年以来的整镇推进、整村推进、全域整治，尽管已将镇或村域的所有国土资源囊括在规划范围内统一考虑，实现各要素与工程系统的整合(虞卫和冯书剑，2011；胡存智，2011；陈讯，2011；刘建生和赵小敏，2012；邹长新等，2018)，但仍没能达到预期的效果。究其原因，一方面，业主或规划单位没能清晰地认识或挖掘出镇或村域的资源差别、发展优势、存在问题及未来可能的发展思路与定位；另一方面，没有设计出针对性地优化国土资源配置，改善生产、生活与生态环境的具体做法。其结果使得现有的规划方案大多拥有很强的趋同性，差异性或差别化小。所谓的镇域、村域或其他尺度的全域仅仅是更换一下研究区及研究区的自然社会经济概况，其他方面的工程与技术措施则很大程度上属套用或稍微修改后搬抄。

当然，伴随上述土地整治演进路径的推进，一大批技术应运而生，主要涉及项目快速选址识别、整治规划方案优选、节地化和生态化设计、"田水路林村"系统配套、整治后效应评估、地力培肥和土壤改良等技术。如叶艳妹和吴次芳(2002)研发的整治景观生态设计、整治后土壤性状的变化及其重建技术和工艺等，赵桂慎等(2007)开发的整治过程中的农田景观生态工程技术，张锋和王慎敏(2008)开发的整治规划方案择优技术，林坚和李尧(2007)提出的农村宅基地整治规划技术标准，黄霄羽等(2008)提出的整治中的景观生态规划设计系统，黄威等(2013)对吉林省的土地整治规划进行的环境影响评价，等等。

通过分析不难发现，我国的上述有关农村土地综合整治规划、设计、方案优选等方面的技术研发和标准化尚未形成统一的技术体系，不能适应地域分异规律的自然地理格局和生态-经济现实的发展态势的需求(王军等，2018)。查阅现有编制的方案文本和图件，以及已竣工或正在实施的整治项目，能够很清楚地看出，不同区域规划设计方案及所涉及的工程拥有很大程度的趋同性，田土调型规格、田间道路和灌排设施的标准也很雷同，即能够体现不同区域自然地理条件和社会经济发展背景的差别化整治很少出现。从这个意义上讲，土地整治的内涵与国家和地区开展土地整治的初衷相悖，因为它的开展没能缩小区域间的不平衡，没能降低限制性因素对可持续发展的作用程度，没能优化区域国土资源的空间配置，没能协调人口、资源与环境间的关系。综合国内现有研究并借鉴国外已取得的先进经验与成熟技术，我国的土地整治必须走差别化道路，在主体功能区规划的指引下，合理安排国土资源的空间开发和整治时序，否则，就很难有求同存异、因地制宜的土地整治新思路、新技术，也就很难让国土资源支撑社会经济发展。

第2章 研究内容与研究方案

2.1 研究目标与主要研究内容

2.1.1 研究目标

依据新时期重庆生态-经济强信号对国土资源提出的新要求，面向重庆农村土地整治转型的新需求，严格遵循国土空间有序开发框架，开展重庆农村差别化国土综合整治与生态修复技术的集成和创新研究，重点攻克以粮油主产区高标准基本农田建设、特色农业区高附加值产业化发展、建设用地挖潜区价值转换与流动、保育区与屏障区景观修复与再造为主要内容的差别化国土综合整治与生态修复技术。突破差别化土地整治规划技术，攻克土地整治从传统向现代技术转变过程中的"瓶颈"问题，实现土地整治由数量向质量和生态的方向转变。本研究为重庆生态-经济强信号所带来的现代农业发展对适度规模经营的需求、经济跨越式发展对建设用地的需求、全域生态文明战略地位维持对生态用地的需要提供技术支撑，最终，提升重庆国土空间开发与整治的整体水平，提高关键整治技术的适宜性程度。

2.1.2 主要研究内容

根据地形地貌、产业发展、土地用途、生态状况等，开展土地的差别化分类整治，以体现自然生态因子对土地利用限制和产业发展对土地整治工程的需要。

1) 基于高标准基本农田建设的粮油主产区差别化农地整治技术

瞄准重庆市目前粮油主产区在基本农田利用过程中存在的问题和已积累的整治经验，结合覆盖全域的主体功能分区下的国土空间安排和其本身带有的立地特色，依据高标准基本农田建设的空间布局，考虑地形起伏和地貌特征，以高产粮油主导现代农业发展方向，综合利用中存在的关键限制性因素，需要研发以"土地平整、道路和灌排层序化配套"为主要内容的粮油主产区差别化农地整治技术体系。

主要研究内容：

(1) 浅丘带坝、河谷平坝区机械化、高效化基本农田条田整治技术；

(2) 浅丘宽谷与丘陵交错区分散化、镶嵌式基本农田条田-缓坡整治技术；

(3) 岩溶槽谷耕地连片区高集中、低保水基本农田灌排系统整治技术；

(4)中低山缓坡丘陵过渡区规模化、连片式基本农田道路体系整治技术。

2)基于高附加值产业化发展的特色农业区差别化农地整治技术

聚焦"渝东南"和"渝东北"独特立体气候和地球化学元素,适于发展高附加值"奢侈"特色农业,而这些产业对土地整治的要求又与用于粮油生产的高标准基本农田区有较大差异,加之,其向多功能方向转化的力度渐强,也需要配套特殊的公共资源和公共基础设施。对此,需要研发针对"公共基础设施和服务设施配套"的特色农业区差别化农地整治技术体系。

主要研究内容:

(1)适于高附加值农业产业化发展的一体化公共基础设施配套技术;

(2)便于高附加值农业产业功能提升和链条延伸的公共资源嫁接技术。

3)基于价值转换与流动的建设用地挖潜区差别化整治技术

针对建设用地频繁出现的角色转换,以及转换带来的建设用地增加潜力所可能实现的价值,又可依托转换与流动直接或间接地在不同建设用途间得以显化或优化的机遇,考虑建设用地分类及其在新经济环境下的可挖潜区形态,为实现不同建设用地间的价值转换与流动,需要研发集"挖潜区评价、工程布局优选、地上附着物再利用和邻近地类整合"于一体的建设用地挖潜区差别化整治技术体系。

主要研究内容:

(1)建设用地挖潜区可能整治出土地类别的快速分类、识别与功能评价技术;

(2)宅基地复垦片块工程布局比选和地上复杂附属物循环再利用与处置技术;

(3)线性工程闲置用地复垦区的工程布局与邻近用途间的重划-整合高效利用技术;

(4)耕作层层序剥离、堆放定位、运距设置和异地覆盖、熟化再利用技术。

4)基于景观修复与再造的保育区与屏障区差别化整治技术

考虑农村生态资源本底的特点及其在重庆全域范围内的主体功能定位,结合以往或目前强烈的人为扰动对不同功能区可能造成的生态影响、致灾程度与可恢复性,兼顾生态脆弱和非脆弱区,以景观修复和再造为抓手,以全域生态建设为目标,以保育区与屏障区为重点,研发集"重要水体屏障区保护、矿山环境修复、地质灾害防治和高山生态保育"于一体的保育区与屏障区差别化整治技术体系。

主要研究内容:

(1)大江大河流域和主要水库周围水土流失防治和污染物拦截与消纳技术;

(2)综合压占损毁与采动影响损毁单元的矿山生态环境快速修复与景观再造技术;

(3)整合搬迁避让与就地防治的地灾多发或隐患区生物修复与工程阻挡技术;

(4)高山整体移民与可耕地用途转换的景观自然恢复与人工选育再造技术。

2.2　研　究　方　案

数据资料收集与处理，实地踏勘与调研。收集全市与土地整治有关的自然、社会与经济数据，包括各类图件和属性数据；收集全市土地利用、产业发展、土地整治及交通、水利等的现状与规划数据；在市内有代表性的区(县)或项目开展实地踏勘与调研，同时，对市外典型土地整治区开展比较借鉴式调研与学习；在四大层面[区(县)、乡(镇)、村社、农户]设置参与式农户访谈问卷，开展覆盖全市 30%范围的参与式访谈，收集各层面的诉求信息；对收集或调研取得的数据进行多种形式的预处理，如矢量化、投影校正、归一化、插值等；将属性数据空间化；建立差别化土地整治基础数据库。

研究开展的技术路线详见图 2-1。

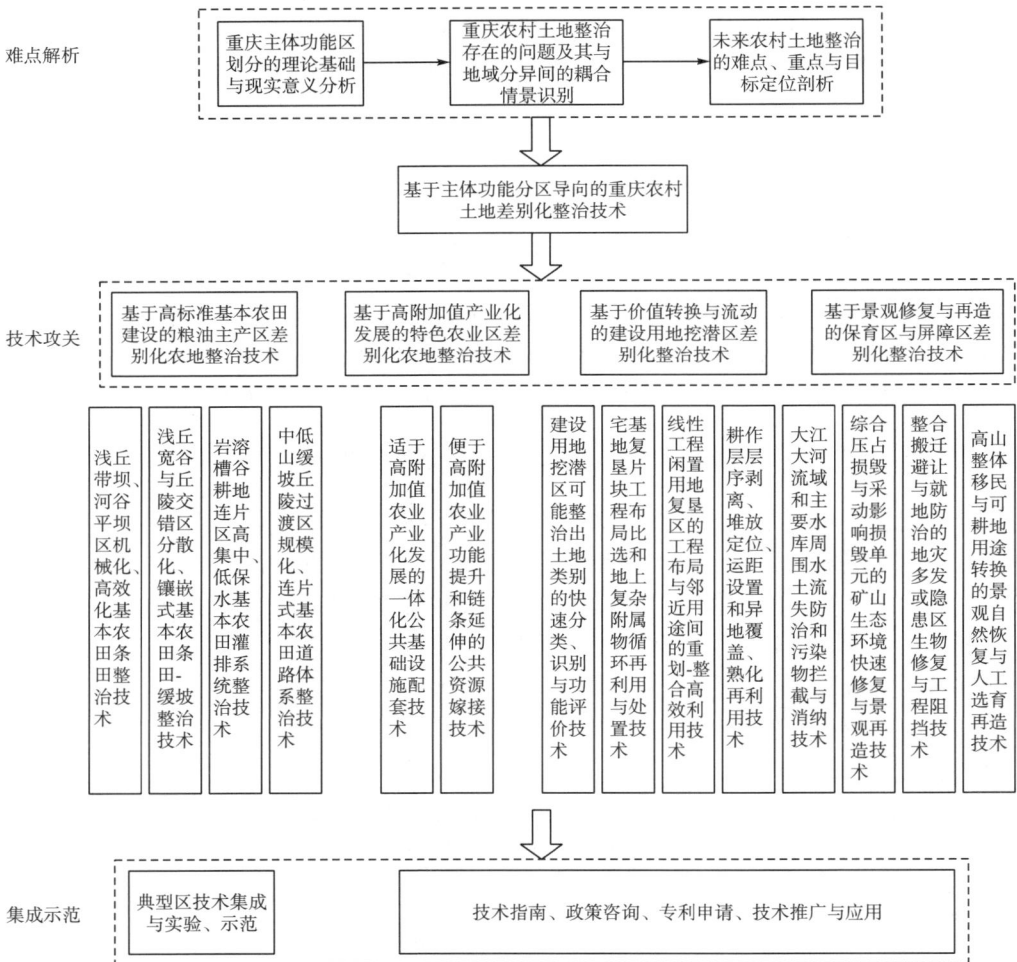

图 2-1　技术路线

第3章 浅丘带坝、河谷平坝区条田整治技术

浅丘带坝、河谷平坝区主要分布于山间盆地、河谷沿岸或地势相对平坦的地方，具有耕地较为肥沃、水资源条件好、耕作方便、耕地利用程度高等特点。在重庆，浅丘带坝、河谷平坝区属于重要的粮油作物产区，是现代农业发展的核心区域。对该区耕地的使用效果直接影响到粮食收成、当地居民的收入和耕作积极性，进而影响耕地摞荒率。浅丘带坝、河谷平坝相对于重庆市其他丘陵地区来讲，耕作更为便利，耕地摞荒率低，作物产量高，但是，耕作地块较为破碎，机械化率低(40%～50%)，大部分工作得靠农民肩挑背磨，"面朝黄土背朝天"地耕作，农业劳动力成本高，以水稻收割为例，收割成本约 400 元/亩。这主要是由于田间道路不够完善，通达性低，大型机械无法到达耕作区；部分地区纵然机械能够到达，但是田块面积小，且形状不规整，致使边边角角地区成为机械耕作无法到达的"死角"，还是得由农民手工完成对这些"死角"的清理，劳动成本依旧降不下来；此外，大部分地区灌排设施缺失，据走访统计，拥有灌排设施的耕作区比例仅为20%～30%，靠近水源的可以就近取水灌溉，其余大部分地区则只能靠降雨灌溉，而现有的排水设施则主要是天然形成的河沟等，强降雨时期容易形成涝灾，水土流失严重。伴随新农村建设、土地流转、产业重构等的纵深推进，"靠天吃饭"在农村已经行不通，在浅丘带坝、河谷平坝区，为服务于基本农田机械化、高效化的土地整治，必须将条田整治作为工程建设的重点。

条田技术带来的经济、社会、生态效应，有利于乡村产业的发展，是推动乡村前进的动力。但是，从实践来看，在浅丘带坝、河谷平坝区的土地整治项目中，大部分都有条田整治区域，但是整治效果不尽如人意，村民作为条田的使用者，深刻地感受到了条田整治后耕作的便捷程度，但是也客观地指出了条田整治中存在的问题，即田块归并后田块间的高差太大，田间道路通达性不够，田间道路太窄，灌排效果改善不明显，对生态防护的设计考虑不够。这些问题在一定程度上反映了选址的不合理性、设计过程中产业发展需求论证环节的缺失，以及对生态保护的忽略等，从乡村发展的长远角度来看，是不利的。因此，本章以垫江县高安镇新溪村为研究区，从条田选址到工程建设，深入开展浅丘带坝、河谷平坝区机械化、高效化基本农田条田整治技术研究，为这一地区国土综合整治中的条田整治提供参考。

3.1 材料与方法

3.1.1 研究区概况

研究区位于重庆市垫江县高安镇东南部,距离高安镇约 10km。研究区主要属于浅丘地貌,位于高滩河边,有大片的河谷平坝,其余区域大部分为浅丘地貌,海拔为 365~427m,属于重庆市高标准基本农田建设区域中的浅丘地貌(部分区域为河谷平坝区)(图 3-1)。地势为东高西低,高滩河从研究区边缘自东北向西南通过。土壤以中性紫色水稻土、灰棕紫泥土为主,土壤 pH 为 6.0~8.3。土壤有机质含量为 0.6%~3.0%,绝大部分为 1%~2%。田土集中成片,土层厚,质地好。矿质养分含量丰富,土壤较肥沃,适宜种植多种农作物和经济作物。研究区属亚热带湿润季风气候,气候温和,雨量充沛,四季分明,春早冷暖多变,夏热常有干旱发生,秋凉多连绵阴雨,冬冷无严寒。年平均气温 17.0℃,无霜期289 天,历年平均降雨量 1183.1mm。根据项目可行性报告分析,研究区红线范围面积为355.2176hm²,耕地面积较大,约 253.3529hm²,其中,水田、旱地面积比约为 2.2∶1。水田主要分布在高滩河沿岸以及从黄泥水库至高滩河的小溪沟两边,田块之间高差较小,多在 50cm 以下,但被田坎分割成不规则的台面,单块田面积较小,大部分地形坡度在 6°以下;其余多为带状或扇形分布于各地,田块之间高差相对较大,一般为 30~100cm,地形坡度在 15°以下。研究区水田台面坡度为 0°~2°,田面台面宽度一般为 5~50m,田面长度为 15~150m,有效土层厚度为 50~80cm,耕作层厚度大于 25cm,田面内已平整,目前基本上已经在耕种,但仍存在撂荒现象。研究区旱地面积较小,呈缓坡状或不规则的多台浅丘坡地零星分布于各地,田块不规整、单块面积小,田坎占地较宽。旱地地形坡度大部分在 15°以下,少部分旱地(约 5.5097hm²)地形坡度为 15°~25°;旱地台面坡度大

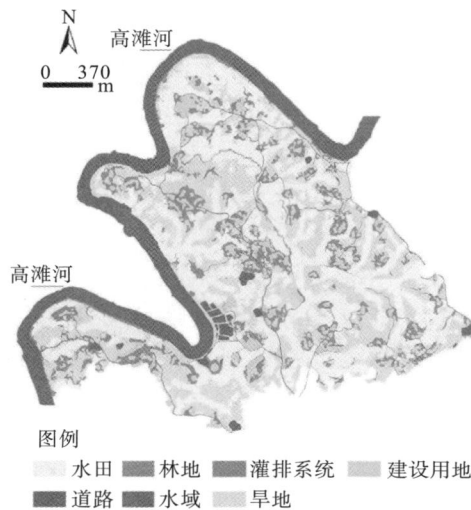

图 3-1 研究区土地利用现状图(见彩版)

部分在 6° 以下，少部分在 6°～15°；台面宽度一般为 5～20m，台面长度一般为 10～50m；旱地有效土层厚度为 50～80cm，耕作层厚度大于 25cm，田面内已平整，目前基本上已经在耕种，撂荒现象极少。研究区田块的地形坡度大部分在 15° 以下，少部分旱地的地形坡度为 15°～25°，台面坡度为 2°～15°，台面宽度为 5～50m，耕作层厚度均大于 25cm，有效土层厚度为 50～80cm，完全适合建设高标准基本农田。田块细碎化程度较高，少部分田面坡度大于 6°，少部分旱地的台面宽度小于 6m，通过对地势较平、集中连片的水田进行条田整治，对其余水田进行缓坡水田、田块归并整治，对旱地采取降坡、田块归并等工程措施，提高研究区田块的各项指标，使之完全达到高标准基本农田的各项指标要求。

3.1.2　数据收集

研究区 2013 年土地利用现状图、1m 分辨率高清影像来源于垫江县国土资源和房屋管理局；30m 分辨率 DEM 影像来自西部数据中心，并在 ArcGIS10.2 平台中通过掩膜提取出研究区红线范围内的影像；产业布局图来源于高安镇人民政府（图 3-2）。权属状况、公众参与积极性、后期管护可行性通过实地调查所得；土地流转状况及经营主体由高安镇人民政府提供，部分缺乏的资料或验证核实数据通过调查所得，如土地流转面积、农业企业（种粮大户）数量、生产用地规模等；田块的现状（大小、形状、高差、分布等）通过调查所得（图 3-3），条田建设目标由镇人民政府、村委会或村民代表提供，同时征求了大多数农民、经营主体、相关部门的意见；研究区内部及周围的建材、造价信息及当地材料、机械设备实际市场价格和运费情况等数据来源于实地调研和县建材市场。实地调研方法采用的是现场踏勘和参与式农村访谈法，于 2017 年 7 月 21 日至 23 日对研究区进行了现场踏勘和参与式农村访谈，具体内容主要是获取上述涉及的数据，同时将具体的条田设计思路与安排与相关主体（乡镇村干部、产业经营主体、当地居民等）进行协商沟通，讲解我们的规划设计思路，并征求他们的建议或意见。

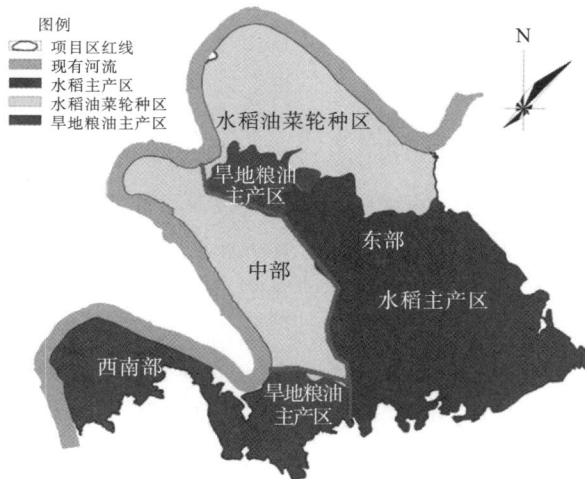

图 3-2　研究区产业布局图（见彩版）

图 3-3　研究区田块现状

3.1.3　数据分析

通过构建条田建设适宜性评价指标体系，找出适宜开展条田整治的缓丘平坝区。影响缓丘平坝区条田整治适宜性的因素很多，包括自然因素、社会因素、经济因素、生态因素、区位因素等，每种因素均可用若干指标量化，考虑到指标太多、数据收集困难、技术处理过于复杂，难以准确识别出条田整治的适宜区域，此外，有些指标反映的问题可以通过规划设计中工程配套、相关政策法规的宣传和执行解决，同时部分影响因素在某些方面具有一定的相似性和关联，所以，本章经过必要的分析和筛选，最终确定以主要因子作为关键指标。筛选过程中尽量考虑提高耕地质量和改善生态环境相关的因子，针对性选择与条田整治区域适宜性和工程布局等相关的因子，并结合重庆缓丘平坝耕地特点，体现地域空间特性，最终做到定性与定量相结合。将关键指标分为两类，一类为极限指标（表 3-1），具有一票否决权。另一类为参与评价分析构建指标体系的权重指标（表 3-2），当整治评价单元在极限指标体系中表现为适宜时，可采用加权指数和法对条田整治适宜性作进一步的评价。

表 3-1　极限指标统计表

	指标名称	指标解读	评价指标值	适宜性结果
自然因素	集中连片规模	区域相对集中，以路、沟、渠等为骨架划分的耕作单元的面积大小。条田整治需要有一定的规模面积，太小就体现不出条田的价值	<100 亩	不宜
			≥100 亩	适宜
	地表岩石露头率	在集中连片地块内岩石浮出地表部分的面积占田块面积的百分比，地表岩石露头会影响正常机械作业，影响条田的规划布局及工程措施	≥5%	不宜
			<5%	适宜
社会因素	权属调整情况	条田整治区域如果权属调整无法落实，施工时便会与老百姓发生矛盾，甚至无法保障工程顺利落地实施，是影响条田整治的决定性因素	不能落实	不宜
			能落实	适宜
生态因素	土壤污染程度	条田整治区域的土壤若受到污染，超过土壤的自净能力，引起土壤质量恶化，会影响条田整治后田块的质量等别及产品价值	有污染	不宜
			无污染	适宜

表 3-2　权重指标统计表

	指标名称	指标解释	权重
地形条件	地形坡度 A1	地表单元的陡缓程度，坡度越大，整治难度越大，待整治单元适宜性越差	0.1270
	田块高差 A2	相邻田块之间的田面高差，高差越大，整治的适宜性越差	0.2540
	田块破碎度 A3	自然破碎度，即单位面积（1hm²）内田块的个数，破碎度越大，整治难度越大	0.0635
土壤及其他	表层土壤质地 A4	不同的土壤质地所对应采取的工程措施有很大不同，影响条田整治的难易程度	0.0487
	有效土层厚度 A5	具有较好的保水、保肥能力，适宜农作物生长的土层，影响着条田整治区域的耕地质量，土层太薄不利于整治	0.2583
	水源保障程度 A6	水资源是确定条田整治面积大小的主要因素，是从数量和质量上对整治区域满足农作物用水需求，同时也是影响耕地等别判定的重要因素	0.1374
经济因素	道路通达条件 A7	在条田整治工程中，便捷的道路通达条件便于施工过程中机具的转移，以及材料购买、运输和人员管理、交流等，对适宜性有一定的影响	0.0741
	农业产业基础条件 A8	依靠主导农业产业基础、发展条田整治归并，试行机械化、产业化和规模化经营管理，能更快发挥条田整治的效益	0.0370

　　条田整治适宜性评价是一个多目标、多因素的评价系统，由于评价目标与参评因素之间的关系十分复杂，理论上难以用严密的数学逻辑关系来表达，特别是各参评因素对评价目标的影响程度，用数学模型计算的参评因素的权重受到数据源的限制，其可靠性难以满足要求。因此对于人们长期积累的经验知识进行归纳推理，推测出参评因素及参评因子的权重，这样，条田整治适宜性评价不但要处理大量定量的数据信息，同时还要处理参与决策分析的各类专家经验、有限的知识以及决策者的主观愿望等大量非定量的信息。将定量的数据与非定量的信息相结合，是条田整治适宜性评价可靠的关键措施之一。在条田整治适宜性评价中，在特定的评价目标下，各参评因素对适宜性评价的影响需要通过土地、土壤、经济、农业、环境等各方面的专家以及相关的经验丰富的技术人员获得，利用"层次分析法"进行分析推理后，要求保持各参评因素及参评因子之间的一致性。并且，对同一参评因素及参评因子的意见应基本上服从正态分布，其离散差不应太大，否则应征求部分专家的意见进行剔除或重新评价。最终确定各指标的权重，见表 3-2。

由于条田适宜性评价指标属性不同，无法直接进行量化计算，因此对每个指标进行打分，参考相关学者(王晨等，2014；钱凤魁等，2015；唐秀美等，2015)研究高标准基本农田建设时对耕地条件的打分，打分结果见表3-3。

表3-3 条田整治适宜性评价指标分级取值表

指标属性	指标名称	取值方法	指标区间	分值
地形条件	地形坡度	耕地质量数据库	0°～2°	100
			>2°～6°	80～<100
			>6°～15°	60～<80
			>15°	0
	田块高差	实地调研	≤20cm	100
			>20～50cm	80～<100
			>50～80cm	60～<80
			>80cm	0
	田块破碎度	实地调研(1hm² 内田块个数)	≤5	100
			>5～10	80
			>10～15	60
			>15	40
土壤及其他	表层土壤质地	耕地质量数据库	壤土	100
			黏土	80
			砂土	60
			砂石土	40
	有效土层厚度	耕地质量数据库	≥100cm	100
			80～<100cm	80～<100
			50～<80cm	60～<80
			<50cm	0
	水源保障程度	耕地质量数据库	充分满足，可随时灌溉	100
			基本满足，在关键蓄水期能保证灌溉	80
			一般满足，但大旱年不能保证灌溉	60
			无灌溉条件，望天田和旱地	40
经济因素	道路通达条件	道路提取，缓冲区分析	好	100
			较好	80
			一般	60
			差	40
	农业产业基础条件	实地调研	好	100
			较好	80
			一般	60
			差	40

3.2　条田整治适宜性评价

　　基于 ArcGIS10.2 平台，首先将不符合极限指标的图斑筛选出来，对满足极限指标的各评价单元按照表 3-3 对各指标进行打分，按表 3-2 所给的权重加权求和得到各评价单元的最终分值，根据自然间断点法分为三类，如图 3-4 所示。

　　研究区条田整治适宜性评价得分为 57～98 分，按自然间断点法将所有地块分为三类。其中，得分值为 85～98 分划为适宜条田整治区，占研究区耕地面积的 54.97%；73～84 分划为较适宜条田整治区，占研究区耕地面积的 36.18%；57～72 分划为不适宜条田整治的区域。总体来看，研究区内适宜条田整治的区域占比较大，主要分布在研究区北部、中部小溪沟地区及西南部，较适宜整治的区域分散在适宜区的边缘部分，不适宜整治的面积较少且比较集中，主要分布在研究区东部、西部及西南部。研究区主要属于浅丘地貌，除在高滩河边有大片的河谷平坝外，其余大部分为浅丘地貌，整体上是属于高标准基本农田建设的适宜区，因此评价结果得分总体较高。本次评价的目的在于找出研究区内最适宜进行条田整治的区域，因地制宜进行条田整治，以发挥条田机械化、高效化的耕作效果。

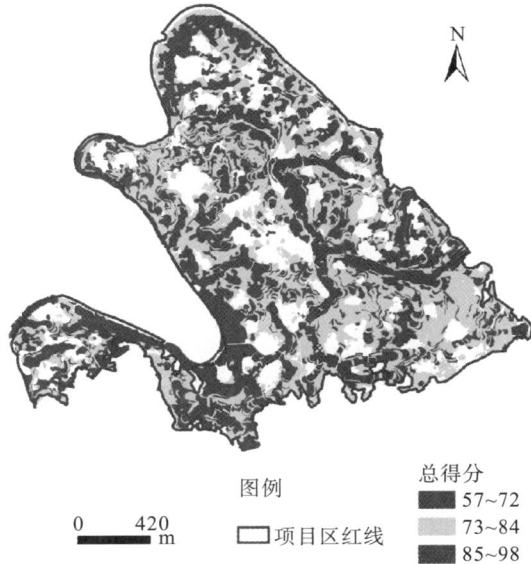

图 3-4　条田整治适宜性评价结果(见彩版)

　　经过进一步观察与分析，适宜条田整治的区域主要集中在图 3-5 中所示的①～④四个区域，其中，①区域和④区域紧紧靠着高滩河，是典型的河谷平坝区域，地势非常平坦，田块高差小，田块面积大，破碎度相对较小。条田要求田块齐整，土地平整，在河谷平坝区进行条田整治，工程量较小。在调研过程中发现，④区域中的部分水田区域已经改为精养鱼池并流转，流转面积超过 10hm²，剩余田块比较分散，不适宜进行条田整治，所以，④区域不作为条田整治的备选区域。①区域主要种植水稻和油菜，然而平坦的优势并没有发挥出来，过多的田埂使得田块破碎，不利于大型机械的进入和耕作，该区域的居民整治条田的愿望非常强烈，希望通过合理的规划及配套设施建设，提高劳作效率。②区域虽然得分较高，但是通过实地调研发现，该区域内田块落差较大，地块破碎度大，得分较高的原因是该区域土层较厚，土壤质地为壤土，水源条件不错，但是较大的田块高差会使工程量过大，且不利于地力的恢复，所以②区域也不作为条田整治的备选区域。③区域主要位于区域内的小溪沟旁边，表现为冲田形态和塝田形态，存在一定的坡度，但是田块间高差小，且田块面积大，区域内以水田为主，以水稻和油菜种植为主，该区域也是进行条田整治的重点待选区域。所以，该研究区内，最适宜进行条田整治的区域是①和③区域。

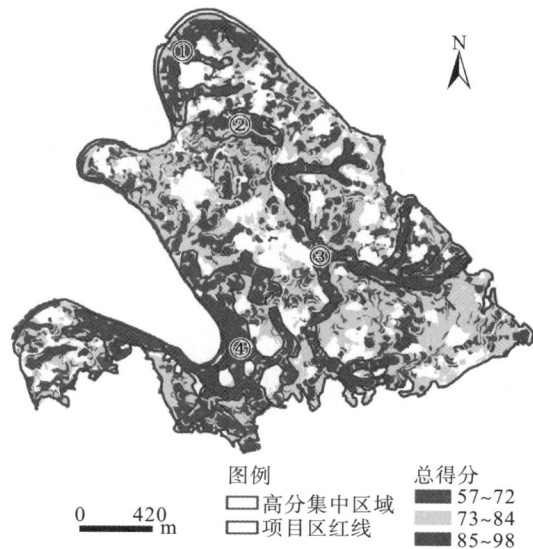

图 3-5　适宜整治区域集中区域展示(见彩版)

　　实地调研发现，①区域和③区域都以水田为主。①区域紧邻高滩河，地势平坦，坡度级以[0°，2°]为主，部分坡度为(2°，6°]，此地区土地下放到户，田块面积较小，目前主要用于种植水稻和油菜。③区域有大片的水田，少部分地势较平，大部分为缓坡梯田，坡度级以(2°，6°]为主，小部分为(6°，12°]，细碎化程度较高，主要由农户承包用于种植水稻、油菜。两个区域的灌溉排水和道路通达性存在问题，需要灌溉与排水工程和道路工程等辅助措施，以提升该片区的农机化率和土地利用率。此外，两个片区在高安镇产业规划中以发展粮油种植业为主，其效益比较低下，必须通过提高区域内的机械化率降低人力成本，提高比较效益，条田作为综合田间工程系统，具有工程配套、沟路林渠结合、田块齐整、土地平整、灌排畅通的特点，是该区域发展粮油生产产业的必然之选。

3.3　条田空间布局与设计

3.3.1　条田空间布局规划定位与思路

经过适宜性评价，研究区内适宜条田整治的区域为①区域和③区域，产业发展目标都是主要种植水稻，部分为油菜和水稻轮作，产业发展目标是机械化、高效化现代粮油种植业，因此必须有科学合理的规划和田间配套设施。其中①区域地形平坦，为丘陵台地模式；③区域田块间高差略大于①区域，为丘间冲垅模式。由于地形的差别，其整治模式不同。根据条田的定义，对条田的空间布局设计应从四个方面着手，首先是耕作田块的设计，包括耕作田块的大小、形状、方向和位置，其次是田间道路的设计，再次是灌排沟渠的设计，最后是生态环境安全的考量。其中，耕作田块的设计最为复杂，必须以当地的地形地貌条件为基础，结合产业发展和现有的基础设施进行规划，耕作田块布局好了，相应的道路、灌溉渠和绿化用地大致也就明了了，为了避免不必要的耕地被基础设施占用以及造成耕地的破碎，应本着"山水林田湖草生命共同体"的理念尽量进行田坎、道路、沟渠的一体化设计，道路、灌溉渠和绿化用地的安排也可以对耕作田块布置进一步优化。

3.3.2　条田空间布局与设计基本原则

为了使规划设计达到最大的效用，在规划设计过程中坚持以下三个原则：符合规划设计原则、综合效益最佳原则、公众参与原则。条田整治属于研究区内的局部规划，必须符合土地利用总体规划、土地整治专项规划、全国农业现代化规划和重庆市高标准农田建设技术要求，优先在基本农田范围内建设。条田整治是一种以高效化利用土地为目标的土地整治方式，应数量、质量、生态并重，以农业现代化为出发点，以实现农田水利化、耕作机械化、田块生态化、利用集约化、国土空间优化的建设目标。在规划过程中，坚持集体经济组织和农民主体地位，充分尊重农民意愿，维护土地权利人的合法权益，切实保障权利人的知情权、参与权和受益权。

3.3.3　条田空间布局分析

1. 条田耕作田块布局

耕作田块是进行灌排、耕作、管理的基本单位，耕作田块的大小、形状、方向、边长和位置是由末级固定渠道(或排水沟)，即农渠、农沟、支道、田间道等决定的。耕作田块优化设计应力求提高土地利用率，达到组合合理、管理方便的目的。设计时首先对田块的长、宽及田块数等做优化设计，然后再落实布局。田块方向决定田间作业方向。重庆处于中纬度地区，太阳照射角较高，田块方向受太阳照射角影响不太明显，因此田块放线主要由支道、田间道、灌溉渠、自然河道、防护林及地形来决定。田块形状对机械化作业效率有较大影响，设计中应尽可能将田块设计为长方形。由于受河道等的影响，允许出现一边为曲边。曲边应尽量与田块短边方向一致，以方便机械化作业。基于相关研究（曹光乔等，2015；祖健等，2016），结合农户建议和相关建设标准确定田块大小和具体的长短边长度。平坝区域与丘间冲垅模式地形不同，应采用不同的耕作田块布局方法。

（1）平坝区耕作田块布局与规格设计。以研究区①区域为例，其总面积约 13.94hm²（209.10 亩），区域内田块不规整、单块面积较小，田块数量约为 340 个。田埂数量多，占地面积大，田块细碎化程度高，不仅浪费耕地资源，而且阻碍大型农业机械设备的采用，增加了农田基础设施成本，无法发挥农业规模效应。由于该区域坡度大部分在 0°～6°，条田长边可任意布设，但是应尽量在南北方向或接近南北方向布设，保证足够的光照。此外，考虑到河流这个不能轻易改变的因素，短边应尽量平行于河边，以减少不规则的"边角料"田块，方便机械化作业。图 3-6 中 A、B 区域是冲田类型，按照冲田整治条田的方式进行布局。

参考《重庆市高标准基本农田建设技术要求（试行）》（表 3-4），确定条田规格为 5～10 亩，通过走访当地农户，有经验的农民多建议用于种水稻的田块面积在 5～8 亩，结合实地情况，最终确定地块面积控制在 3～10 亩。实地踏勘发现，耕作区西边及北边被河流环绕，整个区域是一个极其不规则的图形（图 3-6），条田在布置时，应力求长边与长边平行，短边与短边平行，四角应尽量接近 90°。田块与田块之间由田坎分隔开。结合布局要求，最终田块规格设计结果如图 3-6 所示。

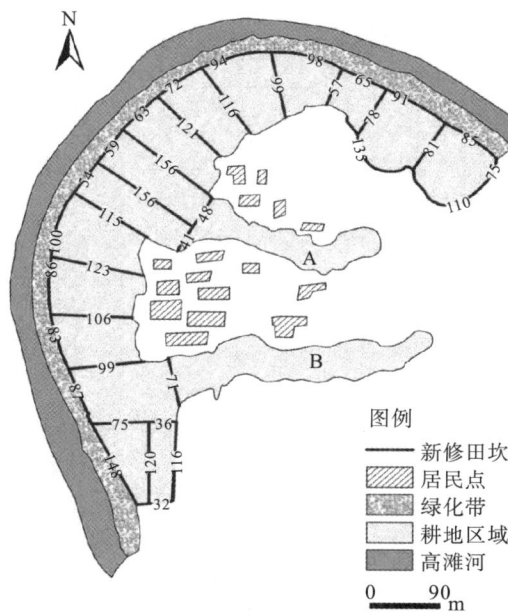

图 3-6　平坝区田块规格图（单位：m）（见彩版）

表 3-4　条田规格设置参照表

区域类型	地形坡度	坝(谷)宽度/m	有效土层厚度/cm	归并田面适宜高差/cm	长度/m	宽度/m	田块面积/亩
平坝区域	≤2°	≥200	>100	≤60	80~130	40~80	6~10
	>2°~6°		>100	≤60	80~130	30~60	5~10
宽谷区域	≤2°	100~200	>100	≤60	80~120	30~60	4~8
	>2°~6°		>80	≤60	80~100	30~60	3~8
中谷区域	≤2°	50~100	>100	≤60	50~80	30~50	2.5~5
	>2°~6°		>80	≤60	50~80	25~50	2~5

（2）缓丘区耕作田块布局与规格设计。以研究区③区域为例，其总面积约 23.69hm²（355.35 亩），区域内田块数量较多，大约有 252 个。该区域中部为塝田形式，其余部分为冲田形态。塝田区域田块细长、弯曲，长边多沿着等高线延展，冲田区域田块稍圆润。在条田布局过程中应区别化布局。冲田区域应首先考虑排水和机械作业要求，塝田区域应首先考虑机械耕作要求。在冲田区域，田坎应垂直或接近垂直排水沟，塝田区域的田坎则与等高线平行或接近平行布置。冲田区域条田主要采取上下归并的原则布置，塝田区域条田主要采取同台归并原则布置。对于道路、沟渠、河流、地形、地貌等不能轻易改变的因素，条田田块应因地制宜，结合实际情况布置。条田布置时应力求长边与长边平行，短边与短边平行，四角尽量接近 90°，形状以长方形为宜。具体布设条田田块时，应综合考虑以上各设计原则的重要性，权衡轻重地位，在首先服从主导原则的前提下进行田块优化设计。结合实地分析可知，区域③所示区域为丘陵宽谷地形，结合《重庆市高标准基本农田建设技术要求（试行）》（表 3-4）和实地勘探结果，冲田区域田块面积控制在 3~8 亩，长宽宜按最优长宽比设计；塝田区域因长边与等高线平行，长度可适当增加。最终确定的田块规格如图 3-7 所示。

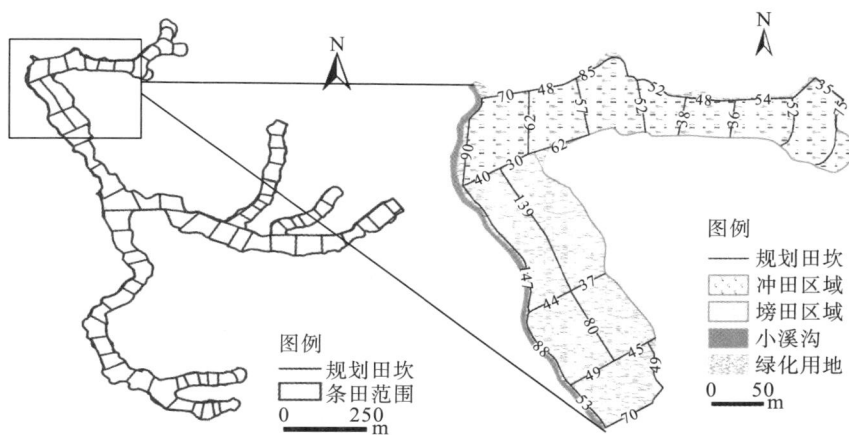

图 3-7　缓丘区典型田块规格图（见彩版）

2. 田间道路布局

田间道路应与村级主干道连接，满足生产生活的要求，田间道路规格要与农业产业的发展相结合。依托现有道路设施，结合地形地貌条件与田块布局，合理布设，形成主次分明、相互衔接的道路网络。此外，田间道路在穿过条田区域时，应尽量沿着田坎布设，避免穿过田块内部，造成田块破碎和不规则。

依据高标准农田建设通则和标准，田间道路的布局原则为：①耕地面积大于 100 亩宜布设田间道；②通向大型居民点应布设田间道；③少占用优质水田、少破碎田块；④田间道路工程布设宜形成网状；⑤因地制宜。

依据高标准农田建设通则和标准，生产路布局原则为：①与田间道形成网状；②通向大片耕作区应布设生产路；③少占用优质水田、少破碎化田块；④因地制宜。对生产路的布设，以布设好的田间道为主体骨架，按需要布设生产路。为了方便对田块的管理，生产路沿田块长边布设，并且和田间道连通。

对①区域而言，其包含了河谷平坝区和丘陵区的条田整治区域，同时有集中的居民点，耕地面积大于 100 亩，进行田间道路布设具有典型性。对田间道进行布局时，考虑到该区域耕地集中，车辆通行量大，为了避免占用优质水田，选择沿河边规划一条 3.5m 宽的田间道(新修)。田间道在条田整治区域范围内的长度为 1235m，为将村庄与农田串联起来，规划了一条 4.5m 宽的田间道(维修)，长 905m；为满足大型机械前往冲田区域的要求，规划了 1 条 3m 宽的田间道(新修)，长 250m。对生产路的布局紧紧结合田块规划，尽量与田坎重合，以减少对耕地的占用。较大且较宽的田块，每两个田块中间布设一条生产路，较小的田块适当做调整，生产路与田间道连接。对①区域田间道路的布设如图 3-8(a)所示。

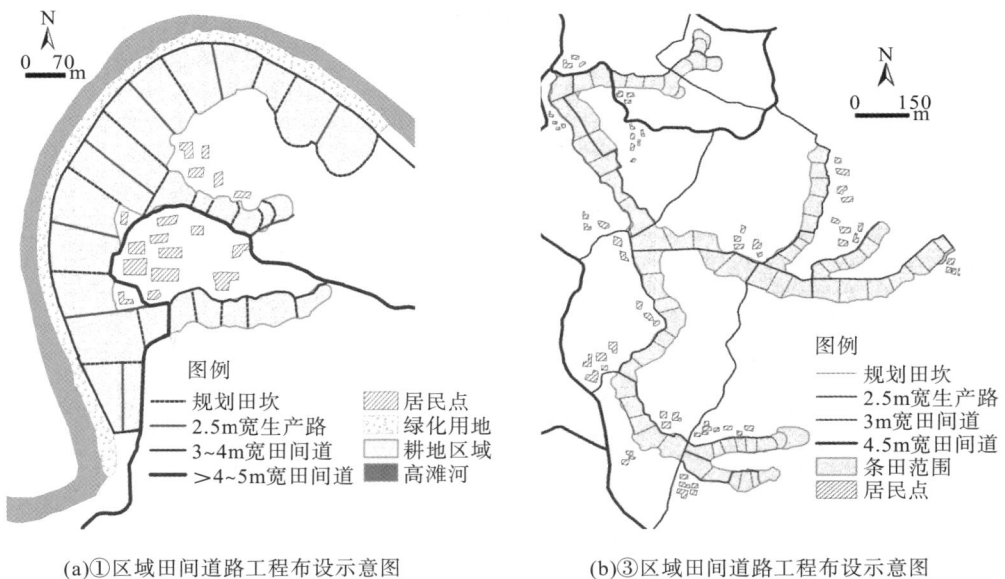

(a)①区域田间道路工程布设示意图   (b)③区域田间道路工程布设示意图

图 3-8   田间道路工程布设示意图(见彩版)

　　对③区域而言，在现有田间道基础上，根据粮油产业发展的需要，配置田间道和生产路。田间道依托整个村土地整治工程的道路建设，以现有田间道为基础进行补充建设。在北部地区，规划整治一条宽 4.5m 的田间道，贯通村庄和农田区域，出现在③区域内的长度有 276m。此外，在该区域规划长 2993m、宽 3m 的田间道，长 1583m、宽 2.5m 的生产路。具体布置如图 3-8(b) 所示。

　　3. 灌排系统布局

　　(1)水源工程。条田整治应有有效利用的水源保证，包括水库、溪河、山涧泉水；补灌水源包括山坪塘、囤水田等。以水库和山涧泉水为水源，应修建引水渠道(管)进入整治区。以溪河为水源，因水低田高，宜修建拦河坝，配备提灌设施。以山坪塘为水源，根据情况对山坪塘进行整治，增加蓄水能力。①区域有高滩河环绕，基本能保证水源，从河流上游取水。取水时，河流较农田海拔低，应装提灌设施。区域中的两个冲田区域，在上部设置两个囤水田。③区域北部和中部均由高滩河取水灌溉，东部由黄泥水库取水，南边部分距离水源都较远，需要修建两个囤水田。

　　(2)输水工程。该工程包括引水渠(管)和田间灌溉渠(管)。根据《灌溉与排水工程设计标准》(GB 50288—2018)，田间灌溉渠(管)应上接引水渠(管)，纵向通至每一个田块。平坝区域，每隔两个田块布置一条末级灌溉渠(管)，宜与田间道路并行建设，分别灌溉左右两侧田块。缓丘区域，末级灌溉渠(管)布置在槽(冲)谷线形较直的一侧，顺地势而建，宜与田间道路和排水沟并行。末级灌溉渠(管)每个田块均要设置 1～2 个出水口，采用管道灌溉时应设置出水井。灌溉渠(管)末端应与河流、溪沟或排水沟等相接，避免冲击农田。以①区域为例，从高滩河上游引水，沿 3.5m 宽田间道修建一条引水渠，供应①区域平坝区的田块用水，沿生产路布局田间灌溉渠，供应每一个田块用水，每一条田间灌溉渠依据田块面积和形状，设置 1～3 个出水口。两个冲田区域从上端囤水田取水，分别沿田间道修建一条灌排渠，灌溉旁边的田块，布设详见图 3-9。③区域位于研究区的中部，水源来自多个地方。不管是①区域还是③区域都相对较平，所以除了需要提灌的地方采用管道，其他都采用渠道，布设详见图 3-10。

　　(3)排水工程。按照高水高排、低水低排、就近排泄、顺畅排洪的原则，合理布局排水沟。依据《农田排水工程技术规范》(SL/T 4—2020)，平坝区域，排水沟宜独立布置于条田短边的一侧，与田间道路隔田平行布局，间距为 160～260m。缓丘区域，排水沟宜布置在槽(冲)谷的线形较直或汇水量较多的一侧，宜与田间道路和灌溉渠(管)并行，布置于靠田边一侧。以①区域为例，平坝区排水沟布置在田块短边一侧(3.5m 宽田间道的对面一侧)，每个田块布置 1～2 个出水口，以便能充分排泄多余的水量。冲田区域的排水沟与灌溉渠进行一体化设计，灌排两用，布设详见图 3-9。③区域的冲田区域，排水沟与灌溉渠同样采用一体化设计，塝田区域一侧是小溪沟，所以，塝田区域的水就近排出，进入小溪沟，此外，冲田区域的水，最终也要排入这条小溪沟里，布局详见图 3-10。

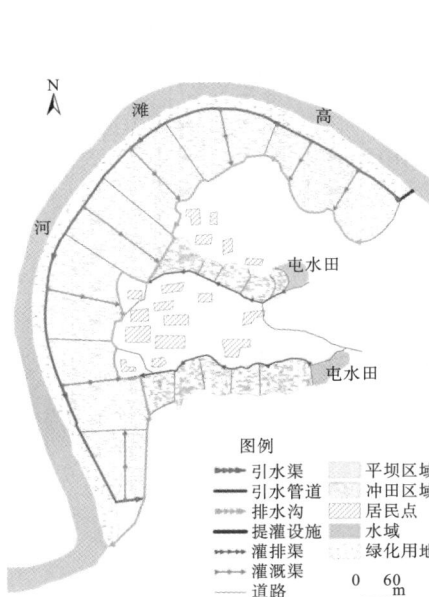

图3-9　①区域灌排工程布局示意图（见彩版）

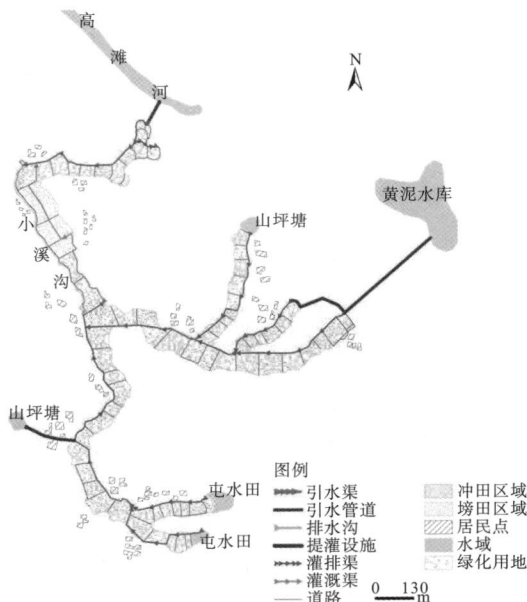

图3-10　③区域灌排工程示意图（见彩版）

4. 生态防护工程布局

生态防护工程布局的原则是要尽量少占优质耕地。布置基本思路：一是河流、小溪沟与农田间设置缓冲带，视具体情况栽种乔木、灌木或者种植草皮；二是原生大型乔木尽量保留；三是条田田块设计过程中出现的"边角料"地带，面积小于 5m²，且形状奇特，耕种十分不便利的地方可布置生态防护工程。①区域中，平坝区地势低平，靠近高滩河一边布置一条至少3m宽的绿化带，冲田区域边角奇特的地方改成绿化用地，布设详见图3-11（a）；③区域中，

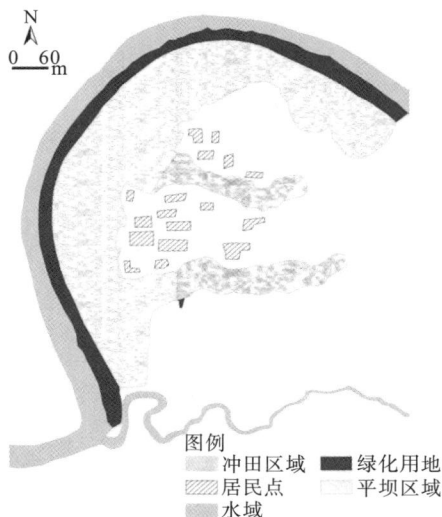

(a)①区域生态防护工程布局示意图

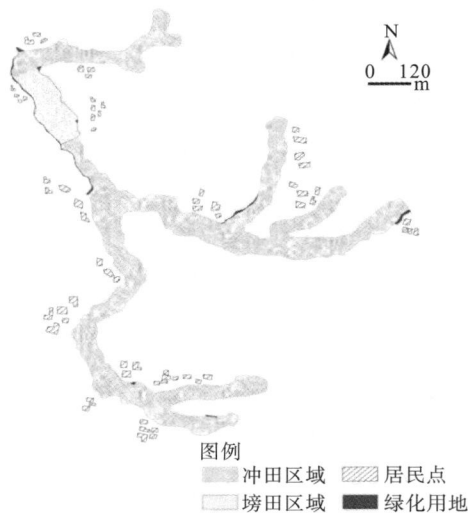

(b)③区域生态防护工程示意图

图3-11　生态防护工程示意图（见彩版）

塝田区域小溪沟的旁边布置一条 1～2m 宽的绿化带，防止暴雨时节洪水对农田的侵蚀，同时可作为农田排污的缓冲带，冲田区域在规划过程中形成的奇特形状的边角用于绿化，布设详见图 3-11(b)。

3.3.4 条田田间系统优化设计

1. 田块优化

田块修筑指对归并田块进行表土剥离与回覆、土方移动与夯实、田面平整等工程。

(1)表土剥离与回覆。对田面高差大于 30cm 的归并田块应进行表土剥离，按设计田块分别集中堆放，作为耕作层覆土土源，在底土平整后均匀回覆到田面。

(2)土方移动与夯实。在土方移动过程中，必须采用机械(人工)分层夯实，增强土壤的保水性、防止塌陷，在填方区，每层夯实厚度不宜超过 20cm。

(3)田面平整。田面平整以田面平整度指标控制，稻作淹灌田块(100m×100m)的田面平整度应不大于 2.5cm，纵向坡度小于 1/1500，横向坡度小于 1/2000。

(4)田坎设计。以道路、河道、沟渠为依托，沿等高线布置，以土质田坎为宜。田坎高度控制在 200cm 以下(含田坎和田埂)，田埂高于田面 20～50cm，顶宽 30～60cm(兼做生产通行道路的不应小于 50cm)。当田坎高度大于 120cm 时，应设置 50cm 以上的石坎或设置二马台护坡，保证田坎的稳定性。通过实地调研发现，①区域产业规划中目标是水稻油菜轮作区，而水田和旱作对于田块规模的要求不同，水稻种植要求田块大小为 6～8 亩为宜，而旱作作物要求田块大小为 15～20 亩为宜，因此，①区域田坎设计为"移动"田坎，所谓"移动"并非指空间上的移动，而是随耕作的需要，它可以出现或者消失，具备蓄水和人行走的功能；油菜收割后，修筑田坎，表层铺上碎石，田坎高度高于田间水面20～30cm，水稻种植季节结束后，将田坎就地打碎，成为耕种土壤，将碎石收起存放于附近安全地带，以备下次使用(图 3-12)。为了保证修筑田坎后地块的平整度，前期土地平整的时候，可在规划"移动"田坎的地方堆放锥形土壤。

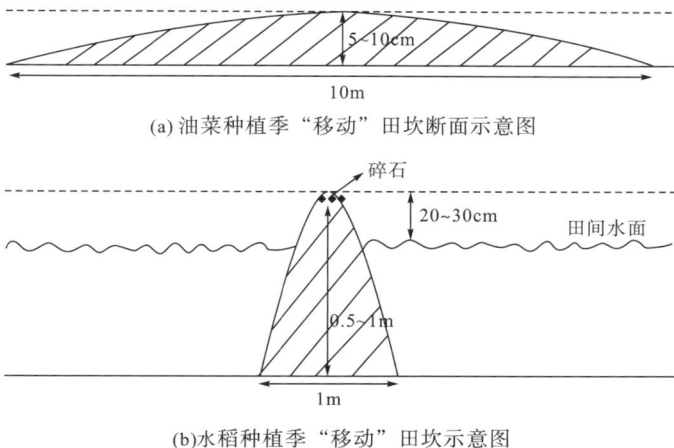

(a)油菜种植季"移动"田坎断面示意图

(b)水稻种植季"移动"田坎示意图

图 3-12 "移动"田坎断面示意图

(5)土壤培肥。田块归并后应加大有机肥的使用,采取种植绿肥和秸秆还田等措施,实施测土配方施肥,提高土壤肥力,连续培肥两年后,土壤肥力达到较高水平。

(6)下田坡道。在田面与路面高差较为悬殊时,进出耕作单元的下田坡道宜与田间道路相连,宽度宜为2.0~2.5m,坡比≤1:4,宜采用条石或混凝土等硬化。

2. 田间道路系统优化设计

(1)田间道系统设计。关于田间道的设计有以下要求:①田间道路规格要与农业产业发展相结合,规格必须满足该区域至少15年的远景规划要求;②设计不仅要结合产业的发展,也要结合实地的村庄环境整治和当地的民风民俗进行针对性设计;③材料和工艺选择以当地的为基础,增加其他先进材料和工艺;④田间道每隔200~300m要设置错车道,宽度不低于2.5m,有效长度宜大于8m,材质应与道路路面材质相同;⑤断头路末端应设置回车道,田间道回车道规格宜为6m×8m,材质应与道路路面材质相同;⑥路面高于田面50cm以上;⑦田间道最小转弯半径宜大于8m;⑧田间道与其他各级公路交叉时,一般采用平面交叉,田间道应设置一段水平路段并加铺与交叉公路相同的路面。平面交叉路线应为直线,并尽量正交,当必须斜交时,交叉角应大于45°。田间道设计参数详见表3-5。

表3-5 田间道设计参数表

长度	宽度	纵坡	设计速度	基层厚度	水稳层厚度	混凝土路面厚度	沥青路面厚度	泥结碎石路面厚度	路肩宽度
≥200m	3~5m	0.2%~12%	8~30km/h	20~50cm	15~20cm	18~22cm	4~10cm	10~20cm	25~50cm

(2)生产路工程设计。关于生产路的设计有以下要求:①生产路规划要与农业产业的发展相结合,规格必须满足该区域至少15年的远景规划要求;②材料和工艺选择以当地的为基础,增加其他先进材料和工艺;③生产路每隔100~200m设置错车道,生产路错车道宽度不低于2.0m,有效长度宜大于5m;④断头路应设置回车道,生产路回车道规格宜大于4m×6m,材质应与道路路面材质相同;⑤路面高于田面30cm以上;⑥生产路最小转弯半径宜大于4m。生产路设计参数详见表3-6。

表3-6 生产路设计参数表

长度	宽度	纵坡	设计速度	基层厚度	混凝土路面厚度
≥100m	1.5~2.5m	0.2%~12%	10km/h	20cm	10~15cm

3. 灌排系统优化设计

(1)灌溉明渠设计。灌溉设计保证率≥90%,末级灌溉渠道规格根据计算确定,宽度一般为20~30cm,深20~30cm,设计水位线应高于田面20cm以上。渠道设计流量由渠道控制灌溉面积、灌水定额和灌溉周期以及田间灌溉水有效利用溪水确定。渠道应全断面做防渗处理,满足整治区灌溉水利用系数≥0.70,渠系水利用系数≥0.75。渠道设计使用年限不低于15年。规格参数详见表3-7。

表 3-7   渠道宽度与深度取值表

宽度/m	深度/m	墙体厚度/m	断面形式	a	备注
<0.4		0.2	矩形	0.2~0.3	
0.4~0.6	$h=b/2+a$	0.2~0.25	矩形	0.3~0.4	若为预制构件衬砌则根据
0.6~0.8		0.25~0.3	矩形、梯形	0.4~0.5	预制构件本身规格决定
0.8~1		0.3~0.35	矩形、梯形	0.5~0.6	

注：b 为宽度；h 为深度；a 为系数。

(2) 灌溉管道设计。管道输水由源头取水、输配水和田间灌水三部分组成，管道输水利用系数≥0.95。通过前面分析，①区域和③区域只在需要提灌的地方布局管道，也就是在①区域北部、③区域北部和中部三个地方需要布局。每个条田田块应设置配水口，各级管道进口必须设置节制阀，分水口较多的输配水管道应设置节制阀，管道最低处应设置排水阀。固定输水管道应埋置于地下，管顶深度≥60cm，管道纵向拐弯可能产生真空，应留出 2~3m 水头的余压。田间灌溉管道应设置到每个田块，管道出水口应安置开关闸阀并修建出水井，以减小水的冲击力。管道流量应根据全系统同时工作的各配水口所需设计流量之和确定。管材应优先选用塑料管。管道设计使用年限不低于 15 年。

(3) 排水工程设计。依据《农田排水工程技术规范》(SL/T 4—2020)，研究区位于亚热带季风性湿润气候区，夏季、秋季降雨强度大，必须加强排水设施的建设。排洪标准设计暴雨重现期为 10 年，防洪标准不低于 10 年一遇洪水。设计暴雨历时和排除时间详见表 3-8。排水(洪)沟规格根据集雨面积确定，比降不低于 1/500，沟底应低于田面 50(100)cm，确保暴雨排水。矩形排水沟横断面设计参数可参照表 3-9。灌排沟的规格要满足排水的要求，同时又要兼顾灌溉，在沟中应加设拦水设施。排水(洪、灌)沟墙体以硬质材料为宜，包括石材、混凝土、预制构件等。排水(洪、灌)沟分段处以及重要建筑物上、下游应平顺衔接，高差大于 30cm 时应设置斜坡，大于 60cm 时应设置跌水。排水沟设计使用年限不低于 15 年。

表 3-8   暴雨历时和排除时间表

区域类型	水田区		水旱轮作区	
	暴雨历时/d	排至作物耐淹水深/d	暴雨历时/d	排至作物耐淹水深/d
平坝区域	1~3	3~5	1~3	1~3
缓丘区域	1~3	3~4	1~3	1~3

表 3-9   排水沟规格设计参数表

宽度/m	深度/m	断面形式	a	备注
0.4~0.6		矩形	0.3~0.4	
0.6~0.8	$h=b/2+a$	矩形	0.4~0.5	U 形、梯形断面则参照矩形断面设计
0.8~1		矩形	0.5~0.6	

注：b 为宽度；h 为深度；a 为系数。

4. 生态防护系统优化设计

对于①区域，以栽种乔木为主，采用单株"品字形"排列的方式，树种可采用两种混种（李西，2004）。栽种过程中保证树木的连续性，防止出现风口，影响防风效果（李春平等，2003）。对于③区域，栽种于小溪沟旁边的植物宜选择金发草、丛毛羊胡子草等既适宜当地种植，又具有较强的护坡功能的植物（朱教君等，2003）。其余绿化区域视具体情况栽种相应种类的植物。

3.3.5　条田整治前后成效对比

条田整治需要在适宜的地形区域，本着"山水林田湖草生命共同体"的理念，围绕产业布局对土地进行科学的国土空间规划。在研究区内通过适宜性评价，划出两片适宜性较高的区域围绕粮油主导产业进行整治，可为该区域实现机械化、高效化作业提供条件。条田整治并非千篇一律，结合研究区而言，①区域以河谷平坝地形为主，③区域以冲田和塝田形态为主，最基础的地形条件不同，纵然都是围绕粮油高效化种植服务，其整治规划区别也很大。①区域由于地势低平，又靠近高滩河，在整治过程中要重点考虑排水的问题；③区域由于田块间有一定高差，在整治过程中要重点考虑机械化耕作的问题，即要仔细考虑田块如何归并的问题。规划过程中要结合产业发展目标进行规划，避免造成规划无用的结果。规划要结合现有的基础设施，比如现有田间道、灌排设施和田坎等，要加以合理利用，以减少工程耗费。规划后，整治区域内耕作田块、道路体系、灌排设施以及生态防护都有了较好的改善（表 3-10）。

表 3-10　整治前后研究区田块特征对比

		田块数量/个	面积最小值/亩	面积最大值/亩	面积平均数/亩	标准差	田块形状
①区域	整治前	340	0.01	15.63	0.64	1.27	细长条形、多边形
	整治后	27	1	16	7.81	4.50	矩形为主
③区域	整治前	252	0.11	7.67	1.38	1.12	不规则形状
	整治后	75	1	16	4.69	2.49	矩形、多边形为主

1. 耕作田块整治前后对比

整治前，①区域耕地面积 13.94hm^2，田块数量约 340 个，仅从自然属性来看，耕地破碎化十分严重，此外，田块形状以细长条形状和多边形为主；整治后，①区域内的地块数量降到 27 个，地块面积最小值也有 1 亩，形状以矩形为主。③区域内地块数由 252 个降到 75 个，形状由不规则形状改善成矩形、多边形。整治后，不论是平坝区域还是缓丘区域，平均地块面积都增加了，单位面积内的地块数量都下降了，田块形状也改善很多，由于地形原因，整治后的平坝区域地块面积大于缓丘区域地块面积。整治后的地块面积符合当地居民对于种植水稻的心理预期，缓丘区为 3～5 亩，平坝区为 6～8 亩，利于机械化耕作。

2. 道路体系整治前后对比

整治之前，①区域仅有一条 3m 宽的田间道，沿河区域的耕地没有道路可以到达，大型机械几乎无法到达田块。整治后，将原有 3m 宽的田间道拓宽整修为 4.5m 宽的公路，作为联系河边平坝区域耕地和附近居民点的村级主干路，沿河边新修了一条 3.5m 宽的田间道，方便大型机械进入耕作区进行机械化作业，平坝区每两个田块修一条 2.5m 宽的生产路，方便农户使用小型机械管理田间作物。此外，在冲田区域补充规划 1 条 3m 宽的田间道，以及一条 2.5m 宽的生产路，填补这一区域交通设施的空白。通过整治后，①区域的田间道路通达性接近 100%，结合原有公路，新修和整修各等级公路，既满足了机械化种植对通达性的要求，也相应减少了工程施工量。③区域在整治之前，道路通达性极低，仅有北部地区和南部地区有田间道通过，且通过整治区域内的公路长度较短，无法满足该区域机械化种植对道路通达性的需求。因此，在原有道路体系的基础上，根据产业发展需求在北部冲田区域整修一条 4.5m 宽的田间道，没有田间道通达的地区规划 3m 宽的田间道，既能让机械进入田间耕作区，又能少占用耕地，没有田间道到达的塝田区域，规划 2.5m 宽的生产路作为补充，规划后，③区域的道路通达性几近于 100%，完全满足机械化作业对田间道路通达性的要求，此外，合理使用现有田间道和根据需求规划田间道等级，可以有效节省工程量。

3. 灌排系统整治前后对比

①区域邻近高滩河，在整治前可以就近取水，灌溉农田，几乎没有任何灌排设施，取水十分费力，多采用移动提灌设施对田块进行灌溉，而距离河边较远的地区，灌溉则更加费时费力，排水设施更是缺乏，洪涝灾害是困扰这一地区的难题。规划时，自高滩河上游取水，安装提灌设施，新修一条引水渠，然后沿生产路修灌溉渠，将水自引水渠引到每一个田块中，冲田区域距离水源较远，所以在上部分别新修一个囤水田，在冲田区域的一侧布置灌排渠。平坝区域的排水沟布置在与引水渠相对的条田的短边，经过每一个田块的短边区域，最终汇入高滩河。经过规划，①区域每个田块都可以保证旱能灌，涝能排。

③区域耕作区域较分散，水源来自不同地方，北部冲田区域自高滩河取水，中部冲田区域自附近的山坪塘和黄泥水库取水，南部地区没有水源，所以新修两个囤水田，在冲田区域采用灌排渠。塝田区域旁边有小溪沟，所以布置一条灌溉渠，区域内的水都排向小溪沟里。整治后基本上能解决每一个田块的灌排问题。

4. 生态防护体系整治前后对比

整治前，整治区域内仅有自然生长的一些散生树木，无法起到生态防护的作用。整治后，对高滩河区域和小溪沟区域进行了重点整治，高滩河边重点针对防风进行了设计，小溪沟边重点针对土壤侵蚀进行了设计。整治后，可适度减少河风对农作物的损害，小溪沟栽种的防侵蚀植物可减少水土流失。

3.4　条田整治技术凝练

在浅丘带坝、河谷平坝区，条田整治应以"山水林田湖草生命共同体"思想为指导，对耕作田块、灌排沟渠、田间道路和生态防护工程进行综合整治与修复，其要点和思路如下(图3-13)：第一，研究区条田整治适宜性分析，通过构建条田整治适宜性评价指标体系，采用层次分析法确定指标权重，择优提取适宜条田整治的区域；第二，确定条田整治区域产业发展目标，结合村域和镇域产业发展规划和当地产业基础确定；第三，根据条田整治区域的地形地貌特点、耕地资源分布、产业发展状况等，基于研究区社会经济发展的限制性因素，以基本农田高效化、机械化种植为最终目标，制定条田整治思路；第四，确定条田耕作田块的大小、长短边，结合现有的道路和田坎现状以及田块落差等自然因素，分平坝区域和缓丘区域进行耕作田块的设计，平坝区与缓丘区的田坎设计不同，缓丘区田坎按照常规进行硬化设计，平坝区水旱轮作，设计"移动"田坎，既能满足规模化生产需求，也是响应低碳的做法，有利于保护生态环境；第五，规划田间道体系，田间道路体系的规划必须以研究区整体道路体系规划和现有田间道为基础，根据交通流量大小设计道路等级；第六，规划灌排设施体系，首先考虑水源问题，其次，平坝区域要重点考虑排水问题，冲田区域尽量进行灌排一体化设计；第七，规划生态防护体系，生态防护体系要在必要性和少占耕地之间进行平衡。

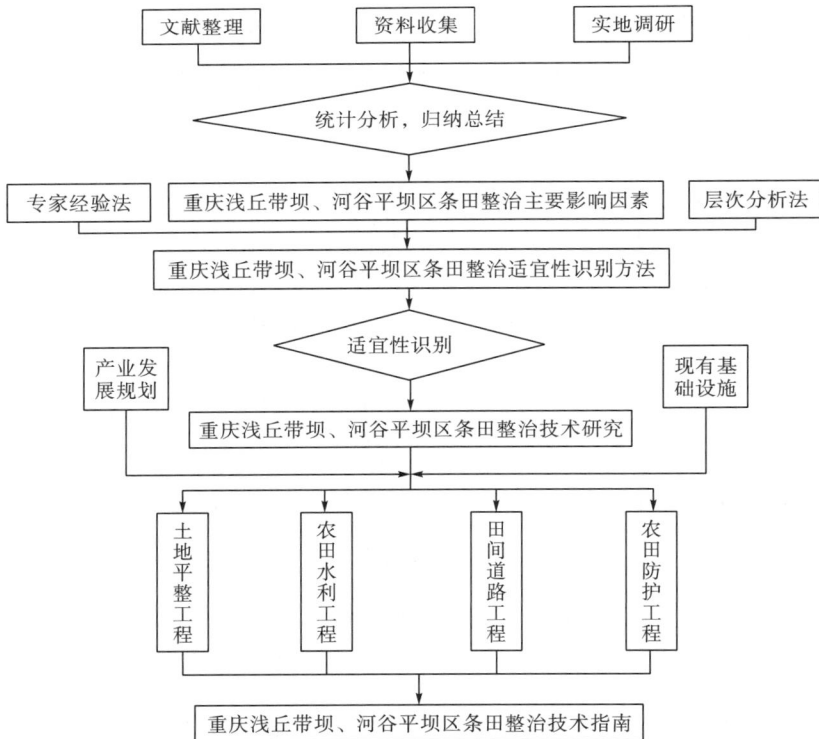

图 3-13　浅丘带坝、河谷平坝区条田整治技术

3.5　小　　结

浅丘带坝、河谷平坝区是重庆山区发展现代农业的核心区域，对于该区域，在"山水林田湖草生命共同体"思想的指导下进行条田综合整治是其实现高效化、机械化、生态化种植的重要途径。以位于重庆市浅丘带坝河谷平坝区的垫江县高安镇新溪村作为研究区，通过构建条田整治适宜性评价指标体系，采用层次分析法为指标赋权，采用加权求和法测算评价单元的最终得分值，择优选取适宜性区域进行条田整治。结果显示，研究区内有两片区域适宜条田整治，总面积37.63hm²，地形分别为平坝区和缓丘区。平坝区地形平坦，在条田整治过程中要重点考虑机械化耕种的便捷性问题，注重田块的形状和道路的通达性以及排水问题，为了同时达到水旱轮作需要的地块规模，优化设计"移动"田坎，缓丘区域地块间有一定高差，整治过程中要注重田块归并问题，冲田区域和塝田区域要区分对待，不强求地块形状和大小，合理配置田间道路和灌排设施。规划过程中注重结合当地产业基础和发展规划，合理利用现有基础设施，减少不必要的施工工程。通过规划后，整治区域内田块数量明显减少，田块形状优化，平均地块面积增加，利于机械化耕作，田间道路通达性、灌排保证率达到95%以上，有生态防护带的区域占比达到60%，规划后完全达到条田整治要求。

第4章 浅丘宽谷与丘陵交错区条田-缓坡整治技术

浅丘宽谷与丘陵地貌是重庆市典型地貌类型之一，广泛分布于渝西各个区县，海拔500m以下，相对高差50m以内，谷宽一般为100~200m，本章选取的江津区石蟆镇六贡村土地整治研究区内部分土地即为该地貌的典型。根据《江津区"十三五"国家现代农业示范区及农村发展规划(2016—2020)》，六贡村耕地集中连片度高，属于基本农田保护区，位于"十三五"粮油产业重点项目打造的"富硒水稻生产基地"核心区，且该村具有荔园度假中心这一成功的休闲观光农业范例，先天基础条件较好。但该区域内部分山丘未成台，已流转水田田块零散，部分田间道路设施不尽完善，所以对该区域实施土地整治项目十分有必要，以提高研究区基础设施保障水平，促进农业土地规模化经营，助推研究区高产水稻粮油示范基地建设，持续增加农民收入。基于研究区自然地理特征和产业基础，多年土地整治经验告诉我们应在"山水林田湖草生命共同体"这一思想指导下，在国土综合整治背景下重点对条田-缓坡进行整治，研究区内各级群众也对这一整治理念表示认同。本章旨在通过构建适宜性评价指标体系，分别甄选出研究区内适宜条田整治和适宜缓坡整治的区域，围绕研究区产业发展规划和产业发展限制性因子，分别研究条田整治和缓坡工程的布局，以期为类似地貌区的国土综合整治与国土空间格局优化提供科学参考。

4.1 材料与方法

4.1.1 研究区概况

研究区位于重庆市江津区石蟆镇六贡村，地貌属于江津区西部浅丘宽谷区，微地貌为浅丘、中谷、宽谷地貌。研究区海拔为242~350m，总体地势东高西低，地势起伏较小。灰棕紫泥水稻土和紫色土呈"上粗下细、上干下湿、上瘦下肥"等特点，有机质含量1%~2%，弱酸性，总体而言土壤养分较丰富，熟化程度较高，结构良好。研究区气候属于亚热带湿润季风气候，平均温度17.2~18.6℃，大于等于10℃积温为5565~6028℃，无霜期为341天，多年平均降雨量1180mm，降雨集中在6~9月。小桥河位于研究区西部，并有1条小溪沟自东南向西北汇入小桥河。研究区总面积187.14hm²，主要地类有耕地、林地、建设用地、水域等，其中，耕地面积111.96hm²，占总面积的

59.83%［图 4-1］。研究区对外交通便捷，东部有三环高速，北部有省道 S206 通过，道路均使用良好。

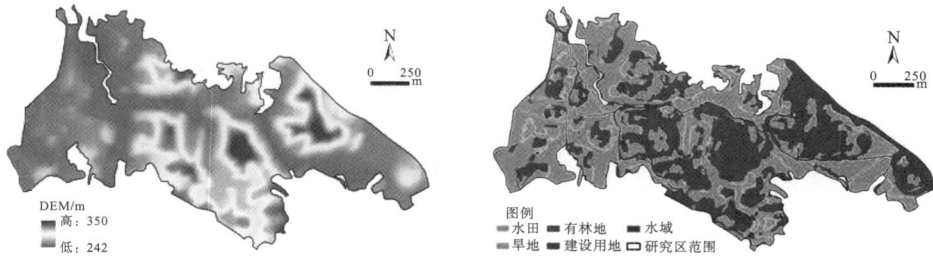

图 4-1　研究区 DEM 及土地利用类型（见彩版）

4.1.2　数据获取

图件数据：1∶2000 等高线地形图、高分辨率影像图、2016 年地类状况、耕地质量数据等来源于江津区国土资源和房屋管理局。

调研数据：课题组（8 人）于 2017 年 7 月 11 日至 30 日对研究区进行现场踏勘和参与式访谈。获取以下数据：①研究区产业基础及规划。该资料通过石蟆镇六贡村村委会与镇上和村上干部沟通获取，即了解研究区内产业发展基础、产业发展规划、产业发展的限制性条件。②实地数据采样。对来源于 ArcGIS 10.2 软件处理和耕地质量数据的指标（地形坡度、相对高差、有效土层厚度、集中连片度、道路通达性以及限制性因子精准识别）进行实地踏勘，在研究区内抽样选取 15 个点，对地形坡度、相对高差、有效土层厚度进行实地测量，集中连片度、水源保障程度、道路通达性、田坎系数、面积加权平均形状指数五个指标通过问询村干部获取相应数据，用以修正指标数据。③将具体的规划设计思路与相关主体（乡镇村干部、产业经营主体、当地居民等）进行沟通，获取其对土地整治的建议。

4.1.3　数据处理

数据处理：①底图数据。将高分辨率影像图配准，设置成西安 1980 坐标参考系，在研究区 2016 年地类现状的基础上对其进一步矢量化，形成以自然田块为基础的地类图斑，作为底图数据。②基础数据。基于 ArcGIS 10.2 平台，1m 分辨率 DEM 由研究区 1∶2000 等高线地形图生成，地形坡度、相对高差由表面分析功能提取，集中连片度使用空间相连性计算法而得，道路通达性根据地类图斑中的道路做缓冲区分析得到。③指标数据修正。将所有指标数据与 15 个采样点实地踏勘数据进行对比修正分析，使其与实地抽样调研数据的相似度达到 95% 以上。④将修正后的指标数据和农业产业基础条件指标数据录入地类图斑属性表，形成研究区土地整治基础数据库，以供后续量化分析使用。

4.1.4 数据分析

(1) 条田-缓坡整治适宜性评价单元确定。适宜性评价单元是评价的基本载体。依据研究区规模以及适宜性评价结果的用途,参考既有成果(谭少军等,2018),本章以自然地块(整治前田埂为界)作为评价单元,未成台坡地或者田埂界限不明确者,视为一个地块,经统计,研究区内共有耕地地块 1059 个。

(2) 条田-缓坡整治适宜性评价指标体系构建及权重确定。土地整治必须结合地形等自然条件及产业基础进行规划,选择适宜区域进行整治是前提。本章构建两种适宜性评价指标体系,分别是极限指标和权重指标体系。极限指标参考重庆市土地整治工程建设标准(试用稿),指对土地整治是否开展具有一票否决权的指标(表 4-1),比较评价单元现状的指标值与评价指标值的相符程度,将不符合极限指标条件的评价单元剔除,剩余评价单元进入权重指标评价体系。

表 4-1 整治适宜性评价极限指标体系

序号	极限指标	评价指标值	适宜性结果
1	地表岩石露头率/%	≥5	不宜
		<5	适宜
2	土壤污染程度	有污染	不宜
		无污染	适宜
3	地形坡度/(°)	>25	不宜
		≤25	适宜

阅览文献发现少有直接对缓坡进行定义的,而对低丘缓坡界定的较多,其范围一般为坡度 25°以下,海拔 500m 以内的区域,实际高差视区域而定(徐萍等,2013;王旭熙等,2016)。也有学者认为目前学术界对低丘缓坡的定义缺乏统一标准,实际范围可根据研究区实际情况重新定义(魏海等,2014),考虑研究区实际情况并参考低丘缓坡一般含义,将缓坡定义为坡度 6°～25°,高差 50m 以内的坡地,因研究区整体海拔较低(不超过 500m),所以不考虑海拔问题。由于条田整治对坡度要求高,地形坡度越大,工程措施越复杂且工程量越大,因此本章将条田整治的适宜坡度划为 0°～6°,具体体现在权重指标体系计算过程中。

结合既有实践经验和现有研究成果(冯锐等,2012;张莹,2015),地形坡度、田块高差、有效土层厚度、集中连片度、水源保障程度、道路通达条件、农业产业基础条件是影响条田-缓坡整治的重要因素,以这 7 个指标构建权重指标体系(表 4-2)。地形坡度是决定实施何种土地平整工程最重要的条件,坡度小于等于 2°的平坝区,以修建条田为主,坡度为>2°～6°的区域,以修建条田为主,坡度为>6°～25°的区域,以修建梯地为主。田块高差指相邻田块之间的田面高程差,是决定相邻田块是否可以归并的重要因素。有效土层厚度一般包括耕作层和犁底层,影响整治区域的耕地质量,厚度越大越适宜耕地整治。实现耕地集中连片是土地整治的目标之一，采用 ArcGIS 10.2 软件中的空间相连性计算法，进行缓冲区分析，构建集中连片区片(阈值为 17m)，各区片内的耕地的连片度即为所在区片的值(冯锐等，2012)。水资源是土地整治的重要因素，以地块距离水源近且水源蓄水量稳定为好。便捷的道路通达条件便于施工过程中机具的转移，以及材料购买、运输和人员交流、管理等，对适宜性有一定影响，阈值设定参考国际常用道路缓冲区建立标准。农业产业基础条件影响农户或经营主体希望实现机械化和规模化的管理模式以提高生产效率的意愿，用土地流转情况来衡量。指标计算方法见表 4-2。

表 4-2 整治适宜性评价权重指标体系、指标计算方法及权重

	指标名称	指标计算方法	指标类型	指标权重
自然属性	地形坡度	据 DEM 提取，ArcGIS10.2 坡度分析，实地调研数据修正	−	0.32
	田块高差	据 DEM 提取，ArcGIS10.2 焦点统计分析，实地调研数据修正	−	0.19
	有效土层厚度	耕地质量数据库，实地调研数据修正	+	0.13
	集中连片度	$x = \dfrac{\ln S_i - \ln S_{min}}{\ln S_{max} - \ln S_{min}}$ (式中，S_i 为连片后各区片面积，hm^2；S_{max} 为区片内最大图斑面积，hm^2；S_{min} 为区片内最小图斑面积，hm^2；x 为各区片的集中连片度值，$x \in [0,1]$)	+	0.10
	水源保障程度	耕地质量数据库，实地调研数据修正	+	0.09
社会经济属性	道路通达条件	ArcGIS10.2 缓冲区分析，阈值设定：村级公路 125m，生产大路 50m。实地调研数据修正	+	0.10
	农业产业基础条件	实地调研	+	0.07

条田-缓坡整治适宜性评价指标权重确定采用层次分析法进行分析推理，通过征集相关方面的专家以及经验丰富的技术人员的意见，力求达到各参评因素及参评因子之间的一致性。

(3)条田-缓坡整治适宜性评价指标分级赋分。由于土地整治适宜性评价指标属性不同，无法直接进行量化计算，因此对每个指标进行打分。其中，地形坡度、田块高差和农业产业基础条件参考重庆市《土地整治项目规划设计规范》(DB50/T 1015—2020)打分，集中连片度、有效土层厚度、水源保障程度和道路通达条件参考相关研究成果(李建春等，2013；王晨等，2014)，打分结果见表 4-3。需要说明的是，地形坡度和田块高差权重大，通过对这两个指标赋分，可将缓坡整治和条田整治适宜的区域区别开来。依据缓坡的定义，在缓坡整治适宜性评价时对 0°～6°区域赋分为 0，在条田整治时，对 6°以上区域均赋分为 0。条田整治需要田面高差较小，所以条田整治适宜性评价时对相对高差大于 0.8m 的评价单元赋分为 0。

(4)条田-缓坡整治适宜性评价得分测算。采用加权求和法计算各评价单元的得分，公式为 $S = \sum_{j=1}^{n} z_{ij} w_j$。式中，$S$ 表示各单元适宜性评价得分；z_{ij} 表示第 i 个单元第 j 个指标的分值；w_j 表示第 j 个指标的权重；n 表示指标个数。

表 4-3　整治适宜性评价权重指标分级赋分表

指标属性	指标名称	指标区间	分值/分	
			条田	缓坡
自然条件	地形坡度	0°~2°	100	0
		>2°~6°	80~<100	0
		>6°~10°	0	100
		>10°~15°	0	80~<100
		>15°~25°	0	60~<80
	田块高差	0~0.3m	100	100
		>0.3~0.8m	80~<100	100
		>0.8~8m	0	80~<100
		>8~25m	0	60~<80
		>25m	0	40
	有效土层厚度	>100cm	100	
		>80~100cm	80~<100	
		>50~80cm	60~<80	
		≤50cm	0	
	集中连片度	>0.75~1	100	
		>0.5~0.75	80	
		>0.25~0.5	60	
		0~0.25	40	
	水源保障程度	充分满足，可随时灌溉	100	
		基本满足，在关键蓄水期能保证灌溉	80	
		一般满足，但大旱年不能保证灌溉	60	
		无灌溉条件，望天田和旱地	40	
社会经济条件	道路通达条件	距离村级道路125m以内，生产道路50m以内	100	
		距离村级道路125m以内，生产道路50m以外	80	
		距离村级道路125m以外，生产道路50m以内	60	
		距离村级道路125m以外，生产道路50m以外	40	
	农业产业基础条件	土地已流转，并发展产业	100	
		土地已流转，正在联系业主	80	
		正在进行土地流转或居民有强烈流转意愿	60	
		土地未流转且居民不愿意流转土地	40	

(5)限制性因子精准识别指标体系构建。通过听取乡镇、村社、产业业主等各级的意见，对整治适宜区的产业现状以及产业发展限制性因子有大致了解，选用与其相关的田坎系数、田块坡度、平均田块面积、面积加权平均形状指数(area weighted mean shape index, AWMSI)、田间道路通达性、灌排设施覆盖率6个指标量化现状(表4-4)，对各区域限制

性因子进行精准识别，识别结果用以指导工程布设。在设置缓冲区阈值时，利用 ArcGIS 10.2 平台，根据国际常用道路缓冲区建立标准，结合相关文献（马雪莹等，2017）及研究区实际情况进行修正，本章将道路体系影响域设置为Ⅳ（村级公路 100～125m、生产大路 37.5～50m）和 Ⅴ（村级公路 125～150m、生产大路 50～62.5m）两种情景。考虑到不同产业对田块规格及道路通达性的需求不同，将粮油产业区的道路缓冲区设置为情景Ⅳ，将特色农业区、生态渔业养殖区的道路缓冲区设置为情景Ⅴ，分别取其下限。参考《重庆市高标准基本农田建设技术要求（试行）》，以及当地农民对现有排水设施排水能力的判断，本章设置沟渠缓冲区范围为 20m。

表 4-4　产业发展限制性因子精准识别指标体系

指标名称	含义及选取依据	量化方法
田坎系数/%	指耕地图斑中田坎面积占耕地图斑地类面积的比例，反映耕地的浪费程度。仅针对条田整治区域	田坎系数 = $\dfrac{耕地图斑田坎面积}{耕地图斑地类面积}$
田块坡度/(°)	单个地块坡度，坡度越小，越有利于耕作。仅针对缓坡区域	在 ArcGIS 10.2 中进行坡度分析
平均田块面积/亩	反映田块的总体破碎化程度	区域平均田块面积 = $\dfrac{区域田块总面积}{区域田块个数}$
面积加权平均形状指数（AWMSI）	反映地块形状的规则度，AWMSI≥1，无上限，随地块形状的不规则性增加而增加	在 ArcGIS 10.2 中将研究区转为栅格数据，导入 Fragstats 4.2 平台计算
田间道路通达性/%	反映道路通达程度，用道路可达田块个数占田块总个数的比例表征	在 ArcGIS 10.2 中进行缓冲区分析，粮油产业阈值设定为村级公路 100m，生产路 37.5m；特色农业区阈值设定为村级公路 125m，生产大路 50m
灌排设施覆盖率/%	反映耕地灌排能力，用具有灌排设施的田块数占田块总个数的比例表征	在 ArcGIS 10.2 中进行缓冲区分析，阈值设置为 20m

4.2　条田-缓坡整治适宜性评价

4.2.1　条田整治适宜性评价

经测算，得到研究区内条田整治适宜性结果，如图 4-2(a)所示。研究区内条田建设适宜性评价分值为 31.21～94.09 分，依据重庆缓丘平坝区条田整治技术指南，将适宜性得分大于 80.00 分的划为条田建设适宜区，得分为 60.01～80.00 分的划为较适宜区，得分小于等于 60.00 分的划为不适宜区。科学的土地整治遵循先易后难的建设时序（徐萍等，2013），将得分大于 80.00 分的适宜区作为研究区内条田建设区域，主要集中在图 4-2(b)中的 4 个区域。调研发现，适宜整治区自然田块多为冲田或者平坝形态，地形坡度适中、相邻田块高差小，耕地集中连片度高，有效土层厚度适中，整体自然条件优越。现有田间道满足土地整治施工运输要求，部分土地已流转，农户土地整治积极性高，满足条田整治的自然条件和社会经济条件要求。

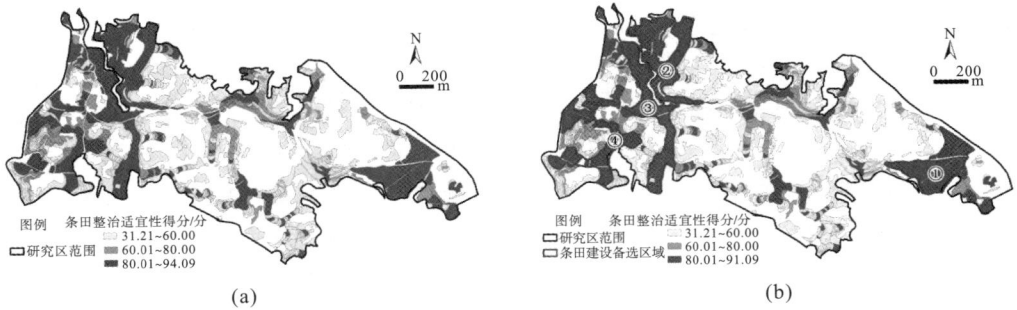

图 4-2　浅丘宽谷与丘陵交错区条田整治适宜性评价结果(a)及集中区域(b)(见彩版)

4.2.2　缓坡整治适宜性评价

经测算,得到研究区缓坡整治适宜性评价结果,如图 4-3(a)所示。通过缓坡整治适宜性评价,研究区内各评价单元得分为 46.41~93.81 分,参考条田整治划分标准,将得分大于 80.00 分的划为缓坡整治适宜区,得分为 60.01~80.00 分的划为较适宜区,得分小于等于 60.00 分的划为不适宜区。将得分高于 80.00 分的适宜区作为备选区域,主要集中在图 4-3(b)所示范围内,缓坡整治备选区域多位于浅丘丘麓,由于居民点等不可更改因素的影响,适宜区形态各异,既有集中连片的,也有独立个体地块。以先易后难为原则,取适宜性得分最高的区域作为最终整治区域,即图 4-3(b)中 5 个区域。从最终选定的区域看,其坡度适中,有效土层厚度足够,位于耕地集中区域内,农民整治积极性高,且现有田间道路设施满足土地整治工程施工的需求,满足缓坡整治的条件。

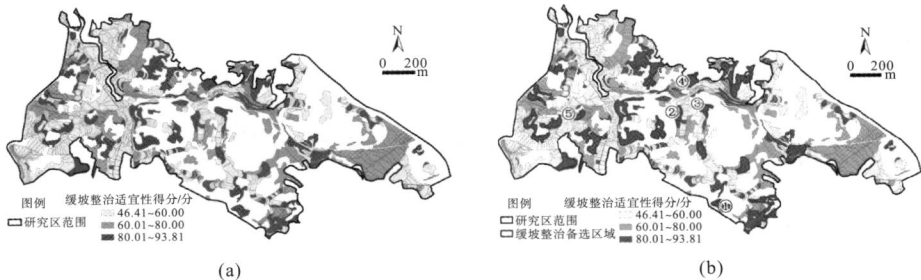

图 4-3　浅丘宽谷与丘陵交错区缓坡整治适宜性评价结果(a)及集中区域(b)(见彩版)

4.3　条田-缓坡整治布局与设计

4.3.1　产业定位及限制性因子初步识别

1. 产业发展定位

经实地调研,研究区成立了三关水稻专业合作社,是全区高产粮油示范基地片区,也是全市农作物(水稻)新品种植示范区,该区域内已经由区农委实施了田块、道路和沟渠的整治工程措施。六贡坝片区高产稻田已经流转给重庆水饶农业开发有限公司，在重庆市江津区丰之贺农机股份合作社、江津区石蟆镇蟆城供销合作社的水稻种植及供销的大力支持下，六贡村高产"富硒水稻"品牌市场效益良好，对周边村社的粮油生产产生了良好的示范带动作用。荔园度假中心已经开园，小桥河生态渔业养殖即园区的一部分，该度假中心主要面向周边及江津区及重庆市内的游客，旺季周末每天接待人数达 300 人次以上，农业生态旅游潜力巨大。六贡村以生态种养殖业为主，发展了规模化优质蜂蜜、生态豆花鸡等养殖大户 4 户，形成了石蟆橄榄、石蟆硒葛粉等特色农产品种植，在重庆市江津区橄荔龙槐蜜蜂养殖股份合作社的大力支持下，利用现代互联网+网络技术，实行了农产品网络电销。特别是近年来石蟆橄榄通过电销渠道销售，取得了良好的经济效益，更加坚定了种植大户对扩大规模种植特色农产品的信心。产业定位示意图见图 4-4。

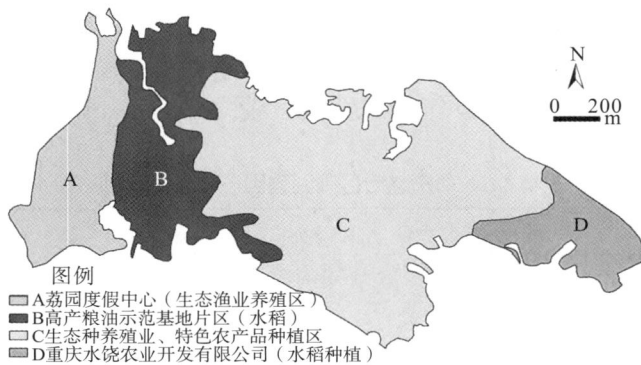

图 4-4　研究区产业定位示意图（见彩版）

2. 限制性因子初步识别

研究区产业发展限制性因子识别需逐步推进，初步识别为后期精准识别提供方向和打开思路。前期踏勘阶段，借助土地整治单位通过自上而下征求意见，形成了乡镇、村社、产业业主等对土地整治的意见（表 4-5）。分析发现，各级意见指向趋于一致。土地平整工程方面，他们希望实施坡改梯工程和条田整治工程，以改善耕作条件。灌溉与排水工程方面，他们希望增设排水设施。田间道路工程方面，他们希望对现状道路提档升级，增设部分生产路。综上所述，坡地未成台和田块小且分散造成的耕作不便、区域排水不畅、田间道路质量差、生产路覆盖率低等是当地人民迫切希望解决的现实问题，可作为后期限制性因子精准识别的切入点。

表 4-5　群众整治意见汇总表

工程类型	乡镇意见	村社意见	产业业主意见	拟采用措施
土地平整	结合产业发展实施土地平整	针对坡耕地实施坡改梯工程、因地制宜实施田坎修复、边角地整治等	条田整治、小田块归并为大田块，改善耕作条件	坡改梯、条田整治、田坎修复、边角地整治
灌溉与排水	在现有排水设施缺乏的区域进行补充	下白岩区域易涝，布设排水沟解决排水不畅问题	—	新修排水沟
田间道路	结合产业发展，改造现状道路	对现状道路进行提档升级	改造现状田间道	维修田间道、增设部分生产路

4.3.2 条田整治空间布局优化

1. 限制性因子精准识别

在分析研究区内主体对整治提供的意见后，通过 ArcGIS 10.2 平台对这些现状问题进行量化，选用田坎系数、平均田块面积、AWMSI、田间道路通达性、灌排设施覆盖率 5 个指标进行表述。统计的条田整治区域①②③④的上述 5 个指标情况见表 4-6。限制性因子量化统计表明，条田宜建区田坎系数较高、平均田块面积小、形状不规整是四个区域共有的限制性因素，田间道路通达性均比较高，这是由于条田整治区域③和④位于荔园度假中心，开发时为方便游客进入，对道路做了规划并已实施工程建设。条田整治区域①地势条件好且土地集中连片度好，当地居民对其十分重视，遂自行建设道路和沟渠，且现已流转。道路通达性较好，但仍需对部分道路进行提档升级，才能满足产业发展需要。除条田整治区域①外，其他区域灌排设施覆盖率都较低，区域内排水不畅。

表 4-6　条田整治区限制性因子量化统计

条田整治区	田坎系数/%	平均田块面积/亩	AWMSI	田间道路通达性/%	灌排设施覆盖率/%
①	10.8	2.49	1.5646	75	71
②	13.33	1.57	1.7626	77	34
③	13.37	1.30	1.6034	93	53
④	11.23	1.65	1.6153	84	31

2. 条田整治空间布局优化

条田整治区域①的空间布局如图 4-5 所示。条田整治区域①的产业发展定位为粮油产业，以"富硒水稻"种植为主。现已流转给重庆水饶农业开发有限公司，结合业主建议和限制性因子量化结果，首先对该区域进行田块规划。该区域地势较平，重点考虑既有高速路、田间道、沟渠及居民点等不可更改因素，在限制性条件下实现田块耕作效率最优化。规划后田块方向呈西北-东南走向，共计 14 个田块，短边靠着既有排水沟和田间道。对田间道路进行缓冲区分析发现，现有田间道通达性基本满足规划需要，但需对道路提档升级，硬化小溪沟边的田间道，此外将沟带路路面加宽至 3m，方便机械进入田间作业，生产路需要补充，每间隔一个田坎新修 1.5m 宽的生产路，并硬化，其余田埂材质为土质，在上面铺上碎石。对现有沟渠进行缓

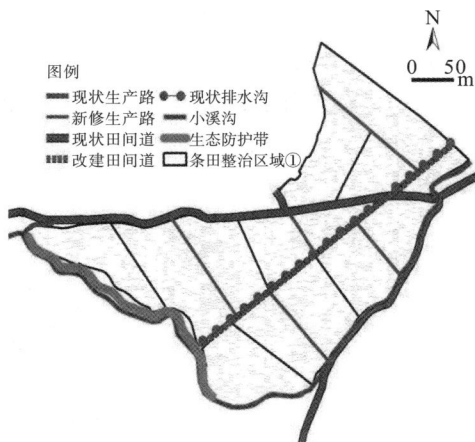

图 4-5　条田整治区域①的空间布局结果
（见彩版）

冲区分析后发现,现有沟渠满足规划后的田块灌排要求,但需要对现状河流进行清淤,保证其通畅。为防止水土流失,现状河流与耕作区之间设置生态防护带,种植金发草、丛毛羊胡子草等植物。

条田整治区域②的空间布局如图 4-6 所示。条田整治区域②是全区高产粮油示范基地片区和全市农作物(水稻)新品种植示范区,区农委对区内部分田块、道路和沟渠实施了整治工程。从限制性因子分析来看,区农委实施工程的重点是道路整治,而对田块归并和灌排设施的规划不足。该区域田块以冲田和塝田形态为主,田面间存在高差,归并仅选择高差 60cm 以下相邻的田块,冲田区域条田长边沿等高线设置,塝田区域田块形状复杂,将田面高差小于 60cm 田块归并后,视归并后的田块形状确定条田方向。

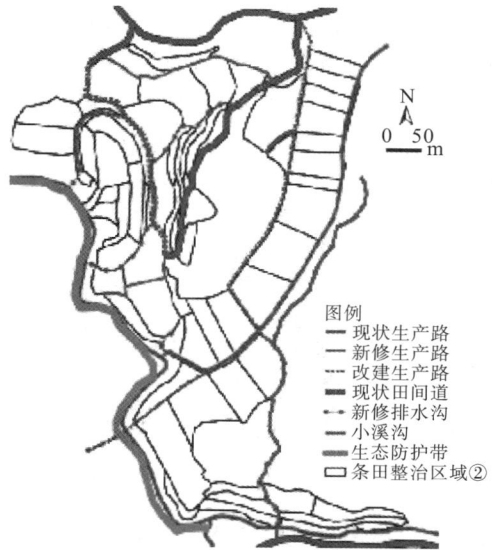

图 4-6 条田整治区域②的空间布局结果
(见彩版)

对既有道路、居民点、河流等造成的耕作死角,不作强行要求,在限制性条件内使规划后的田块耕作效率最大化即可。通过对条田整治区域②采取情景Ⅳ的缓冲区分析,在缓冲区范围没有覆盖到的道路空白区新增 3 条 1.5m 宽的硬化生产路,硬化一条 3.5m 宽的田间道,改建一条 0.8m 宽的生产路为 3m 田间道。依托规划后的田块、现有小溪沟以及规划的道路,新增 4 条排水沟。为防止水土流失,在邻近小溪沟的岸边种上金发草、丛毛羊胡子草等护坡植物。

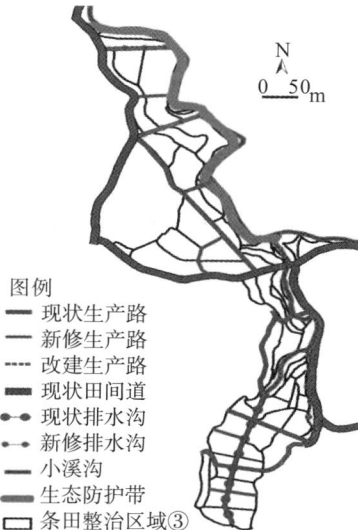

图 4-7 条田整治区域③的空间
布局结果(见彩版)

条田整治区域③的空间布局如图 4-7 所示。条田整治区域③同条田整治区域②一样,是全市的农作物(水稻)种植示范区,区农委对部分田块、道路和沟渠实施了整治工程,在此基础上的限制性因子分析显示,田块破碎且形状复杂是高效化水稻种植的阻碍,田块归并仍旧是重点,区内田间道路完善,但排水设施需要补充。地貌以小溪沟冲积平坝和缓丘平坝为主,坡度小,条田长边以沿等高线为主。首先合并田面高差小于 60cm 的相邻田块,再考虑既有田间基础设施、居民点、河流等不可更改的限制性条件,充分利用现有基础设施作为条田的边,使田块耕作效率最大化。田面高差大于等于 60cm 的地方,保留原有地貌,以免工程量太大,且容易造成土壤质量难以恢复的局面。对规划后的田块作现有道路的缓冲区分析,发现需要增加 5 条生产便道,将一条 1.8m 宽的生产路拓宽为 2m。生产便道方便农户管理田间，无须承担大型机械通过的任务，一律使用 1m 宽碎石路，占地少。对规划后的田块作现有排水沟的缓冲区分析，发现需要新增 5 条排水沟，排水沟均使用土质材料，业主定期清理即可，规格视汇水面积和汇水量大小而定。耕作区靠近小溪沟的一侧，预留 1～1.8m 宽的缓冲带，种植护坡植被。

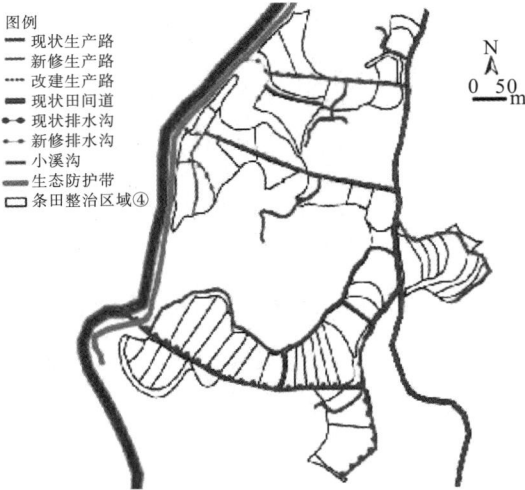

图 4-8 条田整治区域④的空间布局结果(见彩版)

条田整治区域④的空间布局如图 4-8 所示。条田整治区域④位于六贡村内的荔园度假中心，小桥河生态养殖基地具有的荷田观光及垂钓功能与园内的生态采摘荔枝龙眼、蜜蜂养殖、农庄休闲住宿功能共同形成休闲观光农业园区，所以该区域产业定位为乡村生态旅游。旅游度假，便于游客进出，且要提供优雅的视觉观感，田块不能千篇一律，景区必须具备完善的基础设施，结合限制性因子分析，重点整治放在完善基础设施上。实地调研显示，业主已对部分田块、道路和沟渠做了规划整治，现仅需在业主整治的基础上进行完善。田块设置重点基于现状地貌、业主建议进行设置，道路缓冲区结果显示，需新增 3 条 1m 宽生产路，此外，将现状泥质生产路升级为碎石路。根据规划后的田块，新增 5 条排水沟，规格视汇水面积和汇水量而定，生态渔业养殖对水源要求较高，可采用提灌的方式为鱼塘定期补水和换水。小桥河沿岸可栽种一些观赏类植物，美观生态。

3. 条田布局优化前后对比

采用表 4-4 中的量化方法得到整治后四个区域相应的五个指标，并与整治之前进行对比(表 4-7)。四个区域的田坎系数明显降低，平均田块面积增加，AWMSI 降低，田间道路通达性更高，灌排设施覆盖率增加。整治后条田整治区域①的田块规整度提高且配套设施得到改善，极大改善了机械化耕作的条件。条田整治区域②和条田整治区域③由于地形条件的缘故，部分田块归并难以实现，田块形状改善不明显，但配套设施的进一步完善极大程度地方便了业主对田间的管理。条田整治区域④的规划结果为业主解决了基础设施建设问题。数据显示，规划后的区域完全满足高标准农田建设技术要求，条田整治区域①②③的规划满足粮油产业发展的需求，条田整治区域④的规划满足生态渔业养殖需求。

表 4-7　条田整治前后限制性因子量化对比

条田整治区域	田坎系数/%		平均田块面积/亩		AWMSI		田间道路通达性/%		灌排设施覆盖率/%	
	整治前	整治后	整治前	整治后	整治前	整治后	整治前	整治后	整治前	整治后
①	10.8	6.3	2.49	7.88	1.5646	1.5117	86	99	71	98
②	13.33	8.8	1.57	2.19	1.7626	1.5694	77	95	34	87
③	13.37	8.4	1.30	1.64	1.6034	1.5200	93	96	53	88
④	11.23	7.1	1.65	1.84	1.6153	1.5792	84	95	31	90

4.3.3　缓坡整治空间布局优化

1. 限制性因子精准识别

调研显示，缓坡整治适宜区内多种植玉米、红薯等粮食作物，部分种植石蟆硒葛根等特色农产品。葛根植株为藤蔓且株体较小，需要较为平整的土地种植，对道路通达性和灌排条件要求都较高。实践经验及成果表明(胡昌礼和胡建宇，2016)，缓坡整治结果有缓坡地、斜坡面梯地、水平梯地三种类型，具体适宜哪种整治结果视地形、产业等而定，以施工搬运土方量较小为宜。缓坡整治单个区域往往规模较小，因此识别限制性因子主要依靠乡镇、村社、产业业主等各级的意见。经过综合分析，缓坡整治区域①内田块数量少，田块高差小，交通便利，村民希望实现机械化生产，因此将整块地整治为缓坡地。缓坡整治区域②位于下白岩附近，区域内已经大致为成型台地，且成型台地内部坡度小，但缺乏田埂和基础设施，该区域将水平梯地作为整治目标。缓坡整治区域③④⑤地形、坡度相似，因此仅选择缓坡整治区域⑤作为典型进行分析。缓坡整治区域⑤位于粮油基地主产区内，整治为斜坡面梯地较为合适。

2. 缓坡整治空间布局优化

(1)缓坡整治区域①的缓坡地空间布局优化。缓坡整治区域①的平均坡度在 7°，可因势利导整治为缓坡地。尽量使挖方体积 V_2 等于填方体积 V_1[图 4-9(b)]。现有田间道满足生产需要，需增设 3 条排水沟，泄往路边沟，附近约 100m 处有山坪塘，可保证水源。田间道与耕作区之间预留 1m 宽的缓冲带，可种植一些低矮灌丛，减少过往车辆对耕作区植株的耗损。布局结果见图 4-9。

(2)缓坡整治区域②的水平梯地空间布局优化。依据葛根种植需求和地貌特征，将区域②整治为水平梯地，尽量使挖方体积 V_1、V_3、V_5 的和与填方体积 V_2、V_4、V_6 的和相等，田埂为干砌条石。新增 1 条 1m 宽的硬化路，成环形状，方便管理者使用小型机具管理农作物。该区域地势较高，在山坡中上部修建蓄水池，雨季蓄水，旱季采用喷灌系统对该区域进行补充灌溉。增设两条排水土沟，沟壁上可栽种护坡植物，减少水流对泥质土沟的冲刷。布局结果见图 4-10。

(3)缓坡整治区域⑤的斜坡面梯地空间布局优化。缓坡整治区域⑤现状地块小，零散地分布在缓坡上，根据当地居民的建议，将区域内整治成 4 个地块，每个地块的坡度相应降低到 6°~8°，尽量使挖填方量趋于相等，新修一条 2m 宽的生产路，将一条 1m 宽的生产路拓宽为 2m，并硬化。丘陵顶端新建一个小型蓄水池，使用喷灌对整治区域进行补充灌溉。新修 7 条排水土沟，以减少坡面漫流造成的水土流失，沟壁上栽种护坡植物。布局结果及坡面示意图见图 4-11。

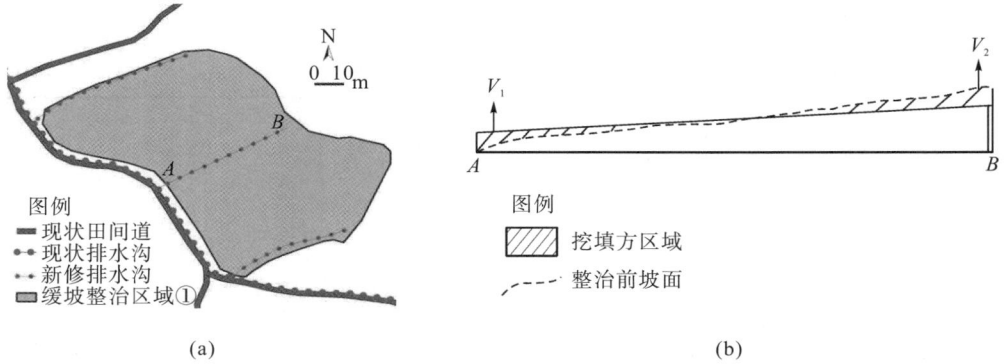

图 4-9　缓坡整治区域①的空间布局结果(a)及剖面示意图(b)(见彩版)

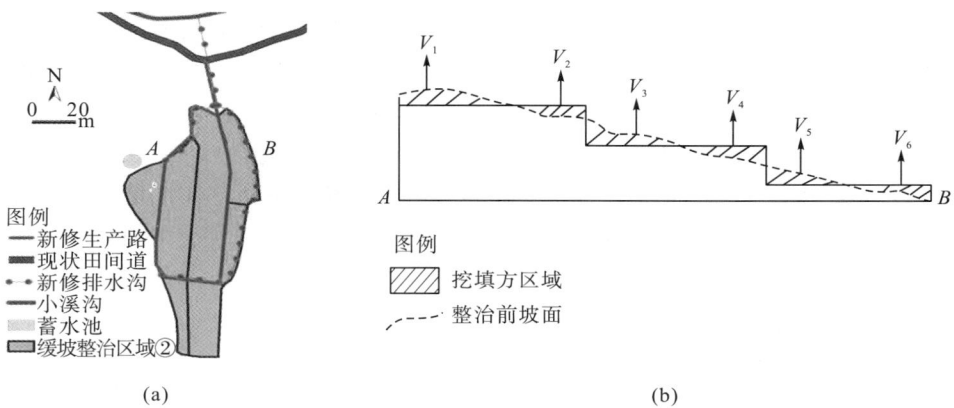

图 4-10　缓坡整治区域②的空间布局结果(a)及剖面示意图(b)(见彩版)

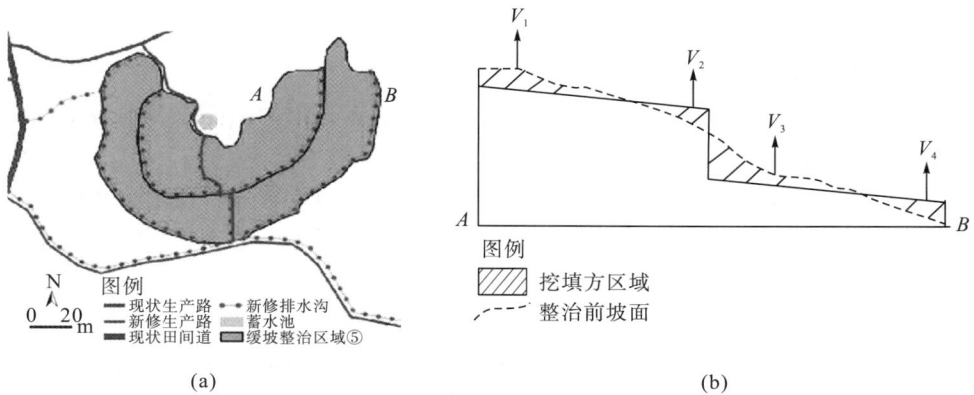

图 4-11　缓坡整治区域⑤的空间布局结果(a)及剖面示意图(b)(见彩版)

3. 缓坡整治布局优化前后对比

采用表 4-4 中的公式计算得到缓坡整治典型区域整治前后的 5 个指标值(表 4-8)。结果显示，总体而言，3 个区域地块坡度明显降低，单个田块面积增加，地块形状有所改善，基础设施配套率明显提升。具体而言，缓坡整治区域①规划后是一整片缓斜坡，便捷的道路使得农户可使用机械耕作，生产效率大大提高。缓坡整治区域②规划后是水平梯地，单个地块不大，但成型台地和配套的基础设施提高了农户耕种的积极性。缓坡整治区域⑤规划结果为斜坡面梯地，与水平梯地不同的是，该区域配置了密度较高的排水沟，以减少水土流失，规划结果与当地居民期望的结果相符。缓坡规划后完全满足高标准农田建设技术要求。

表 4-8　缓坡整治前后限制性因子量化对比

缓坡整治区域	地块平均坡度/(°)		平均田块面积/亩		AWMSI		田间道路通达性/%		灌排设施覆盖率/%	
	整治前	整治后	整治前	整治后	整治前	整治后	整治前	整治后	整治前	整治后
①	7	5	2.04	8.19	1.7545	1.4122	83	98	50	93
②	6	2	1.09	1.09	1.5170	1.5112	63	90	45	94
⑤	10	7	0.45	1.37	1.7039	1.6163	60	92	56	96

4.4　条田-缓坡整治技术凝练

在浅丘宽谷与丘陵交错区，对分散化、镶嵌式基本农田进行条田-缓坡整治时，必须遵循以下技术思路(图 4-12)。第一，结合区域自然地理特征和资源禀赋，进行产业发展方向定位，确定影响产业发展的限制性因素，从总体上控制规划方案的编制，并确定整治重点。第二，围绕各整治区域的产业和限制条件，在现有设施基础上进行具体工程布局。土地平

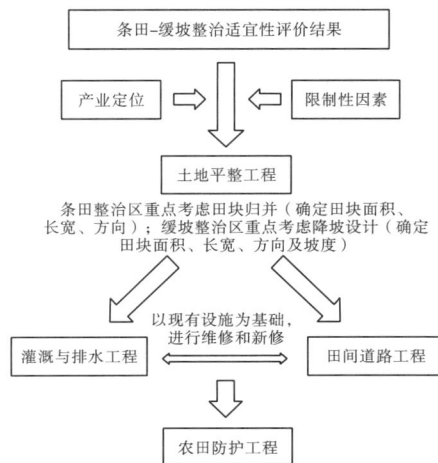

图 4-12　浅丘宽谷与丘陵交错区条田-缓坡整治技术

整工程在土地整治工程中差异性最大,体现在条田整治和缓坡整治中,二者对田块面积大小、长度和宽度、条田方向、坡度等指标的要求不同,具体如何规划布设,以整治适宜性评价结果为基础,条田整治区域重点考虑机械化耕作条件的实现,合理归并田块以便高效化使用土地,缓坡整治区域重点考虑坡度因素,适当降坡以便耕地成台。第三,田块的确定意味着田埂的确定,相应的灌排沟渠、道路等则以田埂为依托,不能穿田而过,破坏田块的完整性,而土地平整则在规划后的条田田块内进行。第四,灌溉与排水工程以及田间道路工程在现有设施的基础上做缓冲区分析,精准识别限制性因子后进行修缮或者新增,新增设施尽量避免穿越既定田块内部。第五,在生态脆弱地带布设农田防护设施。

4.5 小 结

借助多年的土地整治实践经验,浅丘宽谷与丘陵交错区应以基本农田条田-缓坡整治为重点,这也是国土综合整治的差别化发展方向,实地调研中群众的意见也佐证了这一点。通过整治适宜性评价,分别甄选出研究区内的条田整治区域和缓坡整治区域,条田整治适宜区集中分布在宽谷地区,适宜缓坡整治的区域主要分布在丘陵山包的边缘,这是由研究区浅丘宽谷与丘陵地貌的特征所决定的,致使适宜条田整治区域和适宜缓坡整治的区域呈现分散化、镶嵌式的空间分布格局(图4-13)。土地整治以先易后难为原则,本章选取了适宜性评价得分最高的 4 块条田整治区域、5 块缓坡整治区域作为规划布局的典型区域。工程布局以改善限制性因子、服务产业为目标,产业发展目标通过实地调研获取,限制性因子识别采用实地调研与 ArcGIS 技术手段相结合的方式获取,其中,实地调研初步识别限制性因子,通过 ArcGIS 技术手段获取精准的限制性因子。条田区域典型田块优化设计在观测的基础上进行,田间道和沟渠布局以 ArcGIS 缓冲区分析结果为基础。缓坡区域面积较小,均以现状观测为基础进行规划。规划结果与规划前指标对比显示,规划结果满足高标准农田建设要求,表明围绕微地貌和产业发展,基于实地调研和 ArcGIS 技术手段的方式布局土地规划符合现实需要,能满足土地整治规划需求。

图 4-13 浅丘宽谷与丘陵交错区整治区域分散化、镶嵌式格局

第5章　岩溶槽谷耕地连片区灌排系统
整治技术

岩溶槽谷区是高集中、低保水基本农田集中连片分布的主要区域，也是坡地梯田化(80%～95%)和农林生态系统重叠或交错率(35%～50%)较高的区域。在这一区域，直接服务于农村居民生产和生活的灌排网络体系是否完善是影响农业产业发展、农民增收和乡村振兴的关键因素(刁承泰等，2002a、b)。岩溶槽谷耕地连片区受农业生产活动的扰动较大，坡地的梯田化率已达到高标准基本农田建设的要求，但基本农田灌排率较低的主要原因是缺乏完善配套的灌排网络系统，不仅沟渠密度不高，而且沟渠宽度(多为0.4m以下)、材质(自然土沟)及保水性(渗漏严重)均不能满足农村居民生产和生活的需要(李阳兵等，2002；何多兴等，2003)，是影响"三农"问题解决的关键所在。为服务于基本农田的规模化生产、连片式经营的土地整治，岩溶槽谷耕地连片区须将灌排系统的完善配套和功能提升作为工程建设的重点之一。

但是，从现有研究和实践看，岩溶槽谷耕地连片区的土地在整治过程中，常常出现灌排系统不完善、不配套，结构层次和功能效用差异性不强，如布局不合理、产业需求导向缺位、功能与效用匹配性差等，从而导致农田水利工程投资占比高达15%～20%，但仍不能满足整治区居民生产生活的需要。目前看，整治区大多没有形成山坪塘、蓄水池、灌排沟渠三者合理配置的灌排体系，但这并不表明是某一类设施的缺乏，而是不同设施的密度、布局位置等与整治区地形地貌、产业发展、耕地分布等有一定程度的不适宜性。另外，沟渠的宽度、材质与功能间的协调性也与产业发展、农田生态环境、资源节约等不相协调，致使现有整治区的灌排系统很难实现"满足居民生产和生活，资源节约和环境友好"两者间的"共赢"。为此，本章以重庆市武隆区白云乡莲池村土地整治项目为例，探讨岩溶槽谷耕地连片区高集中、低保水基本农田灌排系统整治技术，统筹山水林田湖草治水，以期为这一区域土地整治中的灌排系统建设提供科学依据。

5.1　材料与方法

5.1.1　研究区概况

研究区位于重庆市武隆区白云乡，地处云贵高原、大娄山系的延伸部分和川东平行岭谷褶皱带的过渡区域，属盆周武陵山岩溶中低山地貌区，区内溪沟、降雨的切割、侵蚀和溶蚀作用造就了叠山起伏、沟谷交错的特殊景观(姜树辉，2013)。该区地质条件稳定，属于武隆区三大向斜(万峰-青吉、长坝-白马、鸭江-平桥)中的长坝-白马向斜地带，裂隙发育较好，风化程度较深。土壤以冷砂黄泥土为主，由侏罗系下统珍珠冲组紫色页岩发育而成，有效土层厚度在 50cm 以上，粒径小于 0.002mm 的黏粒含量高于 25%，粉砂黏粒比为 1.17 左右，有机质含量为 1.32%，全氮含量为 0.118%～0.166%，全磷含量为 0.045%～0.047%，全钾含量为 1.62%～2.24%，pH 为 5.5～6.1。区内降雨量充沛，多年平均降雨量为 1190mm，降雨量季节分布不均，夏多冬少，综合径流系数为 0.5，多年平均径流深为 595mm，地下水主要为碳酸岩裂隙溶洞水，依靠大气降雨可直接通过裂隙补给地下水，地下径流条件良好，以泉水形式泄出地表，对人畜饮水及灌溉影响较大。溪沟 5 条，多年平均总流量为 0.49m³/s，是该区重要的灌溉水源和排洪走廊，各溪沟流入研究区外的大洞河。研究区总面积为 565.09hm²，其中，耕地面积 228.98hm²，占总面积的 40.52%，集中分布在海拔相对较低、起伏变化不大的区域(图 5-1)。

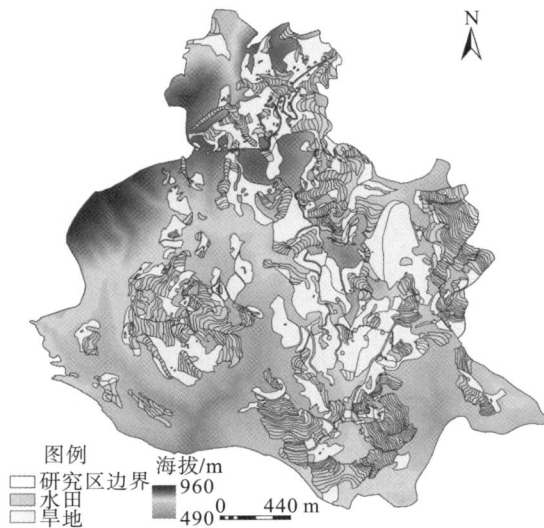

图例
☐ 研究区边界
☐ 水田
☐ 旱地

海拔/m
■ 960
■ 490

0　　440 m

图 5-1　研究区概况(见彩版)

5.1.2　数据收集

　　研究区 2015 年土地利用现状图、土地利用规划图(2006～2020 年)、1∶2000 地形图来源于武隆区国土资源和房屋管理局；DEM 图由课题组人员根据研究区 1∶2000 地形图制作而成；灌排系统的现状(宽度、长度、材质、数量、分布等)由武隆区土地整理储备中心提供的土地整治工程现状沟渠图件和课题组人员调查所得；灌排系统的未来规划目标由镇人民政府、村委会或村民代表提供，同时征求了大多数农民、经营主体、相关部门的意见。实地调研方法采用现场踏勘和参与式农村访谈法，课题组(5 人)于 2017 年 7 月 22 日至 27 日对研究区进行了现场踏勘和参与式农村访谈，具体内容主要是获取上述涉及的数据，同时针对具体的灌排系统规划设计思路，与相关主体(乡镇村干部、产业经营主体、当地居民等)进行交流沟通，并征求他们的意见。

5.1.3　数据处理

利用土地整治项目施工前勘测的等高线，运用 ArcGIS 10.2 中的空间分析功能，创建不规则三角网(triangulated irregular network，TIN)并将其转换为 DEM；武隆区国土资源和房屋管理局提供.dwg 格式的土地利用现状图(2015 年)，将其转换为.shp 格式，利用 ArcGIS 10.2 的空间分析与叠加功能叠加研究区范围红线，生成研究区土地利用现状图；利用研究区土地利用现状中的蓄水池、沉沙池等点文件，灌排沟渠线文件和坑塘、水库面文件，将其转换为.shp 格式，得到研究区现状灌排系统；利用灌排沟渠线文件，运用 ArcGIS 10.2 生成 50m 间距灌排系统缓冲区图；利用从土地利用现状图提取出的山坪塘、蓄水池，运用 ArcGIS 10.2 生成 50m 间距的坑塘水面缓冲区图；利用等高线生成的 DEM，运用 ArcGIS 10.2 中的 Hydrology 分析模块，经过填洼、流向分析和计算流水累积量等步骤生成研究区水系网络分布图；利用武隆区国土资源和房屋管理局提供的.dwg 格式的土地利用现状图(2015 年)提取道路图层，将其转换为.shp 格式，利用 ArcGIS 10.2 的缓冲区分析功能，生成间距为 50m 的多级缓冲区，得到研究区道路缓冲区分布图。

5.1.4　研究方法

1. Hydrology 模型

Hydrology 模型是水文地理领域专业知识和 GIS 相结合的水文地理数据模型，因其在常用的 ArcGIS 软件中就嵌有 Hydrology 模块而在防止水旱灾害和开发、利用、保护水资源的工程或非工程措施的规划、设计、施工以及管理中被大量运用(陈少卿，2008；杨翠霞，2014)，并取得了很好的效果。本章运用坡面径流模拟算法(汇流累积算法)，通过填洼、流向分析和计算流水累积量等步骤快速提取流域自然汇水路径，并将其作为灌排沟渠规划布局的主要参考依据。

2. 适宜性指数计算

岩溶槽谷耕地连片区灌排系统布局适宜性指数采用加权指数和法计算，公式为 $C = \sum_{i=1}^{i}(w_i N_i)$。式中，$C$ 为灌排系统布局的适宜性指数；w_i 为第 i 个指标的权重值；N_i 为第 i 个指标的分值；i 为参评指标的个数。

5.2 灌排系统布局适宜性评价

5.2.1 灌排系统现状分析

灌排系统主要由天然溪沟、水库、山坪塘、蓄水池和灌排沟渠等组成,研究区现有灌排系统已基本形成(图 5-2)。区内共有天然溪沟 3 条,溪沟干道总长度为 5200m,目前使用良好,多年平均总流量为 0.49m³/s,溪沟两岸无滑坡等自然灾害,除极端天气外,未出现洪涝灾害。野猫沟水库位于白云乡莲池村团堡组,水库坝高 12m,坝长 53m,均为土坝,水面面积 0.88hm²,平均水深 8m,集水面积 68hm²,最大库容 14 万 m³,有效库容 10.8万 m³,平均蓄水量 10 万 m³,属小(二)型水库。区内现有山坪塘 18 口,蓄水能力 10.20万 m³,分布比较零散,对其周边耕地的灌溉起到重要作用,山坪塘下方水田可以通过自流灌溉,而山坪塘上方水田则通过抽水或人工挑水灌溉,周边旱地主要通过挑水点灌。区内现有蓄水池 38 口,现有蓄水能力 1.32 万 m³,蓄水池为水利局或村民自行修建,兼顾人畜饮水及灌溉,其中 37 口现状较好,不需要整治。但南部沙石咀附近有一口蓄水池,是该区域主要的灌溉水源,该蓄水池池壁已出现开裂现象,局部侧墙以及抹面已垮落,并伴有漏水现象,急需维护。

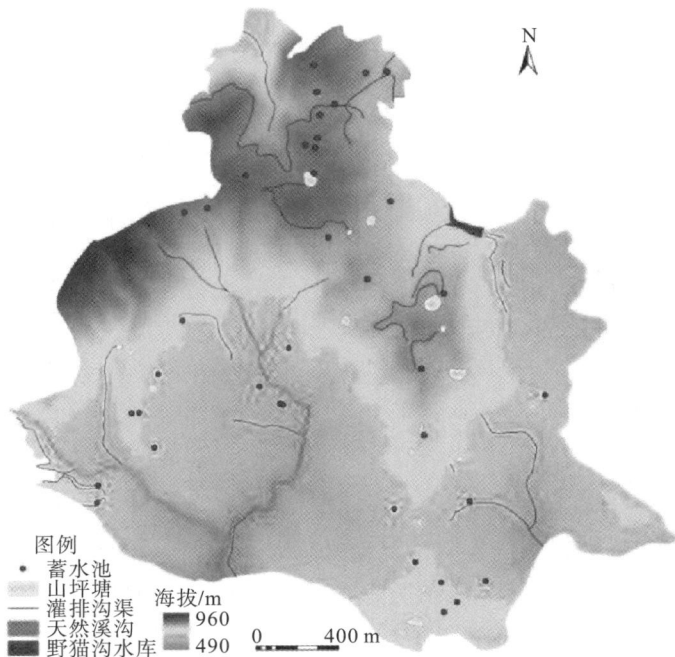

图 5-2 岩溶槽谷耕地连片区灌排系统分布(见彩版)

5.2.2　布局适宜性评价

1. 水文分析

研究区水系网络的提取主要依据 ArcGIS 10.2 中的 Hydrology 模块进行，在分析过程中根据研究区 1∶2000 等高线地形图、汇流累积量与河网密度的关系来确定合理的汇流累积量阈值(孔瑞霞和何继业，2013)，根据汇流累积量与河网密度变化情况发现，当汇流累积量阈值为 3500 时，河网密度变化趋于平缓(图 5-3)，与研究区等高线地形图对比发现吻合程度较好，故将 3500 作为最适汇流累积量阈值，从而得到研究区水系网络(图 5-4)。从图 5-4 可知，该水系网络覆盖了研究区大部分集中连片的耕地，但对于水系网络交界处的坡耕地，水系覆盖较差，这对于布局灌排沟渠具有重要参考价值。研究区为岩溶槽谷耕地连片区，地表水下渗严重，汇集到水系网络的流水相当一部分下渗成为地下水，很难形成地表径流，因此汇水路径处、水系网络交界处将是研究区灌排沟渠布局的重点区域。

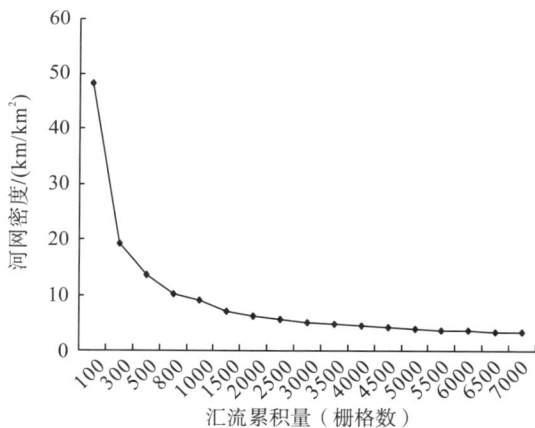

图 5-3　河网密度与汇流累积量的关系

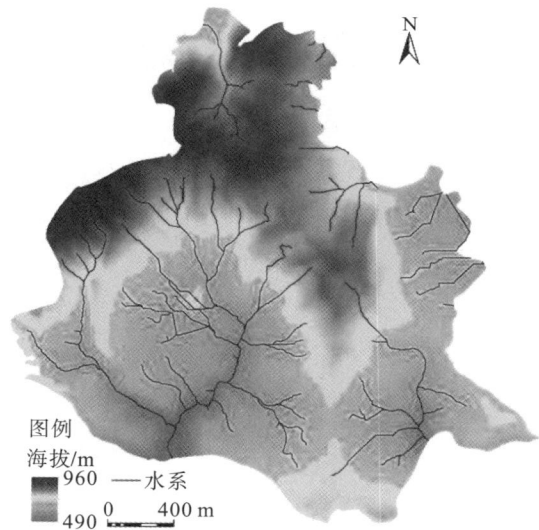

图 5-4　研究区水系网络图(见彩版)

2. 布局适宜性评价

灌排沟渠布局适宜性评价是合理确定研究区灌排系统空间布局的基础。根据土地开发整理标准(TD/T 1011—2000、TD/T 1012—2000、TD/T 1013—2000)、《灌溉与排水工程设计标准》(GB 50288—2018)、《农业工程手册(第 2 册)：土地利用工程》等资料，结合研究区实际情况，在征询当地土地、农业、水利等有关专业技术人员的基础上，选取地形坡度、灌排条件、对外交通条件等影响因子构建研究区灌排沟渠布局适宜性评价指标体系。

地形坡度反映了研究区地形起伏和微地貌状况，对灌排沟渠布局产生一定影响，坡度越低，项目建设成本越低，难度也相应越低。灌排条件实质反映了研究区现有的水分条件，是农业生产的重要限制性因子，离灌排沟渠越远，灌排条件越差；对外交通条件不仅影响研究区灌排沟渠投资建设的可能性，而且影响研究区生产经营的经济效益，是灌排沟渠布局适宜性的经济因素，离道路越远越不适宜布局灌排沟渠。

各影响因子权重采用德尔菲法确定，邀请相关专家对评价因子进行讨论打分，最后得到各因子权重值。参考土地开发整理标准(TD/T 1011—2000、TD/T 1012—2000、TD/T 1013—2000)中关于农用地的参评标准，对各评价因子进行分级。

运用 ArcGIS 10.2 中的空间分析功能生成各影响因子栅格分布图(图 5-5)，然后利用 ArcGIS 10.2 空间分析模块中的栅格计算器计算得到综合适宜性结果图(图 5-6)，综合适宜性指数越高的区域，越适宜灌排沟渠布局。

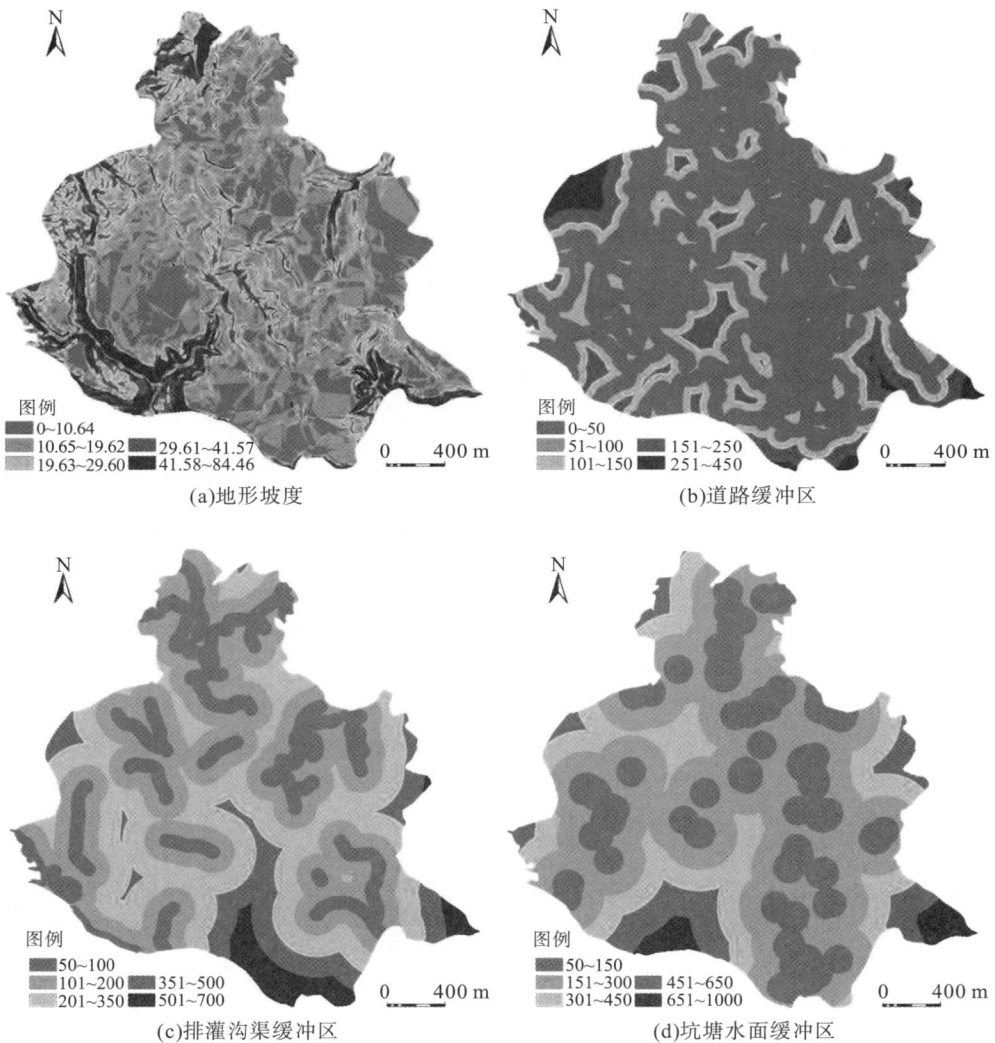

图 5-5　灌排系统布局各影响因子分布图(见彩版)

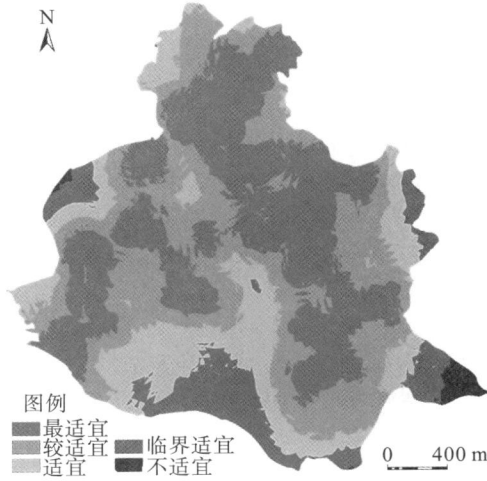

图 5-6　研究区灌排系统布局适宜性分布图（见彩版）

5.3　灌排系统布局与设计

5.3.1　灌排沟渠布局优化

结合现状分析和评价结果，东南部沟渠分布较稀疏，需新建灌排沟渠；北部沟渠布局较密集，可适当简化；中部沟渠破坏较严重，需进行修整加固。将图 5-2、图 5-4 和图 5-6 进行叠加分析，同时参考图 5-4，形成研究区灌排系统整治布局优化方案，共新建蓄水池 7 口，总容积 1400m³，灌排沟渠 10 条，总长 3241m，如图 5-7 所示。

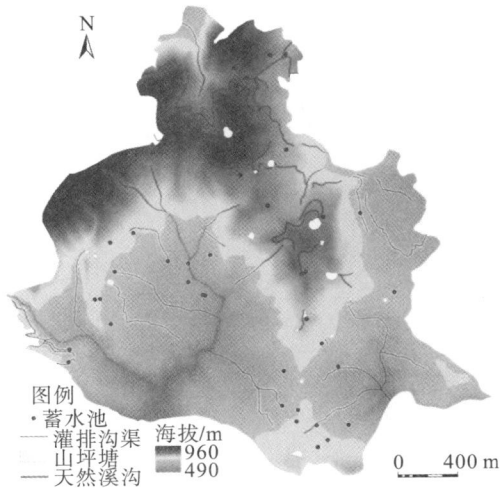

图 5-7　研究区灌排系统优化布局（见彩版）

5.3.2　新建灌排系统

研究区现有灌排系统不能满足产业发展的需要，因此需要新建部分灌排设施以满足研究区生产生活的需要。结合适宜性评价结果，可在适宜地区新建灌排设施，但新建灌排设施需按照灌排系统设计标准，严格遵守相关规范进行设计。

1. 灌排系统设计标准

（1）灌溉标准。根据《灌溉与排水工程设计标准》（GB 50288—2018），结合研究区种植制度，针对旱地果园种植区灌溉需水特性，确定抗旱天数为 20 天；针对水田水稻种植区域，根据土地开发整理标准（TD/T 1011—2000、TD/T 1012—2000、TD/T 1013—2000）中的规定，研究区灌溉设计保证率需达到 75%～85%。

（2）排水标准。根据自然条件、涝灾严重程度以及影响程度，按照不同作物的种类、土壤特性、水文地质和气象条件等因素，结合研究区社会经济条件和农业发展水平，确定研究区排水采用 10 年一遇标准（陈荣蓉，2012；闫玉婷，2013）。

2. 新建系统结果

（1）新建灌排沟渠。灌排沟渠的新建主要应考虑排洪流量和沟渠断面的设计（表 5-2）。通过沟渠设计参数，依据表 5-1 中的公式进行计算，得出排水沟设计流量，将沟渠断面设计流量与排水沟设计流量进行对比，确定沟渠设计流量的区间，采用区间上限的规格作为新建排水沟的设计规格。经过计算将新修灌排沟渠断面尺寸确定为 400mm×400mm。灌排沟渠材料主要采用浆砌块石，采用下埋式，砌筑方式为先浇筑底板后砌边墙，边墙采用 M7.5 水泥砂浆砌块石，边墙宽 0.30m，同时采用原浆勾缝，底板采用 0.06m 厚 C20 砼现场浇筑，砼底板每隔 10m 设一道伸缩缝，伸缩缝采用沥青油毡处理，缝宽 2cm，边墙顶部用 C20 砼压顶 0.05m 厚。

表 5-1　新建灌排沟渠排洪流量和沟渠断面设计公式

设计类型	公式	备注
流量设计	$Q = 278kif \times 10^{-5}$	Q 为设计排洪流量（m³/s）；k 为洪峰系数，取 0.55；i 为 10 年一遇 1 小时最大暴雨强度；f 为排水沟控制的排水面积（hm²）（修维宁，2011）
断面设计	$Q = AC\sqrt{RI}$	Q 为沟渠的设计流量（m³/s）；A 为沟渠过水断面面积（m²）；R 为水力半径（m）；I 为渠底比降（设计为 5‰）；C 为谢才系数，$C = 1/(nR^{1/6})$（黄占明，2010；孔瑞霞和何继业，2013）

（2）新建蓄水池。根据研究区实际情况，需新建蓄水池 7 口，单个容积为 200m³，池型均采用矩形，蓄水池均采用开敞、全埋式，溢洪口接冲沟、排水沟。池壁采用 M7.5 水泥砂浆砌块石，厚 0.4m，为防止渗漏，用 2cm 厚的 1∶2.5 防水砂浆抹面。池底采用 C20 混凝土现浇，厚 20cm，长 10.8m，宽 8.8m。在混凝土施工过程中所产生的施工缝，应采用 M10 水泥防水砂浆填实并做好相应防渗处理。为防人畜跌入蓄水池，在蓄水池四周用

M7.5 浆砌 1.2m 高砖栏杆,并留 1.0m 宽门洞,门洞两侧布设门柱,采用 M7.5 浆砌砖砌筑,池门采用 C20 混凝土预制门板进行遮挡,共 4 块,单块板长 1.1m、宽 0.4m、厚 0.05m。为了方便维修和检查,设计 1.0m 宽的楼梯,梯段采用钢筋混凝土现浇楼梯形式,钢筋强度等级选用 HPB235 钢筋。

5.3.3　灌排修整加固

修整加固作为灌排系统整治的一种重要方式,对岩溶槽谷耕地连片区灌排系统的整治具有重要作用。自然和人为的破坏,致使一些山坪塘、灌排沟渠存在渗漏、垮塌等情况,通过修整加固可以重新恢复灌排系统的功能。本章主要针对山坪塘、灌排沟渠进行修整加固分析。

1. 修整加固的原则

修整加固的灌排设施必须是在研究区起关键作用,对周边旱地、水田的灌溉有重要影响,且有水源注入的设施;修整加固的灌排设施必须是损坏严重,有漏水情况、有塘坎垮塌、存在淤积的灌排设施;修整加固应以重新恢复灌排系统的灌排功能,满足农业生产的需要为目的;修整加固应以防渗漏为首要目标,就近取材。

2. 修整加固结果

(1)修整山坪塘。研究区内现有山坪塘 18 口,分布较零散,但对周边耕地起到重要作用。这些山坪塘大部分现状较好,不需要整治,仅有 3 口因年久失修,塘坎垮塌或渗漏严重,存在淤积情况,故本次共修整加固山坪塘 3 口(表 5-2),以增强其调蓄能力,扩大灌溉面积。根据实际情况,塘坎采用 M7.5 水泥砂浆浆砌块石修筑,对迎水面土体及塘底淤泥进行开挖,开挖深度为 0.3~0.75m,并在底部设计浆砌块石基础,基础宽 0.75m、深 0.75m,同时应使块石基础坐于硬质土层之上,且块石塘坎基础牢固平整,地基承载力不小于 0.5MPa。清理的淤泥可就近堆在山坪塘塘坎四周,用于扩大山坪塘深度或者作为疏林地客土。

表 5-2　修整山坪塘工程量

编号	修整坎长/m	修整坎高/m	清淤深度/m	清淤量/m³	塘坎			
					挖基槽土方/m³	浆砌块石护坡/m³	浆砌块石基础/m³	C20 砼压顶/m³
山坪塘 1	85	3	0.5	259	47.60	123.25	47.60	4.25
山坪塘 2	156	4	0.5	514	87.36	304.20	87.36	7.80
山坪塘 3	256	3	0.5	2098.5	143.36	371.20	143.36	12.80
合计	497	10	1.5	2871.5	278.32	798.65	278.32	24.85

(2)修整灌排沟渠。研究区原有灌排沟渠长期使用,且缺乏整修,导致利用情况较差,故需对现有灌排沟渠进行整修。研究区现状灌排沟渠多为土沟,参照《重庆市土地开发整

理工程建设标准(试行)》中对安全超高的取值规定,对其进行硬化处理,根据其运行情况并结合现有实际灌排沟渠规格,确定整修灌排沟渠规格取值,即Ⅰ型为 0.4m×0.4m(宽×高),Ⅱ型为 0.6m×0.8m(宽×高),Ⅲ型为 0.8m×0.8m(宽×高)。

整修灌排沟渠Ⅰ~Ⅲ型材料均采用浆砌块石修筑,采用下埋式,砌筑方式为先浇筑底板后砌边墙,边墙采用 M7.5 水泥砂浆砌块石,边墙宽 0.30m,同时采用原浆勾缝,底板采用 0.06m 厚 C20 砼现场浇筑,砼底板每隔 10m 设一道伸缩缝,伸缩缝采用沥青油毡处理,缝宽 2cm,边墙顶部用 C20 砼压顶 0.05m 厚。同时,增加泄水孔,其中泄水孔直径 5cm,布设位置距离顶面不得小于 0.3m,超出田面时横向布设间距设计为 2m,纵向间距设计为 0.3m,砌筑路肩时预留泄水孔,孔内比降设计为 5%,向外倾斜。通过现场调查统计决定整修Ⅰ型灌排沟渠 8 条,全长 2341m;整修Ⅱ型灌排沟渠 1 条,全长 328m;整修Ⅲ型灌排沟渠 1 条,全长 780m(表 5-3)。

表 5-3　研究区灌排沟修整情况

编号	长度/m	宽度/m	深度/m	位置、走向	控制排水区	承泄区
整修灌排沟渠Ⅰ-1	325	0.4	0.4	石栏杆组、西-东	石栏杆组六角丘坑塘	水白路边沟
整修灌排沟渠Ⅰ-2	209	0.4	0.4	石栏杆组、东北-西南	石栏杆组东北边水田	油茶路边沟
整修灌排沟渠Ⅰ-3	238	0.4	0.4	团堡组、北-南	团堡组野猫沟水库	原有排水沟
整修灌排沟渠Ⅰ-4	347	0.4	0.4	石栏杆组、西-东	石栏杆组葫芦田坑塘	蚂蟥湾南部水田
整修灌排沟渠Ⅰ-5	163	0.4	0.4	石栏杆组、东-西	石栏杆组后湾东边坑塘	大院子西边坑塘
整修灌排沟渠Ⅰ-6	726	0.4	0.4	莲池组、西北-东南	莲池组松树堡东北边坑塘	三合头水田
整修灌排沟渠Ⅰ-7	177	0.4	0.4	莲池组、东南-西北	茶垭口组北部水田	广子林溪沟
整修灌排沟渠Ⅰ-8	156	0.4	0.4	茶垭口组、北-南	—	山坪塘
整修灌排沟渠Ⅱ-1	328	0.6	0.8	石栏杆组、东北-西南	—	野猫沟水库
整修灌排沟渠Ⅲ-1	780	0.8	0.8	莲池组、西北-东南	—	天然冲沟

5.3.4　灌排废弃复垦

一些灌排设施由于破坏严重等原因已彻底失去灌排功能,或该区不再需要相应的灌排设施,因此对这种灌排设施进行复垦或清理,让其恢复为耕地或林草地,以减少对土地的占用。研究区西南部有一条灌排沟渠靠近河道,周围又无耕地分布,因此在对灌排系统进行整治时选择将其废弃,由于该段沟渠为土质沟,不需其他措施便可将其恢复为林草地。

5.4　灌排系统整治技术凝练

在岩溶槽谷耕地连片区开展土地整治的关键是解决好土地利用过程中的灌溉排水问题。针对岩溶槽谷耕地连片区岩溶发育、地表水渗漏快的特殊地形地质条件,以及高集中、低保水的耕地性质和水资源时空分布不均的现实情况,通过对灌排沟渠的合理布局和规划,确保该区高集中、低保水基本农田的灌溉能力和区域的排水能力。灌排系统整治的技术思路与途径如下：第一，借助 ArcGIS 10.2 中的 Hydrology 模块提取研究区的水系分布情况；第二，分析影响岩溶槽谷耕地连片区灌排沟渠布局的因子，构建岩溶槽谷耕地连片区灌排沟渠布局适宜性评价体系，采用德尔菲专家打分法得到各因子权重，运用生态位适宜性模型借助 ArcGIS 10.2 生成各影响因子生态适宜性栅格分布图，利用栅格计算器得到研究区的灌排沟渠布局适宜性分布图；第三，根据研究区水系分布图，对于水系稀疏的区域，结合灌排沟渠布局生态适宜性分布图适当新增灌排沟渠；第四，对于水系密集的区域，结合灌排沟渠布局生态适宜性分布图考虑废弃部分沟渠，将其复垦为耕地；第五，对于现状灌排系统破坏严重的部分，需进行修整加固，做防渗、防漏处理。

5.5　小　　结

岩溶槽谷耕地连片区因其独特的地质条件、复杂的地形、不同的产业情况以及灌排系统现状，对其灌排系统进行整治不能仅依靠新建系统、修整加固或废弃复垦三种方案中的某一种，而应该多方案并用实行综合整治，通过对研究区现有灌排系统的走访调查进行现状分析，利用 ArcGIS 10.2 中的水文分析方法，选取地形坡度、灌排条件、对外交通条件等构建岩溶槽谷耕地连片区灌排系统布局适宜性评价体系，结合现状分析、水文分析和适宜性评价结果，诊断出新建灌排沟渠的适宜位置、可废弃的沟渠、需要修整的灌排设施。

(1)岩溶槽谷耕地连片区灌排系统整治可采用新建系统、修整加固和废弃复垦三种方案相结合的方式进行综合整治，以满足灌排需求。

(2)研究区新建沟渠 10 条，总长 3241m，为防渗漏，灌排沟渠材料主要采用浆砌块石，修筑方式采用下埋式，先浇筑底板后砌边墙，底板采用 C20 砼现场浇筑，每隔 10m 设一道伸缩缝，伸缩缝采用沥青油毡处理，边墙采用 M7.5 水泥砂浆砌块石，并用原浆勾缝。新建蓄水池 7 口，单个容积为 200m³，总容积 1400m³，池型均采用矩形，蓄水池均采用开敞、全埋式，溢洪口接冲沟、排水沟，池壁采用 M7.5 水泥砂浆砌块石，厚 0.4m，为防止渗漏，用 2cm 厚的 1∶2.5 防水砂浆抹面，池底采用 C20 混凝土现浇，并采用 M10 水泥防水砂浆填实施工缝做好相应防渗处理。

(3)修整加固山坪塘 3 口，塘坎采用 M7.5 水泥砂浆浆砌块石修筑，对迎水面土体及塘底淤泥进行开挖，开挖深度为 0.3～0.75m，并在底部设计浆砌块石基础，基础宽 0.75m、深 0.75m，同时应使块石基础坐于硬质土层之上，且块石塘坎基础牢固平整，地基承载力不小于 0.5MPa。整修 I 型灌排沟渠 8 条，全长 2341m；整修 II 型灌排沟渠 1 条，全长 328m；整修 III 型灌排沟渠 1 条，全长 780m。

(4)研究区西南部有废弃灌排沟渠 1 条，全长 342m，由于该段沟渠为土质沟，周围又未有耕地分布，不需其他措施便可将其直接恢复为林草地。

运用现状分析、水文分析和适宜性评价三者相结合的方法能够有效地对研究区灌排系统进行布局优化，采用新建系统、修整加固和废弃复垦三种方案能够使灌排系统得到有效整治。在岩溶槽谷耕地连片区高集中、低保水基本农田灌排系统整治中，该灌排系统整治技术经济上合理，技术上可行，可大范围推广应用。

第6章 中低山缓坡丘陵过渡区道路体系整治技术

　　中低山缓坡丘陵过渡区是中低山地貌向丘陵过渡、分散镶嵌农田向集中连片式转换的主要分布区，也是坡地梯田化(80%～95%)和农林生态系统重叠或交错率较高(35%～50%)的区域，同时是差别化国土综合整治与生态修复的又一典型区域。在这一区域，由于地形起伏相对较大，加之劳动力缺乏(劳均年龄过大)，土地利用的劳动生产率较低，直接服务于农村居民生产和生活的道路网络体系是否完善、健康程度是影响农业产业发展、农民增收和乡村振兴的关键限制性因素。过渡区受农业生产活动的扰动较大，坡地的梯田化率现已达到高标准基本农田建设的要求，农业生产的机械化率较低(≤20%)的主要原因是缺乏完善配套的道路网络体系，不仅路网密度不高(30～50m/hm²)，而且道路宽度(多为 2.5m 以下)、材质(以碎石、土路等为主)及连通度(断头路较多)均不能满足农村居民生产和生活的需要。而且，伴随新农村建设、土地流转、产业重构等的纵深推进，原有道路体系需要重构、再造或升级。因此，为服务于基本农田的规模化生产、连片式经营的土地整治，中低山缓坡丘陵过渡区须将道路体系的完善和配套作为工程建设的重点之一。

　　但是，从现有研究和实践看，中低山缓坡丘陵过渡区的土地整治过程中，常常出现道路体系不完善，结构层次和功能效用差异性不强，如过度布设和硬化、产业需求导向缺位、功能与效用匹配性差等(马雪莹等，2017；叶英聪等，2017)，从而导致尽管道路工程投资占比常高达 40%～50%，但仍不能满足整治区居民生产生活的需要。待整治区大多没有形成田间道、生产大路、生产便道三者合理配置的道路体系，但这不是说某一级路网缺乏，而是不同级别路网的密度、节点配置等与整治区地形地貌、产业发展、聚落分布等有一定程度的不适宜性；而且，道路的宽度、材质与功能间的协调性也与产业发展、农田生态环境、资源节约等不协调，致使现有整治区的道路体系很难实现"满足居民生产和生活，资源节约和环境友好"两者间的"共赢"。为此，本章以云阳县沙市镇龙池村和兴家村为研究区，深入开展中低山缓坡丘陵过渡区规模化、连片式基本农田道路体系整治技术探讨，以期为这一区域土地整治中的道路体系建设提供科学依据。

6.1　材料与方法

6.1.1　区域概况

研究区位于重庆市云阳县沙市镇龙池村和兴家村，属中低山缓坡丘陵过渡区，海拔为358.6~901.1m，微地形起伏变化较频繁。水田分布面积较小，多处呈现岚垭田、塝田和冲田分布形式，海拔集中在416.1~619.9m，且因微地形变化较大，岚垭田、塝田和冲田分布极不规则，其走向与总体地形差异较大。土壤以山地黄壤土、黄壤性森林土、黄壤性水稻土为主，土壤风化作用较强，有机质积累快，兼具黄壤与棕壤的发育特征。属亚热带湿润小盆地气候，立体气候比较明显，常年平均气温13.2℃，年降雨量1160mm。热量资源丰富，大于等于10℃积温为4872℃，能满足大小春作物生长发育对积温的需求。根据第二次全国土地调查成果数据统计，研究区土地总面积为 569.29hm^2，耕地面积为266.99hm^2，占总面积的 46.90%，坡度大于 25°的耕地面积为40.94hm^2。研究区路网密度小，多为土质路面，通行难度大。道路以田间道为主，生产路以 0.6~0.8m 宽的土质道路为主，通行质量差。因缺少与主干田间道连接的生产大路，导致田间道服务半径小，没有可以满足小型机械通行的生产大路，致使研究区机械使用率低，劳动成本高。通过新修、整修田间道、生产大道，改善通行、耕作质量，提高机械化通行、耕作率，满足研究区居民生产生活需要。

6.1.2　数据收集

研究区 2015 年土地利用现状图、土地利用规划图(2006~2020 年)、1∶10000 地形图来源于云阳县国土资源和房屋管理局；DEM 图由课题组人员根据 1∶10000 地形图制作而成；产业发展布局图来源于沙市镇人民政府(图 6-1)；权属状况、公众参与积极性、后期管护可行性由课题组人员实地调查所得；土地流转状况及经营主体由沙市镇人民政府提供，部分缺乏的资料或验证核实数据由课题组人员调查所得，如土地流转面积、农业企业(种粮大户)数量、生产用地规模等；道路体系的现状(宽度、长度、材质、节点搭配等)由课题组人员调查所得(图 6-2)，道路体系的未来规划目标由镇人民政府、村委会或村民代表提供，同时征求大多数农民、经营主体、相关部门的意见；研究区内部及周围的建材、造价信息及当地材料、机械设备实际市场价格和运费情况等数据来源于实地调研和县建材市场。实地调研方法采用的是现场踏勘和参与式农村访谈法，课题组于2016 年 7 月 11 日至 16 日对研究区进行了现场踏勘和参与式农村访谈，具体内容主要是获取上述涉及的数据，同时将具体的道路体系规划设计思路和安排与相关主体(乡镇村干部、产业经营主体、当地居民等)进行协商沟通，讲解我们的规划设计思路，并征求他们的意见。

粮油种植基地

花椒种植基地　　　　　　　　　　　　核桃种植基地

图 6-1　研究区产业发展布局图

硬化田间道　　　　　　　　　　　　　碎石田间道

土质田间道

硬化生产路　　　　　　　　　　　　　　　　　　土质生产路

图 6-2　研究区道路体系现状

6.1.3　数据分析

图形数据分析，主要使用 ArcGIS 10.2 与 AutoCAD 软件完成，因全要素地形图及实地踏勘补测数据都是.dwg 格式，需要在 AutoCAD 软件里完成相关处理，如现状勾绘等，再将.dwg 格式的数据全部转换为.shp 格式，利用 ArcGIS 10.2 的空间分析与叠加功能，开展不同道路体系的缓冲分析，再与耕地分布图进行叠加，计算不同道路体系所覆盖的耕地面积，以及地块道路通达性、新增和改善机耕面积、生产效率提高率等，如田间道可达的地块占所有地块的百分数。

基于通道-阻隔效应构建研究区范围交通通达性指标体系，见表 6-1。内部通达性决定研究区内部人流、物流的联系便捷度，选取研究区内部连通度及等效道路密度作为内部通达性指标；对外通达性决定研究区对外集散程度，选取与干道衔接度及交通设施技术等级作为对外通达性指标。由于研究区主要耕地分布区、集中居住区关乎当地居民的生产和生活，故计算时选取它们为区域重心质点。

表 6-1　研究区通达性指标、含义、计算步骤及其获取公式

目标	因子	指标	指标含义及计算步骤	指标获取公式	序号
综合通达性（A）	内部通达性（B1）	内部连通度（C1）	反映研究区内部各质点联系紧密度，任意两质点最短通行时间可直观表明联系程度，采用研究区内部到各质点的最短时间的平均值来表示。首先，对研究区内部到各质点的最短时间之和求平均值，得到最短时间平均值；其次，求最短时间平均值之和后再求平均值，得到内部连通度	$K = \left\{ \sum\left[\sum t_{ij} / (n-1) \right] \right\} / n$。$t_{ij}$ 为研究区内 i 质点到 j 质点最短时间，h；n 为质点数；K 为内部连通度	(1)
		等效道路密度（C2）	直观反映研究区内部路网分布量，使用等效道路密度表示。利用 ArcGIS 10.2 计算研究区不同等级道路总长度，根据表 6-2 换算等效道路长度。计算研究区等效道路长度与研究区面积之比，得到等效道路密度	$D = L / S$。D 为等效道路密度，km/km²；L 为等效道路总长，km；S 为研究区区域面积，km²	(2)
	对外通达性（B2）	与干道衔接度（C3）	研究区内各质点到达田间道及以上等级干道的最短时间，反映研究区对外集散程度，使用衔接度表示。计算研究区内部各质点到达田间道及以上等级干道的最短时间和求平均值，得到各质点与干道衔接度	$C = \sum c_{\min} / n$。C 为与干道衔接度；$c_{\min}$ 为各质点到干道最短时间，h	(3)

目标	因子	指标	指标含义及计算步骤	指标获取公式	序号
综合通达性（A）	对外通达性（B2）	交通设施技术等级（C4）	交通基础设施的优劣决定研究区对外通行能力的强弱。结合研究区现有交通技术设施采用 0.3~0.5 间隔赋值法（表 6-3）对研究区不同交通设施赋值。高速公路为封闭性路段，按节点对待，对各质点交通设施分值累加，得到交通设施综合值，从而得到交通设施技术等级	$T=\sum S_{iu}$。$i=1,2,\cdots,n$；$u=1,2,\cdots,m$。T 为交通设施综合值；S_{iu} 为 i 研究区 u 类节点或线路对应的赋值	(4)
	摩擦阻抗（B3）	摩擦系数（C5）	不同地形对道路的影响程度不同，摩擦系数反映地形对路段的阻碍程度。基于 ArcGIS 10.2 计算研究区及各质点高程、坡度平均值，利用相关公式得到摩擦系数	$Te=\log[(E/\bar{E}+1)(S/\bar{S}+1)]$。$Te$ 为乡镇摩擦系数；E 为高程；S 为坡度	(5)

表 6-2　研究区不同道路等级的等效道路长度换算

交通线等级	速度/(km/h)	实际长度/km	等效道路长度/km
省道	40	1	1.000
县道	30	1	0.750
乡道	25	1	0.625
乡道以下硬化道路	20	1	0.500
碎石田间道	15	1	0.375
土质田间道	10	1	0.250
生产大路	7	1	0.175

表 6-3　研究区不同交通设施的技术等级赋值

道路类型	标准	赋值
高速公路	高速口	2.0
省道	最高级别为省道	1.5
县道	最高级别为县道	1.0
乡道	最高级别为乡道	0.5
乡道以下	最高级别为乡道以下	0.2

属性数据分析，主要采用逼近理想解的排序法(technique for order preference by similarity to ideal solution，TOPSIS)，它是一种距离综合评价法，其原理是检测出评价对象与最优值、最劣值的距离，再计算评价对象与理想值的贴近度，进行优劣排序。熵权-TOPSIS 模型是对 TOPSIS 模型的改进，先利用熵权法确定评价指标的权重，客观评价指标重要程度，再利用 TOPSIS 模型对决策目标进行排序。熵权-TOPSIS 模型的优点在于其可操作性和客观性，对样本需求不大且结果合理。

熵权-TOPSIS 计算步骤如下：

(1)假设被评价对象有 m 个，每个被评价对象有 n 个指标，构建评价指标体系矩阵：

$$\boldsymbol{M}=(x_{ij})_{m\times n}\quad(i=1,2,\cdots,m；j=1,2,\cdots,n)\tag{6-1}$$

(2)对指标矩阵标准化：采用极差法。

(3)计算熵权：

$$E_j = -k \sum_{i}^{m} \left(p_{ij} \ln p_{ij} \right) \tag{6-2}$$

其中，$p_{ij} = x_{ij} / \sum_{i=1}^{m} x_{ij}$；$k = 1 / \ln m$。

(4)确定指标权重：

$$w_j = \frac{1 - E_j}{\sum_{j=1}^{n}(1 - E_j)} \tag{6-3}$$

(5)计算加权矩阵：

$$\boldsymbol{H} = (h_{ij})_{m \times n} \tag{6-4}$$

式中，$h_{ij} = w_j x_{ij}$，$i = 1, 2, \cdots, m$，$j = 1, 2, \cdots, n$。

(6)确定最优值 o_i^+ 与最劣值 o_i^-：

$$\begin{cases} o_i^+ = \max_{j}(o_{ij}) \\ o_i^- = \min_{j}(o_{ij}) \end{cases} (i = 1, 2, \cdots, m) \tag{6-5}$$

(7)计算目标对象与优劣解间的欧氏距离，即距离最优值测度(r_j^+)、距离最劣值测度(r_j^-)：

$$r_j^+ = \sqrt{\sum_{i=1}^{m} [w_j (o_{ij} - o_i^+)]^2} \tag{6-6}$$

$$r_j^- = \sqrt{\sum_{i=1}^{m} [w_j (o_{ij} - o_i^-)]^2} \tag{6-7}$$

(8)计算综合评价指数：

$$C_j = r_j^- / (r_j^+ + r_j^-) \tag{6-8}$$

C_j 值越大目标对象越优。

6.2　道路体系规划定位与思路

　　根据中低山缓坡丘陵过渡区的地形地貌特点、耕地资源分布、产业发展状况、聚落分布格局等，基于研究区社会经济发展的限制性因素，以服务于当地居民生产生活为最终目标，以提高连通主要耕地分布区、集中居住区两大质点间时间距离为依托，对研究区道路体系进行优化，提升交通通达性和耕作便捷性，降低农业生产和日常生活的距离成本，满足基本农田的规模化生产和连片式经营。

6.2.1　规划定位

基于研究区主导产业的选择(如核桃、花椒等)，考虑乡村振兴对多功能农业产业发展的高要求，构建"田间道为骨架，生产大路为节点，生产路为支撑"的层次化道路体系，满足主导产业引导下现代农业经营模式的需求。

研究区旱地面积是水田面积的 2.6 倍，产业发展融新兴现代农业和传统粮油产业于一体：粮油产业区、核桃产业区和花椒产业区(图 6-3)。新兴现代农业以核桃、花椒等为主，也逐渐朝着多功能方向发展，如立体、休闲等；粮油产业以水稻、玉米、油菜等为主，目前面积逐渐萎缩。研究区以产业调整为契机，积极推进土地流转，实现相关产业的规模经营。目前在兴家村的辛家坪附近已形成了现有粮油产业区，在兴家村大垭口开展优质九叶青花椒种植，在龙池村村道沿松林堡至二磴岩沿线区已积极引进业主发展以核桃种植为主、兼顾林下养殖的现代乡村观光休闲产业，使土地资源的利用达到最大化。通过积极尝试和积累经验，研究区土地已部分流转，初步形成产业规模。

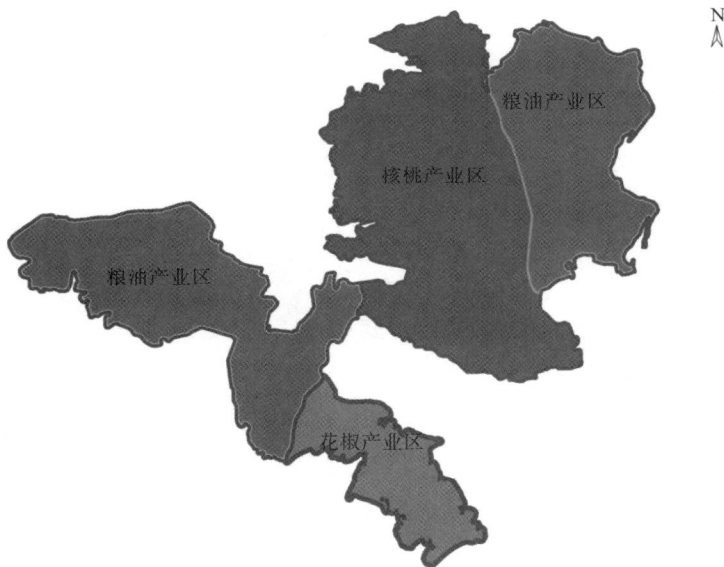

图 6-3　研究区产业发展布局图

不同的产业发展对交通通达性和耕作便捷性的要求差异较大，土地整治过程中需要实施差别化的思路进行道路体系的规划定位：在核桃、花椒产业区，因产业性质决定仅能在某些环节实施机械化生产，很难全程实施，为此，这一区域道路体系的规划定位以田间道建设为主，适当布设生产大路，降低生产路布局密度，以满足核桃、花椒等产业对道路体系建设的需要；在粮油产业区，因农业生产的比较效益低下，为确保粮油种植面积不减少，必须加大道路基础设施的布设，提高农业生产的机械化率，降低农业生产的人力成本，为此，这一区域道路体系的规划定位以田间道为骨架，加大生产大路布设，适当安排生产路，以改变粮油生产的弱质性，提高其比较优势。可以看出，在核桃、花椒产业区，以道路通达性的提升为主，兼顾耕作便捷性的改善；在粮油产业区，既要提升道路通达性，又要改善耕作便捷性，两者并重。

6.2.2　规划思路

为满足研究区"新型经营主体培育、传统-现代产业融合发展"对道路体系的需要，促进粮油产业和现代多功能产业进一步发展，践行乡村振兴，研究区规模化生产、连片式经营的道路体系规划思路如下。

研究区对外交通便捷(省道渝巫路位于研究区北部，为沥青路面，路宽 7m)，内部道路体系完善与优化是规划的重点和难点。踏勘和访谈发现，研究区对内交通主干道路已基本形成，连接省道渝巫路的村主干道和社道通到各个村民小组，连接研究区居民点的以生产路为主。研究区有主干田间道一条，从省道渝巫路进入龙兴村，其余为村主干道延伸至各社的社道，它们共同形成研究区内的骨干交通网络。村主干道宽 4.5m，目前已由交通部门维修硬化 4.2km，计划再硬化 8.3km，剩余 10.6km 因资金问题未硬化，现状路面为泥结碎石路和土路；主要生产路呈树枝状分布，不同规格的主要生产路 80 余条，宽度为 0.3～0.8m，其中宽度≥0.6m 的总长度为 18.6km，路面多土质，少部分由农村建设用地复垦资金硬化为混凝土路面。

总体看，研究区现有路网能基本满足当地居民的生产生活需要，但局部路网不完善，路面较差。耕地区域和居民点之间主要为生产路连接，缺乏生产大路，与规模化、机械化生产不相适应，造成区内小微型机耕率偏低。

基于上面分析，研究区道路体系的规划思路为：层次明朗，功能完善，因地互补，节点畅通。为提高和完善研究区的交通通达性，拟对区内尚未硬化的碎石、土质田间道进行整治硬化，同时在各大耕作区配套新修田间道，尤其是连接集中居住区与各大耕作区的合适区域；为提高耕作便捷性，提高各耕作区间的连通度，增加生产大路的布设，适时改建生产路，实现各区域机械化耕作。

本着"生产发展，生活方便，生态良好"的思路，在核桃产业区维修田间道 1 条，新修田间道 1 套，新修生产大路 8 条；花椒产业区维修田间道 1 条，新修田间道 2 条，新修生产大路 2 条；在北部粮油产业区维修田间道 1 条，新修田间道 3 条；在西部粮油产业区维修田间道 1 条，新修田间道 1 条，新修生产大路 4 条。同时，在粮油产业区适时配置生产路。

6.3　道路体系优化布局与设计

6.3.1　通达性指标标准化

基于规划定位与规划思路，使用上述通达性计算公式得出，内部连通度、等效道路密度、与干道衔接度、交通设施技术等级在研究区呈现出南部高于北部、东西两边高于中部的态势，摩擦阻抗则相反。内部通达性较高的区域位于西部粮油产业区、南部花椒产业区、中部核桃产业区的边缘。受研究区地貌分异的影响，这些区域的地形起伏相对较小，是研究区耕地的集中连片分布区和居民点的集聚区，道路建设的难度小、投入少，路网密度大、质量高，衔接性好。而在地形起伏较大的北部粮油产业区及中部核桃产业区中上部，仅有主干道路通过，连接主干道路的生产大路、生产路不发育，致使农业生产、居民生活的时间成本较高。

6.3.2　通达性指标权重排序

表 6-4 显示，交通设施技术等级和摩擦系数所占权重高（>0.30），研究区内部连通度和等效道路密度所占权重较高（>0.15），与干道衔接度所占权重最低（<0.1）。从权重值看出，交通设施技术等级和摩擦系数（表征地形）对区域通达性影响最大，表明一个区域通达与否取决于交通设施技术水平的发展，但地形仍是影响交通建设的主要因素。研究区内部连通度和等效道路密度反映区域内部通达状况，道路等级多为村道、社道，但受环境限制，政府投资力度偏弱，影响级别要次一级。对于与干道衔接度，因为均是通过村道、社道连通至干道，区别并不大，变异程度不高，与实际认知相符。研究区内部连通度（C1）、等效道路密度（C2）、与干道衔接度（C3）、交通设施技术等级（C4）和摩擦系数（C5）对研究区通达性的重要程度排序依次为：C4>C5>C2>C1>C3。地形阻隔效应对研究区通达性影响较为明显，与干道衔接度对通达性影响效应最弱。这说明，研究区在土地整治过程中，为提高基本农田区的规模化生产、连片式经营的程度，必须打破地形起伏对中低山缓坡向丘陵过渡区的限制，优化道路体系布局。

表 6-4　研究区通达性评价指标最优值（o_i^+）、最劣值（o_i^-）、熵值（E_j）、权重（w_j）

评价指标	内部通达性		对外通达性		摩擦阻抗
	内部连通度 C1	等效道路密度 C2	与干道衔接度 C3	交通设施技术等级 C4	摩擦系数 C5
o_i^+	0.1224	0.1547	0.0759	0.3544	0.2425
o_i^-	0.0000	0.0000	0.0000	0.0000	0.0000
E_j	0.9518	0.9443	0.9625	0.8983	0.9241
w_j	0.1584	0.2002	0.0983	0.4589	0.3140

6.3.3　综合通达性优劣排序

在熵权计算基础上运用熵权-TOPSIS 模型计算研究区综合通达性测度结果，距离最优值测度和距离最劣值测度分别代表研究区综合通达性接近最优值和最劣值的程度，与最优值 o_i^+ 的距离 r_i^+ 越近越好，与最劣值 o_i^- 的距离 r_i^- 越远越好，C_j 代表研究区综合通达性距离最优值远近的综合值，即 C_j 越大，研究区综合通达性水平越高。r_j^+ 变化幅度为 0.0375～0.1446，r_j^- 变化幅度为 0.0090～0.1545，极差均大于 0.1。由表 6-5 可知，西部

粮油产业区的 C_j 值最大，为 0.7460，北部粮油产业区 C_j 值最小，为 0.3275，这表明研究区综合通达水平存在显著的两极分化和区域差异。西部粮油产业区和南部花椒产业区属中低山缓坡向丘陵区过渡的下缘区，地势较为平缓，综合交通通达性较高，而北部粮油产业区、中部核桃产业区属中低山缓坡向丘陵区过渡的上缘区，地势起伏度大，综合交通通达性较差。

表 6-5　研究区交通通达性计算结果

产业分区	C_j	排序	产业分区	C_j	排序
北部粮油产业区	0.3275	4	中部核桃产业区	0.5853	3
西部粮油产业区	0.7460	1	南部花椒产业区	0.6064	2

6.3.4　道路体系空间优化

通过上述分析发现，造成研究区综合交通通达性不高的主要原因在于：道路体系不完善，道路质量不高，通达程度低。除主干道路（田间道）基本贯通研究区主要耕作区、重点居住区外，缺乏生产大路的次级连接，且主干道尚有部分为碎石或土质路面，生产路更是以土质路面为主；伴随产业结构的转型，道路体系、路网密度与道路质量均满足不了产业发展的需求，如研究区中部核桃产业区的下缘发展以核桃种植为主、兼顾林下养殖的现代乡村观光休闲特色产业，对道路体系的要求相对较高，尤其是提高通达性的主干道和改善可及性的生产大路。因此，研究区道路体系空间优化应坚持"通达性和便捷度"兼顾的原则。

道路体系是农田基本建设的重要组成部分，关系到农业生产、交通运输、农民生活、实现农业机械化等各方面需求，研究区田间道布局主要服务于农田机械化生产和居民生活出行，旨在提升道路通达性。生产大路同农业生产作业过程直接相联系，目的是提高耕作便捷性，其布局要求有利于田间生产和劳动管理，为机械化作业创造条件。

1. 优化依据与原则

因地制宜原则。不同地貌类型区耕地资源分布、田面（形状、宽度）高差、地块镶嵌程度、已有道路体系等均有很大差异，需要因地制宜地进行道路体系的优化配置，包括路网密度、层次体系、节点搭配等。

最小限制因子原则。不同区域的自然地理条件差异较大，限制当地居民生产生活的因子及其作用程度也存在显著不同。在土地整治过程中，需要着重分析这些限制因子的重要性次序，尤其是道路体系对农业产业发展的影响，找出最小限制因子，在此基础上，优化道路体系布局。

产业引导原则。不同的产业发展方向和思路，对道路体系的需求差异较大，而不同的道路体系反过来对产业发展的推动作用也表现出较大差异性。产业不同对田块形状（长宽、面积等）的要求也不同，提高道路通达性和耕作便捷性的道路体系配置也不同，在道路体系布局时一定要基于产业发展导向。而且，不同的产业发展阶段、不同的要素资本融合情况，其产业发展的机械化、规模化程度差异较大，对道路系统的要求也在变化，如中低山缓坡丘陵过渡区在产业发展的初期阶段常使用微耕机，道路系统以1.5~2.0m生产路为主即可满足生产需要，而在产业发展的中期及以后阶段，生产的规模化程度提高，农业机械以大中型为主，道路系统应更为完善，层次结构应更加分明，生产大路的宽度要在2.5m以上，还要配套错车道或回车道，但生产大路的密度可适当降低。

2. 优化布局情况

根据研究区地形地貌、产业发展等的不同，主要开展田间道的维修与新修、生产大路的新修。实地踏勘发现，研究区连接主干道及连接村-村（村-社）的田间道共有12条，长度23.152km，路面宽度多为3.0~4.5m，除4.2km已由交通部门维修硬化外，剩余18.9km均是碎石或土质路面。利用ArcGIS技术，根据国际常用道路缓冲区建立标准，结合相关文献（叶丽敏等，2015）及研究区实际情况进行修正，设置5种缓冲带范围。

缓冲带数值是指不含道路本身宽度的单侧宽度，将缓冲带范围分成5种：Ⅰ（等外公路100m、村级公路50m、生产大路12.5m）、Ⅱ（等外公路100~150m、村级公路50~75m、生产大路12.5~25m）、Ⅲ（等外公路150~200m、村级公路75~100m、生产大路25~37.5m）、Ⅳ（等外公路200~250m、村级公路100~125m、生产大路37.5~50m）和Ⅴ（等外公路250~300m、村级公路125~150m、生产大路50~62.5m）。同时，统计各缓冲带内的耕地面积。结果表明，道路对耕作便捷性或交通通达性的影响随距离的增加而减弱，且前三种情景下道路的影响随距离增加而减弱，情景Ⅳ、Ⅴ的影响趋于稳定。基于此，根据国际常用标准与研究区实际情况，将道路体系的影响域设置为Ⅳ和Ⅴ两种情景。

考虑到产业发展对田块规格和道路体系的要求，将粮油产业区的道路缓冲区设置为情景Ⅳ、将核桃产业区和花椒产业区的道路缓冲区设置为情景Ⅴ。粮油生产在中低山缓坡向丘陵过渡区对道路体系要求相对较高，而在核桃产业区和花椒产业区路网密度和质量则可以略低。但是，不同的产业功能拓展对路网密度和质量的要求也有差异，如核桃产业区因发展休闲观光、林下养殖等对路网密度和质量的要求较花椒产业区略高。为此，在选择合适的缓冲半径时，北部粮油产业区选择情景Ⅳ的下限（等外公路200m、村级公路100m、生产大路37.5m），西部粮油产业区选择情景Ⅳ的上限（等外公路250m、村级公路125m、生产大路50m），中部核桃产业区选择情景Ⅴ的下限（等外公路250m、村级公路125m、生产大路50m），南部花椒产业区选择情景Ⅴ的上限（等外公路300m、村级公路150m、生产大路62.5m）。这样，在维修或新修田间道的过程中，分别做不同情景下的道路缓冲区，计算缓冲区内的主要耕地分布区及集中居民点的占比，以覆盖比例在80%以上为宜。同理，对新修生产大路的确定，考虑到地形地貌、田块形状、产业发展等需要，两条生产大路间的距离正好是不同情景的缓冲距离。以此为依据，选择要维修的田间道，并重新规划拟新修的田间道或生产大路，从而优化中低山缓坡丘陵过渡区的道路体系布局。

综合以上分析，研究区共维修田间道7条，长度为10.652km，宽度为3.5~4.0m，在四个产业区均有分布，但以北部粮油产业区、中部核桃产业区、南部花椒产业区为主。具体地，北部粮油产业区3条，长度为3157m；西部粮油产业区1条，长度为618m；中部核桃产业区1条，长度为3764m；南部花椒产业区2条，长度为3113m。为节约资源，降低投入，维修后的路面宽度也维持在3.5~4.0m，均采用砼路面，具体情况见表6-6。

表 6-6　研究区道路体系拟规划建设状况

产业分区	道路体系类别	长度/m	材质	起点	终点
北部粮油产业区	新修田间道-1	818	砼路面	向家屋场	田垭口
	维修田间道-1	878	砼路面	雷打垭口	肖家梁
	维修田间道-2	1423	砼路面	田垭口	杨家梁上
	维修田间道-3	856	砼路面	沙坝湾	漆树槽湾
西部粮油产业区	新修田间道-4	1230	砼路面	陈家院子	龙王庙
	维修田间道-6	618	砼路面	下坪	偏岩子
	新修生产大路-11	895	砼路面	郭家坐屋	
	新修生产大路-12	304	砼路面	辛家坪	
	新修生产大路-13	729	砼路面	周家屋场	
	新修生产大路-14	361	砼路面	陈家院子	
中部核桃产业区	新修田间道-2	2601	砼路面	杉树槽	五家包
	维修田间道-4	3764	砼路面	龙池	罗家屋场
	新修生产大路-1	318	砼路面	重石子	
	新修生产大路-2	2617	砼路面	松林堡	
	新修生产大路-3	354	砼路面	跨岩	
	新修生产大路-4	405	砼路面	马老汉梁	
	新修生产大路-5	325	砼路面	田湾	
	新修生产大路-6	285	砼路面	田湾	
	新修生产大路-7	397	砼路面	箭楼	
	新修生产大路-8	1403	砼路面	二登岩	
南部花椒产业区	新修田间道-3	1217	砼路面	胡家包	老屋里
	维修田间道-5	2296	砼路面	马鞍梁	梨树堰塘
	维修田间道-7	817	砼路面	胡家包	五家包
	新修生产大路-9	848	砼路面	山王菩萨	
	新修生产大路-10	513	砼路面	罗家屋场	

　　新修田间道 4 条，长度为 5866m，因研究区处中低山缓坡丘陵过渡区，为满足规模化、连片式基本农田的生产发展，路面宽度与原有田间道相当，为 3.5~4.0m，这样既能够满足当地居民生产生活的需要，因为是新修，也能减少对沿途土地资源尤其是耕地的占用，还能减少路基开挖及修建过程中的投资。新修田间道同样在四个产业区均有分布(表 6-6)，主要集中于中部核桃产业区、西部粮油产业区和南部花椒产业区，为砼路面。

　　同样地，研究区新修生产大路 14 条，长度为 9754m，路面宽度为 1.5~2.0m，为砼路面。新修生产大路主要分布在中部核桃产业区和西部粮油产业区，长度分别为 6104m、2289m；其次为南部花椒产业区，长度为 1361m。生产大路的集中分布一方面说明产业发展的需要，即产业引导，另一方面也说明部分区域以往道路设施不完善，需要增加布设。

　　在中低山缓坡向丘陵的过渡区，由于特殊的地形条件和产业发展的需求差异，道路体系配套各有其独特性。在地形影响下，各产业区田间道各自形成环线贯通，各产业区通过田间道与外界相连，产业区内部不一定有田间道贯通，这是由中低山缓坡向丘陵过渡区特殊的地貌条件决定的。而且，特殊地形条件下的产业选择不同，对生产大路的需求各异：分散、镶嵌耕地区仍使用原有的生产路，不新增布设生产大路；多功能核桃产业区采取不同宽度的生产大路相间布局的方式；规模化生产、连片式经营区宜选择生产大路的最大宽度；花椒产业区则宜选择生产大路的最小宽度。而且，不同产业区生产大路布局的影响差异较大，影响程度表现为中部核桃产业区＞西部粮油产业区＞南部花椒产业区。因此，在中低山缓坡丘陵过渡区开展规模化、连片式基本农田道路体系优化布局时，必须考虑上述因素，特别是地形和产业的影响，开展田间道小环线、生产大路宽度合理组合以适合产业发展需要的优化布局。

6.3.5　道路系统优化设计

1. 道路设计标准

田间道设计标准。按《公路工程技术标准》(JTG B01—2014)设计要求，田间道最大纵坡≤9%，平曲线半径一般应≥15m。田间道基填方深度在 0.8m 以内，其压实度须达到92%；填方深度在 0.8m 以上，其路基压实度须达到 90%以上。若压实度达不到要求，则须经过 1～2 个雨季，使路基相对沉降稳定后，才能铺筑硬化路面。研究区田间道设计有 4.0m、3.5m 宽两种混凝土路面，以满足不同地形条件和农业生产对机械通行的要求。

生产大路设计标准。考虑产业发展需要，路面宽设计为 1.5m 和 2.0m 两种标准。其中1.5m 宽生产大路的纵向坡度为 6°～15°时，表面应横向拉渡槽；当坡度＞15°时，应设置踏步，踏步高≤0.15m，步宽≥0.3m；2.0m 宽生产大路坡度均≤15°。

2. 道路体系设计

根据《重庆市高标准基本农田建设技术要求(试行)》中对路网密度和通行的要求，结合研究区生产生活需要，道路体系涉及维修 3.5～4.0m 宽田间道、新修 3.5m 宽田间道、新修 1.5～2.0m 宽生产大路。

1) 维修 3.5～4.0m 宽田间道

对整修路面平整夯实，对宽度不够的进行扩宽挖填方并平整夯实，先铺 0.2m 厚手摆片石层，再铺 0.1m 厚碎石找平层，最后现浇 0.2m 厚 C25 混凝土路面层，手摆片石层和碎石找平层采用 8T、15T 两种光轮压路机各碾压 2～3 次，压实度≥92%；铺筑碎石找平层时，为保证路面稳定，便于施工，设计采用梯形断面，上底边两侧宽度各超出混凝土路面 0.1m；两侧均采用 1：0.5 边坡线，手摆片石层设计均采用矩形断面。每隔 5m 设置一道伸缩缝，采用假缝的形式由切缝机人工切缝，设计缝宽 2～5mm，然后用乳化沥青填缝处理。

2）新修 3.5m 宽田间道

在保证道路设计规范的前提下，其路线选择要遵守的原则主要有：减少占用耕地；减少挖填土石方；在尽量满足规划要求的前提下，力求线形连续、顺适，并与地形、地物相适应，与周围环境相协调。

总体平面设计：道路路面宽度设计为 3.5m，路面层为 0.2cm 厚 C25 砼路面，维修田间道最大纵坡＜10%，极限情况下≤13%，田间道的平曲线半径一般应≥15m，设计速度为 15km/h，回头曲线设计速度为 10km/h。

横断面设计：新修田间道横断面根据实地情况，采用"路面+边沟"。基础开挖碾压后，为加强基层强度和稳定性，先铺设 0.2mm 厚手摆片石路基，用碎石填隙，再铺 0.15mm 厚 6%水泥稳定碎石基层；面层用厚度 0.2mm 的 C25 混凝土铺筑，为保证路面横向排水和防滑，从路面中心至路肩横向设 2%坡度的路拱且需要压花处理；采用 C20 砼边沟，边沟深 0.3m，底宽 0.3m。

纵断面设计：为保证新修田间道最大纵坡坡度＜10%，在所选路线布局的道路进行土石方的挖填处理，其设计根据实测 1：500 地形图进行。

3）新修 1.5～2.0m 宽生产大路

新修 1.5～2.0m 宽生产大路时，首先进行路基挖填找平、夯实，夯实度达到 92%以上后，在路基上铺设 0.1m 厚的碎石找平层，为了提高垫层稳定性与可操作性，泥结碎石垫层采用矩形断面，上底边两侧各超出路面边线 0.1m。待碎石垫层平整压实后在垫层上现浇 0.15m 厚 C20 混凝土，设计现浇 C20 混凝土路面时每隔 5～10m 设置一条伸缩缝，缝宽 2～5mm。

6.3.6 道路体系优化后成效比对

在中低山缓坡丘陵过渡区，对规模化生产、连片式经营的基本农田采取分区构建道路体系的做法，可在很大程度上减少资源的浪费，降低道路建设投资和占地，同时又能很好地满足该区域农业生产和居民生活的需要。

首先，中低山缓坡丘陵过渡区地形起伏较大，主要耕地分布区和乡村聚落不可能出现大面积的连片，仅在局地呈相对集中分布，这样，耕地区的产业发展和集中居住区的农民出行都会对交通通达性和耕作便捷性提出较为独特的要求，即自成体系、相对完善。为此，在这些区域开展道路体系的优化布局的思路就不能与地形较为平缓区一样。不管是路网格局还是密度，必须探索分散式道路体系建设的布局思路，依据大的地形起伏和产业发展的需要，分散构建完善的道路体系，使田间道自成环线，生产大路的密度视产业而异。可以看出，中低山缓坡丘陵过渡区的地形条件决定道路体系的优化布局，需采用分散化自成体系的思路，不需要或不必将不同区域借助道路体系联系起来。

其次，不同的产业发展状况要求配备不同的道路体系，包括路网密度、道路宽度及其组合格局。以核桃产业为代表的多功能产业发展区兼具一般核桃产业发展和休闲观光、林下养殖的多重功能，这样，从一般核桃产业发展来看，因其附着的立地条件相对较差，且难以实施机械化或对机械化的要求不高，其对道路体系的要求相对较低，尤其是道路等级、路网密度等。但由于该区的核桃产业又叠加了休闲观光、林下养殖等产业功能，而休闲观光、林下养殖对道路体系的要求又相对较高，两者叠加的结果，使得核桃产业区的道路体系建设必须考虑一般核桃产业生产和休闲观光、林下养殖的多重需求。为此，在这一区域，生产大路的布局不像一般核桃产业区，也不像休闲观光产业那样，而是兼顾二者的特点，采取 1.5m 生产大路与 2.0m 生产大路相间的布局思路，且两条路间的距离为 125m，较一般生产大路的布局间距大 20%。这样，不仅可大大节省新增生产大路的占地面积，减少建设投入，而且可满足核桃产业向多功能转换的发展需求。

南部花椒产业区具备一般核桃产业发展的共性，也不能全程使用机械化，且机械化的使用也以微小型为主，这是由立地条件和产业性质决定的。为此，生产大路布设以 1.5m 宽的为主，也在很大程度上满足了生产要求。

西部粮油产业区则因地形较为平缓而具备规模化生产、连片式经营的天然条件，为提高机械生产的可能性，生产大路宽度以 2.0m 为主。这种生产道路宽度比浅丘平坝区小（常为 2.5m），较中低山区大（多为 1.5m），处于两者之间。生产大路宽度低于 2.0m 很难满足生产需要，高于 2.0m 又会造成土地资源、资金的浪费，表现出过度设施化现象。为此，2.0m 宽是中低山缓坡丘陵过渡区中规模化、连片式基本农田区生产大路的适宜宽度。

北部粮油产业区地形起伏较大，耕地分散、镶嵌，不具备规模化生产、连片式经营的先决条件，现有的生产便道即可满足分散式经营的需要。为此，对这一区域不需要也不必新增生产大路，否则，就会造成土地资源、资金的浪费，一旦该区产业结构发生变化，大多投入修建的设施将被覆盖。

再次，道路体系材质的选择也因产业需求而异。因维修或新修田间道承担改善各产业区的交通通达性任务，要全部选择砼路面才能满足生产生活需要。生产大路一方面承担产业区与田间道的连通作用，另一方面扮演改善耕作便捷性的重要角色。为此，在不同产业区，根据产业发展需求的差异选择适合的路面材质，如核桃产业区的需求双重性、独特性，要求 2.0m 宽的生产大路全部选择砼路面，而地势相对平缓段的 1.5m 宽生产大路采用碎石或块石路面；花椒产业区对机械化的依赖性决定 1.5m 宽生产大路相间、交错使用砼路面和碎石或块石路面；西部粮油产业区的 2.0m 宽生产大路全部使用砼路面。

最后，相比优化前，研究区优化后的道路体系明显体现出资源节约、环境友好的供给侧结构性改革理念。优化后，维修 3.5m 宽田间道路长度减少 1280m，新修 3.5m 宽田间道路长度减少 1540m，新修 2.0m 宽生产大路减少 860m，新修 1.5m 宽生产大路减少 1320m，1.0m 宽以下生产路减少 3200m，有 3200m 生产大路由 2.0m 宽降为 1.5m 宽，有长度为 2850m、宽 1.5m 的生产大路材质由砼路面降为碎石或块石路面。从减少占地看，新修田间道减少占地 9.24 亩，新修生产大路减少占地 7.95 亩，耕地占用按 75%计算，减少占用耕地面积 12.89 亩；从投资看，减少维修田间道节约投资 75.26 万元，减少新修田间道节约投资 103.33 万元，减少新修生产大路节约投资 47.96 万元，减少 1.0m 宽以下生产路节约投资 24.64 万元。从以上分析可看出，研究区道路体系优化后不仅显著节约占地面积，而且节约投资约 20%。

6.4　道路体系整治技术凝练

在中低山缓坡丘陵过渡区，以"山水林田湖草生命共同体"思想为指导，以国土综合整治为抓手，为满足基本农田的规模化生产、连片式经营，土地整治中的道路体系优化须遵循的技术要点与思路如下(图 6-4)。

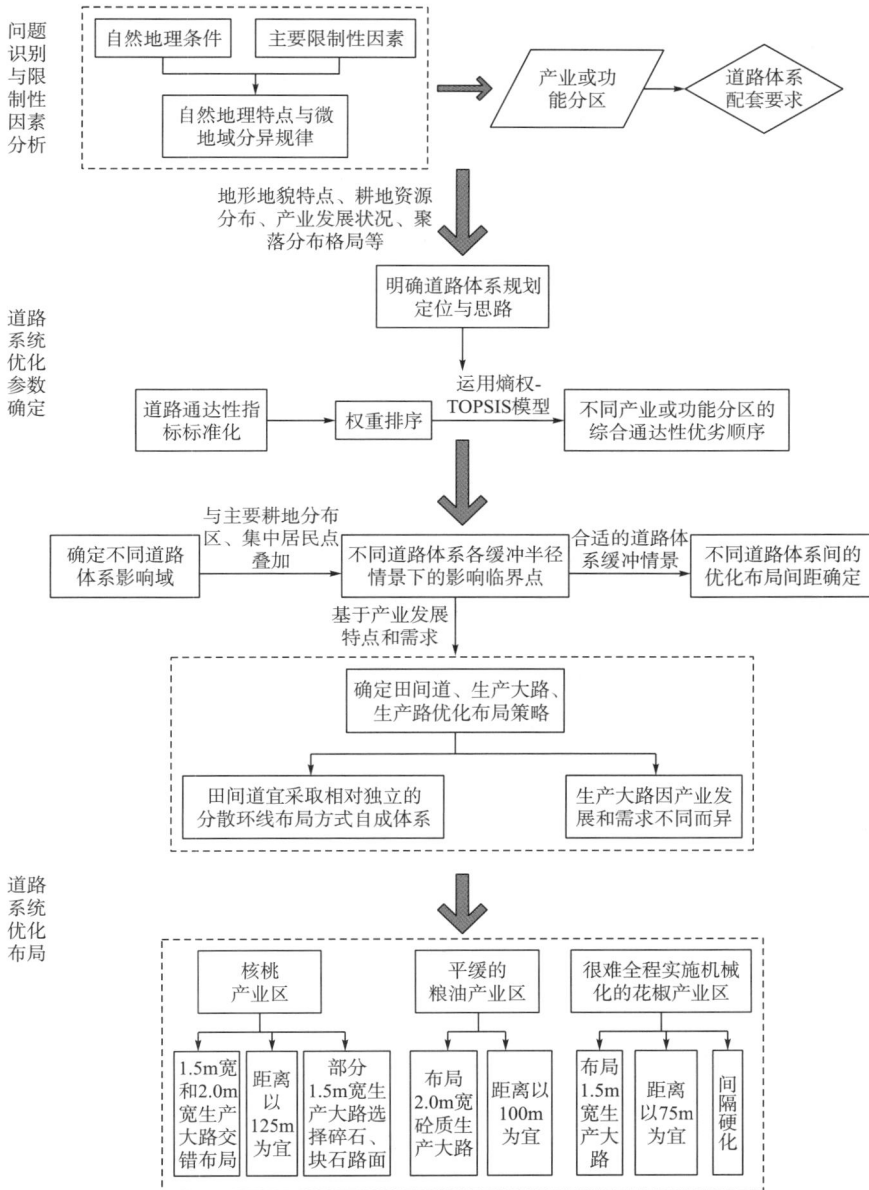

图 6-4　中低山缓坡丘陵过渡区道路体系整治技术

第一，研究区自然地理条件与主要限制性因素分析，明确研究区的自然地理特点与微地域分异规律，识别影响研究区土地利用与农村发展的限制性因素。

第二，根据微地域分异和限制因素的差异，对研究区进行产业或功能分区，针对不同产业发展需求或功能分区特点，明晰其对道路体系配套的要求。

第三，根据中低山缓坡丘陵过渡区的地形地貌特点、耕地资源分布、产业发展状况、聚落分布格局等，基于研究区社会经济发展的限制性因素，以服务于当地居民生产生活为最终目标，明确道路体系规划定位与思路。

第四，对影响道路通达性的指标进行标准化处理、权重排序，运用熵权-TOPSIS模型计算不同产业或功能分区的综合通达性优劣顺序。

第五，在 ArcGIS 技术支持下，对研究区不同类型道路体系设置不同的缓冲区半径，将缓冲后的道路影响域与主要耕地分布区、集中居民点进行叠加，找出不同道路体系各缓冲半径情景下的影响临界点，即影响稳定点，选择合适的道路体系缓冲情景，确定不同道路体系间的优化布局间距。

第六，基于产业发展特点和需求，确定田间道、生产大路、生产路优化布局策略。在中低山缓坡丘陵过渡区，因地形条件的限制，主要耕地和居民点分布相对集中，田间道宜采取相对独立的分散环线布局方式自成体系。生产大路因产业发展和需求不同，道路宽度、路面材质、道路间距及搭配有一定差异。

第七，核桃产业区交错布局 1.5m 宽和 2.0m 宽生产大路，距离以 125m 为宜。为体现道路体系建设的生态化，地势相对平缓段的 1.5m 宽生产大路选择碎石、块石路面，其他则为砼路面。

第八，地势较为平缓的粮油产业区拥有规模化生产、连片式经营的先决条件，布局 2.0m 宽砼质生产大路，且 2 条生产大路间的距离以 100m 为宜。

第九，地势相对平缓，很难全程实施机械化翻耕、施肥、采摘、管理等的花椒产业区，布局 1.5m 宽生产大路，且 2 条生产大路间的距离为 75m。同样地，考虑到道路的使用效率，生产大路实施间隔硬化的方式。

6.5 小   结

(1)在中低山缓坡丘陵过渡区直接服务于农村居民生产和生活的道路网络体系是否完善、健康程度是影响农业产业发展、农民增收和乡村振兴的关键限制性因素。考虑乡村振兴对多功能农业产业发展的高要求，构建"田间道为骨架，生产大路为节点，生产路为支撑"的层次化道路体系，满足主导产业引导下现代农业经营模式的需求。不同的产业发展对交通通达性和耕作便捷性的要求差异较大，土地整治过程中需要实施差别化的思路进行道路体系的规划定位。

(2)为提高和完善研究区的交通通达性，拟将区内尚未硬化的碎石、土质田间道进行整治硬化，同时在各大耕作区配套新修田间道，尤其是连接集中居住区与各大耕作区的合适区域；为改善耕作便捷性，提高各耕作区间的连通度，增加生产大路，适时改建生产路，实现各区域机械化耕作。

(3) 在中低山缓坡向丘陵过渡区，由于特殊的地形条件和产业发展的需求差异，道路体系配套各有独特性。在地形影响下，各产业区田间道各自形成环线贯通，各产业区通过田间道与外界相连，产业区内部不一定有田间道贯通。而且，特殊地形条件下的产业选择不同，对生产大路的需求各异：分散、镶嵌耕地区仍使用原有的生产路，不新增布设生产大路；核桃产业区采取不同宽度的生产大路相间布局的方式；规模化生产、连片式经营区选择生产大路的最大宽度；花椒产业区则选择生产大路的最小宽度。

(4) 中低山缓坡丘陵过渡区的地形条件决定道路体系的优化布局需采用分散化自成体系的思路，不需要或不必将不同区域借助道路体系联系起来。

第7章 适于农业产业化的公共基础设施配套技术

推动乡村产业振兴、发展现代农业，对提升我国农业竞争力，实现农业农村现代化具有深远意义。近年来，随着城乡一体化进程加快推进，强农惠农政策力度不断加大，农村基础设施和公共服务逐步改善，大众消费需求提档升级，乡村产业发展又焕发出新的生机。农业产业化是以市场为导向，以经济效益为中心，以主导产业、产品为重点，优化组合各种生产要素，实行区域化布局、专业化生产、规模化建设、系列化加工、社会化服务、企业化管理，形成种养加工、产供销、贸工农、农工商、农科教一体化经营体系，使农业走上自我发展、自我积累、自我约束、自我调节的现代化经营方式和产业组织形式。它的实质是对传统农业进行技术改造，推动农业科技进步的过程。这种经营模式从整体上推进传统农业向现代农业转变，是加速农业现代化的有效途径。附加值是从经济学引出的概念，是附加价值的简称，是在产品原有价值的基础上，通过生产过程中的有效劳动力新创造的价值，即附加在产品原有价值上的新价值。高附加值产品，指投入产出比较高的产品，其技术含量、文化价值等比一般产品要高很多。

农村基础设施是发展农业生产的物质载体，是提高农业综合生产力、建立现代农业的基础，是农村居民生产生活的基本保障，是农民最愿意、最迫切需要解决而又能做成的事情。发展中国家公共基础设施的布局和完善对服务统筹城乡和区域发展，促进农村现代化具有重要的意义。在中国现阶段的农村发展中，农村公共基础设施供给已经取得了一定的成就。自2008年以来，国土整治在乡村如火如荼地进行，依托国土整治项目，乡村基础设施建设集中在道路建设、沟渠修建两大板块(钱文荣和应一道，2014)。围绕乡村道路建设问题，学者探讨了道路建设过程中耕地的占用问题(姜娜等，2002)，基于景观格局探讨了道路规划(何灏和师学义，2012)，基于时间可达性探讨了道路布局(叶英聪等，2017)等；围绕乡村沟渠建设问题，学者主要探讨了高标准农田建设过程中灌排系统的设计(贾淼和王爱云，2016；郝志强，2016)，以及生态景观型面源污染防治灌排系统的设计(张雅杰等，2015)、水利设施工程布局(李兵，2017)等。此外，也有学者利用GIS技术探究了农村医疗设施空间可达性问题(吴建军等，2008)。纵观以往研究，多基于景观格局及现状基础设施，从总体上把控区域基础设施的缺失程度和状态，进行基础设施建设。而少有研究结合研究区现状产业基础、产业特征、未来产业发展定位及方向，以及整个研究区土地利用规划进行内部差别化设计。依据武隆区土地总体利用规划，其西北边的鸭江镇送月村产业定位于城郊型生态农业，今后产业将由粮油产业向蔬菜产业、粮油产业共同发展转变，相较于粮油产业蔬菜附加值更高，所要求的公共基础设施及建设标准不同，需要配套相应的一体化基础设施。本章选取送月村为研究区，通过构建基础设施建设适宜性评价指标体系，通过模糊层次分析法确定权重，通过加权求和最终得到基础设施建设适宜区域，并通过 ArcGIS 10.2 成本距离分析法布局线性基础设施，可为乡村及类似农业产业园区基础设施布设提供参考。

7.1　材料与方法

7.1.1　研究区概况

研究区地貌以中低山为主，总体地势北高南低[图 7-1(a)]，南部送月庙、松柏园、大屋基以南坡度较缓，呈丘陵地貌；北部木瓜园由于河沟形成河谷地貌；其他区域由于地势较陡，天然冲沟将该区域切割为宽窄不一的沟谷，整体呈连岗状山地地貌。气候属中亚热带湿润季风气候，具有雨量大、湿度大、云雾多、光照不足的特点，伏旱和暴雨是其主要气象灾害。水田以水稻土为主，质地为壤黏土，有效土层厚度为 80~100cm，保水保肥能力强，胶体品质好，宜作作物品种广；旱地以紫色土为主，发育于亚热带地区紫色砂页岩母质土壤，有效土层厚度为 30~80cm，矿物养分含量丰富，肥力较高，透水性强，保水性弱。研究区内有两条河沟，常年有流水，分别发源于石堡冲水库(李家沟)和涪陵区太和乡(太和沟)，承泄区均为乌江一级支流大溪河；地下水主要为碎屑岩类孔隙裂隙水、红层承压水，水量中等。

研究区土地利用类型见图 7-1(b)。其中耕地 532.26hm²，占研究区总面积的 45.81%；林地 356.73hm²，占研究区总面积的 30.7%。研究区总体科技水平低，产业结构为典型的粮-猪型农业结构，商品率低，无支柱产业，经济增长主要依靠农村剩余劳动力外出务工。截至 2018 年研究区有农户 896 户，户籍人口 3352 人，常年在外务工 697 人，占总人口的

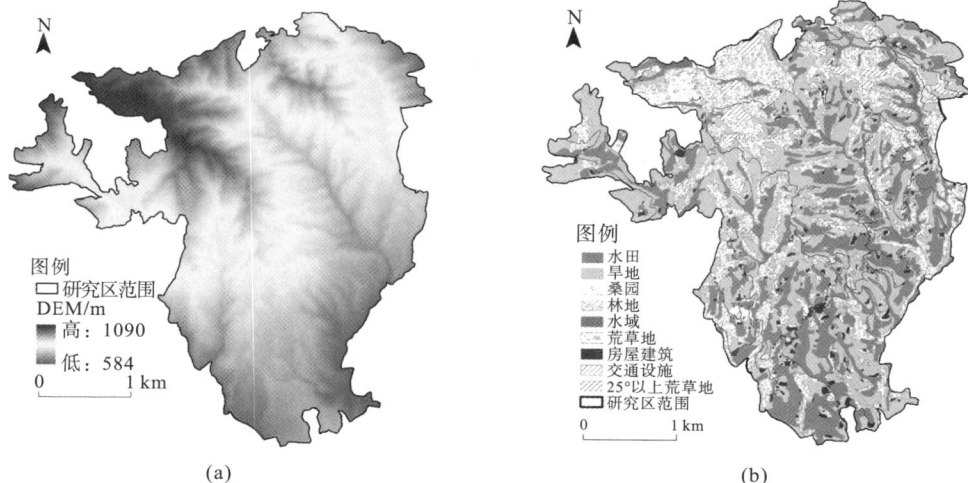

图例
□ 研究区范围
DEM/m
■ 高：1090
■ 低：584
0　　　　1 km

(a)

图例
■ 水田
■ 旱地
⋯ 桑园
■ 林地
■ 水域
■ 荒草地
■ 房屋建筑
▨ 交通设施
▧ 25°以上荒草地
□ 研究区范围
0　　　　1 km

(b)

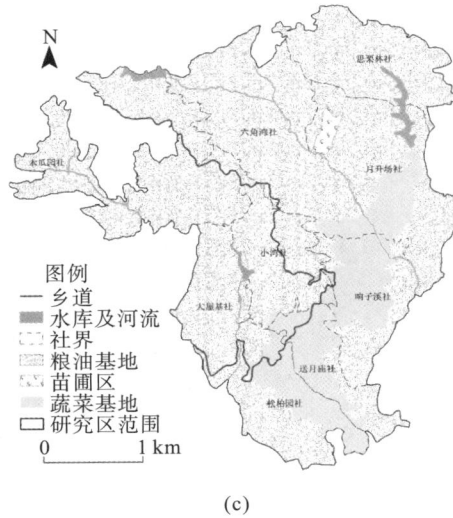

(c)

图 7-1　研究区 DEM(a)、地类(b)、产业规划图(c)(见彩版)

20.79%；从事农业生产的人员 1499 人，约占总人口的 44.72%。根据武隆区土地利用总体规划[图 7-1(c)]，鸭江镇为武隆区的主要粮油、蔬菜、肉等农产品基地，送月村(研究区)为武隆区城乡统筹示范村，因此，将送月村区域产业定位于城郊型生态农业，以发展蔬菜、粮油作物、苗木等，促进当地社会经济发展。近年来，在鸭江镇政府的支持和带动下，部分群众开始调整种植结构，向种植蔬菜发展，以种植青头菜、辣椒为主，初具规模。

7.1.2　评价指标体系建立

参考现有研究结果，结合研究区实际情况，围绕高附加值农业产业的公共基础设施包括道路设施、灌排设施、居民点设施、农产品分选(初加工)场地、农机具置放场地、农产品展示宣传栏等。不同设施布设的影响因子不同，道路设施建设应重点考虑地类、坡度、距现状道路距离、耕地质量(产量高低)、耕地破碎度、距居民点距离，指标解释见表 7-1。灌排设施布设应重点考虑地类、地块破碎度、距现状灌排设施距离、耕地质量，指标解释见表 7-1，地形(坡度)因子没有成为灌排设施考虑的因子，原因在于研究区灌排设施的布设应该围绕耕地需要进行，不能因为地形的抗阻而舍弃地形复杂的地区，以致其成为灌溉盲区，所以本章在布设灌排设施时，将地形视为平原，而仅在工程施工阶段因不同地形选用不同的灌排设施。居民点布设主要以现有大型居民点为基础，将零散分布的农户集中；农产品分选(初加工)场地应靠近农业产业基地和道路，此外，应有开阔的闲置地；农机具置放场地应修筑在产业园区内部交通便捷的区域，以少占高产耕地为宜；农产品展示宣传栏宜布置在产业园区入口、研究区内主干道边上、建制村对外公路入村附近一带区域。

表 7-1　道路及灌排设施布设适宜性指标及其内涵

道路布设适宜性指标		灌排设施布设适宜性指标	
指标	指标解释	指标	指标解释
地类	根据研究区实际情况，将地类分为 7 种，道路布设优先选择其他荒草地、林地等非耕地	地类	根据研究区实际情况，将地类分为 7 种，沟渠布设优先选择耕地区域
坡度	反映地形，道路布设优先选择坡度较小的区域，减小施工难度	地块破碎度	通过衡量耕作区边缘缓冲区，尽量避免从一个耕作区的中心穿过
距现状道路距离	新建道路距离现状道路较近，可提高整个研究区道路网的通达性。现状道路为剔除无用道路后的道路	距现状灌排设施距离	新建灌排设施距离现状灌排设施较近，可提高整个研究区灌排设施网的通达性。现状灌排设施为剔除无用灌排设施后的沟渠，包含水源
耕地质量	尽量避免占用优质耕地，耕地质量好坏用粮食单产衡量		
耕地破碎度	通过衡量耕作区边缘缓冲区，尽量避免从一个耕作区的中心穿过	耕地质量	尽量避免占用优质耕地，耕地质量好坏用粮食单产衡量
距居民点距离	通过衡量居民点缓冲区，田间道路应尽量连通居民点和耕作区		

7.1.3　数据来源与研究方法

1. 数据来源

本章的研究数据包括图件、文本数据和调研数据。其中图件和文本数据均来源于武隆区国土局。图件包括研究区 1∶2000 等高线地形图、2011 年土地利用现状图、总体规划图、产业规划图等；文本数据包括送月村(研究区)土地整治项目可行性研究报告、规划设计报告、实施方案等；调研数据为 2017 年 8 月课题组于研究区进行实地踏勘获得的地块土壤质量(以单位亩产粮食衡量)、道路设施现状、山坪塘现状、灌排设施现状照片等。

2. 数据预处理

研究区 DEM 数据使用 1∶2000 等高线地形图生成，经实地踏勘核实后形成研究区现状地类；单独提取道路、沟渠、水源图层，以便进行缓冲区处理；将调研数据录入现状地类图斑属性表中。

3. 模糊层次分析法

与层次分析法相比，模糊层次分析法充分发挥了人脑综合判断的优势，省去了烦琐的计算，其结果的准确度不低于层次分析法，且更符合客观实际和决策者的期望。本章采用模糊层次分析法确立各级指标的权重(吴春生等，2018)。围绕决策对象，建立层次分析框架，包括目标层、准则层和方案层；构建模糊判断矩阵。组织多个专家对每组数据进行主观判断并打分，利用主观判断和模糊数间的关系，将其转成三角模糊数(表 7-2)。

表 7-2　模糊三角函数赋值标准

重要性级别	模糊三角函数赋值	赋值倒数
两者同等重要	(1,1,1)	(1,1,1)
前者稍微重要	(1/2,1,3/2)	(2/3,1,2)
前者明显重要	(1,3/2,2)	(1/2,2/3,1)
前者强烈重要	(3/2,2,5/2)	(2/5,1/2,2/3)
前者极端重要	(2,5/2,3)	(1/3,2/5,1/2)

将多个专家的模糊数进行整合，求取平均数，构成模糊判断矩阵 $\boldsymbol{R}_N$。

$$\boldsymbol{R}_N = \begin{bmatrix} (l_{11},m_{11},u_{11}) & (l_{12},m_{12},u_{12}) & \cdots & (l_{1j},m_{1j},u_{1j}) \\ (l_{21},m_{21},u_{21}) & (l_{22},m_{22},u_{22}) & \cdots & (l_{2j},m_{2j},u_{2j}) \\ \vdots & \vdots & & \vdots \\ (l_{i1},m_{i1},n_{i1}) & (l_{i2},m_{i2},u_{i2}) & \cdots & (l_{ij},m_{ij},u_{ij}) \end{bmatrix}$$

式中，$\boldsymbol{R}_N$ 表示围绕某个目标的模糊判断矩阵；l、m、u 为模糊三角函数 3 个顶点的横坐标；m_{ij} 表示第 i 个指标相对于第 j 个指标重要程度的中值；l_{ij} 和 u_{ij} 分别表示第 i 个指标相对于第 j 个指标重要程度的上界和下界。

指标 i 的累积扩展值 M_{gi} 可以表示为

$$M_{gi} = \left(l_{i1}+l_{i2}+\cdots+l_{in},m_{i1}+m_{i2}+\cdots+m_{in},u_{i1}+u_{i2}+\cdots+u_{in}\right) = \left(\sum_{a=1}^{n}l_{ia},\sum_{a=1}^{n}m_{ia},\sum_{a=1}^{n}u_{ia}\right)$$

整个矩阵的累积扩展值表示为

$$\sum_{i=1}^{n}\sum_{a=1}^{n}M_{gi} = \left(\sum_{i=1}^{n}\sum_{a=1}^{n}l_{ia},\sum_{i=1}^{n}\sum_{a=1}^{n}m_{ia},\sum_{i=1}^{n}\sum_{a=1}^{n}u_{ia}\right)$$

指标 i 的综合扩展值为

$$S_i = M_{gi} \times \left[\sum_{i=1}^{n}\sum_{a=1}^{n}M_{gi}\right] - 1 = \left(l_i,m_i,u_i\right)$$

n 为指标个数，对于任意两个综合扩展值 S_i 和 S_j，$S_i \geqslant S_j$ 的概率大小可表示为

$$V\left(S_i \geqslant S_j\right) = \mathrm{hgt}\left(S_i \bigcap S_j\right) = \mu_{S_i}(a) = \begin{cases} 1, & m_i \geqslant m_j \\ 0, & l_j \geqslant u_i \\ \dfrac{l_j - u_i}{(m_i - u_i) - (m_j - l_j)}, & \text{其他} \end{cases}$$

设 d_i' 为 S_i 与其他综合扩展值比较后的最小值，即

$$d_i' = \min\left(V\left(S_i \geqslant S_k\right)\right), i \neq k, k = 1,2,\cdots,n$$

令 w' 为

$$w' = \left(d_1',d_2',\cdots,d_n'\right)^{\mathrm{T}}$$

对 w' 标准化即可获得各指标的权重：

$$w = \left(d_1, d_2, \cdots, d_n\right)^{\mathrm{T}}$$

计算过程中会产生 $V\left(S_i \geqslant S_k\right) = 0$，导致 $d_i' = 0$，致使最终权重不合理，在此情况下对指标对比矩阵中的元素进行标准化处理，即可避免最终权重出现 0 的情况。

7.1.4   评价指标分级标准

对道路建设适宜性指标分级参考叶英聪等(2017)的研究。

7.1.5   线状基础设施建设适宜性评价方法

研究区基础设施建设适宜性得分采用加权求和法，即

$$\mathrm{ICS} = \sum_{i=1}^{n} \left(A_i w_i\right)$$

式中，ICS 为基础设施建设适宜性得分；A_i 为各指标得分；w_i 为各指标的权重值。

7.1.6   成本距离分析法

使用 ArcGIS 10.2 中的成本距离分析功能寻找现状基础设施布设的最佳路线，成本距离分析的原理如下：通过成本距离加权函数，计算出每个栅格到距离最近、成本最低源的最少累加成本。同时可生成两个相关输出：成本方向数据和成本分配数据。成本方向数据表示从每一单元出发，沿着最少累加成本路径到达最近源的具体路线。成本分配数据记录了每个单元的隶属源(归属于哪个源)信息。成本距离加权函数通过成本因子修正直线距离，获得每一单元到距离最近、成本最低源的最少累加成本。计算过程中不仅考虑到了距离的影响，而且考虑到了某种成本的影响。

7.2   公共设施建设适宜性评价

7.2.1   道路建设适宜性评价

基于选取的指标和模糊层次分析法确定的权重(表 7-3)，通过加权求和得到田间道建设适宜性分布图(图 7-2)，根据前期处理工作，得分高者表示现状田间道布设良好，无须增设田间道，得分低者适宜增加田间道。得分高值区主要集中于现状田间道经过区域，呈带状分布，从图上看出，研究区现状田间道呈现连通性较低、密度低的状态，不适宜现代农业发展；得分低值区较为分散，这些区域田间道缺失，交通十分不便，居民生产生活全靠肩挑背磨。在目前蔬菜产业发展的背景下，道路基础设施是主要的限制性因素，必须通过设施配套予以改善。

表 7-3　高附加值农业产业化道路设施布设影响指标权重及其分级标准

指标	权重	分级标准	分值/分	指标	权重	分级标准	分值/分
地类	0.1586	交通运输用地	30	距现状道路距离	0.1987	<50m	30
		水域	23			50～<100m	25
		城镇村及工矿用地	19			100～<150m	20
		耕地	11			150～<200m	15
		园地	9			≥200m	10
		林地	5	坡度	0.1469	0°～2°	10
		荒草地	3			>2°～6°	15
耕地质量	0.1412	优（>1000 斤/亩）	40			>6°～15°	20
		良（>800～1000 斤/亩）	30			>15°～25°	25
		中（>600～800 斤/亩）	20			>25°	30
		差（≤600 斤/亩）	10	距居民点距离	0.1743	>100m	40
耕地破碎度	0.1803	>50m	40			>50～100m	30
		>20～50m	30			>20～50m	20
		>10～20m	20			≤20m	10
		≤10m	10				

注：交通运输用地指现有交通设施占地，非规划用地。所以对其赋分较低，不能再重复修建道路。

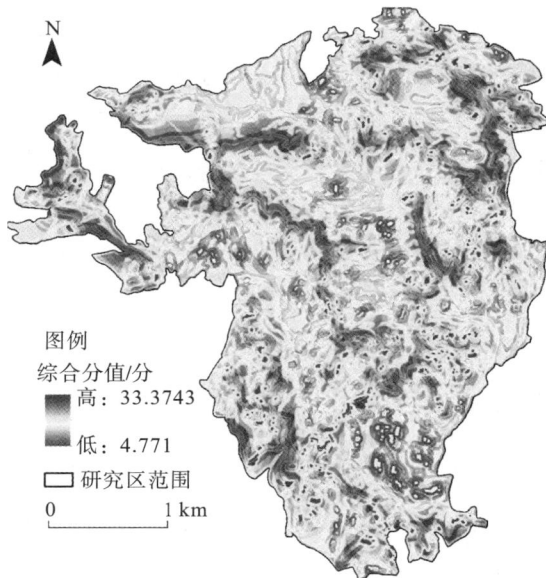

图 7-2　研究区田间道建设适宜性分布图

田间道是村级社会经济发展的重要因素，其将居民与生产要素紧密联系起来，是提高农村生产力的重要元素，因此，科学合理规划村级田间道十分重要。通过实地调研，研究区内田间道已基本形成骨架,呈树枝状延伸至研究区内主要居民点,但是整个研究区大多没有形成网络,断头路现象仍然存在,个别大的居民点和大片耕地无田间道,且田间道路面情况较差,多为土路,坑洼不平(图 7-3),遇阴雨天就积水严重,不易通行,此后一般要过 2~3 天才能正常通行,有时甚至需连晴一周才能恢复,严重影响了当地群众的生产和生活出行。纵观研究区道路设施现状,不仅需要新增田间道,还需要对既有田间道进行整修,以满足居民生产生活需求。

图 7-3　研究区田间道现状

7.2.2　灌排设施建设适宜性评价

研究区内现有农业结构以粮油作物为主,水田以水稻生产一季,旱地以玉米、红薯、小麦三熟为主。对水田主要采用沟渠灌溉,对旱地主要以人工挑水浇灌。根据送月村产业发展方向,今后农业产业结构调整主要在保证"武隆粮仓"情况下,向蔬菜、苗木产业方向发展。灌溉方式上,传统的粮食作物可仍采用沟渠灌溉,蔬菜、苗木采用手持皮管浇灌或滴灌。研究区的灌溉水源主要是区内的石堡冲水库、长冲水库和山坪塘,其次是区外保禾水库(郭家大田水库)。根据对研究区实地踏勘及当地村民的调查,研究区内的石堡冲水库和长冲水库可基本解决研究区各社的灌溉要求,个别区域渠道无法灌溉的,主要是利用区内的山坪塘。研究区内的水田多采用渠道串灌方式,而旱地多采用点浇灌方式。区内的渠道主要是长冲水库、石堡冲水库、郭家大田水库和山坪塘的引出,共 24 条,长 22380.43m,灌溉的区域基本辐射整个研究区。据调查,区内的引水渠全部为土渠,淤积严重,部分区域垮塌,损坏严重,输水不畅,不能满足灌溉要求,因此,对主要的引水渠道亟待改建。在研究区现有灌排设施基础上,基于选取的指标和模糊层次分析法确定的权重(表 7-4),通过加权求和得到灌排设施建设适宜性分布图(图 7-4)。根据前期工作,得分低的区域适宜布设灌排设施,得分高的区域现状灌排条件良好。得分高值区主要分布在水源(河流、水库、较大的山坪塘)、使用良好的现状灌排设施附近,西北部得分较高,原因是这片区域主要为林地,该地类本身不需要太多额外的灌溉用水,且附近有水库和河流经过,所以无须再布设灌排设施。

表 7-4　高附加值农业产业化灌排设施布设影响指标权重及其分级标准

指标	权重	分级标准	分值	指标	权重	分级标准	分值
距现状灌排设施距离	0.3763	≤50m	40	耕地质量	0.1573	优（>1000斤/亩）	10
		>50~100m	30			良（>800~1000斤/亩）	20
		>100~200m	20			中（>600~800斤/亩）	30
		>200m	10			差（≤600斤/亩）	40
地类	0.2357	耕地	3	地块破碎度	0.2307	≤10m	10
		园地	5			>10~20m	20
		水域	9			>20~50m	30
		林地	11			>50m	40
		荒草地	19				
		交通运输用地	23				
		城镇村及工矿用地	30				

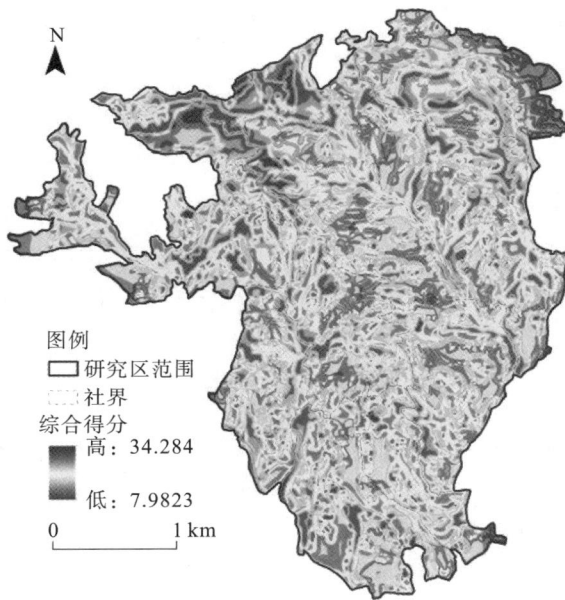

图 7-4　研究区灌排设施建设适宜性分布图

7.3　公共设施规划

7.3.1　公共基础设施规划目标与原则

研究区地处武隆区西部边缘，农业生产生活等基础设施相对缺乏，当地经济发展水平相对不高，目前产业发展以高附加值的蔬菜为主，且发展特色逐渐显现，亟须通过基础设施建设,改善农业生产条件,增加耕地效益,提高农民的收入。具体而言:根据研究区产业发展方向,打通各社通道,畅通主要骨架道路,各生产片区田间道路满足产业需要;完善灌溉与排水设施,保证产业灌溉需求,确保产业发展和当地群众生命财产不受洪水威胁;围绕产业发展,一些附属的公共基础设施如农产品分选(初加工)场地、农机具置放场地、农产品展示宣传栏等得以在研究区内适当位置布设。研究区公共基础设施规划遵循以下原则。

(1)围绕规划目标,统筹兼顾,基于研究区内部地貌、产业分异,科学布局,因地制宜。

(2)充分利用研究区现有基础设施条件,减少重复布设造成的资源浪费。

(3)布设应满足研究区近期规划要求、《重庆市土地开发整理工程建设标准(试行)》、《土地整治项目规划设计规范》(TD/T1012—2016)、《公路工程技术标准》(JTG B01—2014)、《灌溉与排水工程设计标准》(GB 50288—2018)等相关建设标准及技术要求。

(4)规划过程中贯彻珍惜、合理利用土地和切实保护耕地的理念,同时注重实现社会效益、经济效益、生态效益的协调统一。

7.3.2　道路设施规划

本次规划的道路分为田间道、生产大路、生产路三种,并给田间道配套错车道、上车台,它们是一张网络,互相支撑。结合田、沟、渠的综合布局生产路,田间道应尽量提高研究区对外通行的能力,减少人工运输过程,减少生产成本,以提高效益,田间道之间最大间距小于 500m;生产大路能在田间道无法到达的情况下更好地连接各个片区与田间道,满足通行与运输需要,生产大路之间最大间距小于 350m;生产路能在田间道和生产大路都无法到达的情况下更好地满足田间耕作的需要,生产路之间最大间距小于 200m。整个研究区以新建和维修田间道为中心进行布局,新建生产大路和生产路,以保证研究区各居民点与原乡道之间、居民点与居民点之间具有完善的道路系统。使整个研究区的生产路、生产大路、田间道、原乡道形成网状。

结合前期工作所得的道路建设适宜性分布图,得分低者适合修建道路,通过 ArcGIS 10.2 中的成本距离分析功能,并结合相关的田间道路设计规范,首先优化研究区田间道体系。本次规划新建 3m 宽田间道 8 条,总长 5680m。其中泥结碎石路面 7 条,长 4209m;砼路面 1 条,长 1471m。维修田间道 25 条,总长 20749m。其中泥结碎石路 23 条,长 19385m;砼路面 2 条,长 1364m。以规划完成的田间道为骨架,结合产业区划进行生产大路和生产路布设,新建 2m 宽生产大路 4 条,长 1688m。新建 1m 宽生产路共 93 条,总长 41576m。其中蔬菜种植区 26 条,长 9545m;苗圃种植区 1 条,长 393m。维修生产路共 28 条,总长 12600m。其中蔬菜种植区 10 条,长 3858m;苗圃种植区 1 条,长 658m。所有新修和维修田间道都配备路边沟,改建和新建田间道均需布设错车道,错车道每隔 1000m 布设一个,总共布设 24 个错车道,此外,对于部分因为地形原因而形成的断头路,在进入该路的路口设置标识牌,提醒过往车辆。从规划结果来看,蔬菜基地道路系统密度明显高于粮油产业基地和苗圃区,这是由于蔬菜产业是高附加值产业,其从生产到销售需要投入大量的人力和其他生产资料，而且新鲜蔬菜需要及时从产地运往蔬菜市场，这对交通运输条件要求十分严苛，所以道路布局密度高，同时生产路最好是进行硬化。苗圃区和粮油基地道路布局密度低，这是由于水稻和苗木一经播种，后期管护强度相比蔬菜基地要低得多，同时能避免过高的道路密度，可减少道路设施对耕地的占用，保护耕地面积。

7.3.3　灌排设施规划

研究区属中亚热带湿润季风气候区，降雨丰富，属雨养农业区。但研究区内年降雨分布不均，常出现连续干旱天气，根据《灌溉与排水工程设计标准》(GB 50288—2018)和《重庆市土地开发整理工程建设标准(试行)》，研究区水田灌溉保证率为 85%，旱地灌溉设计保证率为 80%。首先，参考《重庆市蔬菜基地建设标准(试行)》，并充分考虑当地农业主管部门对灌溉的要求，对研究区规划产业灌溉需水情况进行预测。经预测，送月村农村产业总需水量为 27.01 万 m³，根据研究区水库、河流、山坪塘等既有水源水量和所需水量的供需平衡对比分析结果，总水量能满足生产需水。其次，从空间分布上来看，由于地势条件的影响，除木瓜园社外，其余社总水量基本满足需求，由于这些社种植规模占总的种植规模的 89.92%，在时间和空间上分布不均，主要通过输水渠道来解决，由于原有输水渠道年久失修，淤积漏水严重，因此这些社的主要措施为改建、新建引水渠，使输水畅通，维修山坪塘和新建蓄水池，增加蓄水量，解决局部灌溉。木瓜园社灌排现状良好，偶有小范围的灌排空白区，由于其地势较高，主要依靠改建区内山坪塘和新建蓄水池缓解缺水状况。

本次规划新建蓄水池 21 口，根据现实需求修建不同型号的蓄水池；研究区内原山坪塘较多，因年久失修，塘坎垮塌严重，蓄水功能大大减弱，因此对区内主要的 6 口山坪塘进行改建；改建引水渠 16 条，长 18002m，新建引水渠 24 条，长 11089m；规划改建排水沟 14 条，长 6193m，规划新建排水沟 20 条，长 7099m。沉沙池用来拦截水中携带的泥沙(可将泥沙运回梯田内作补充土壤)，以免泥沙进入水田和山坪塘，主要布设在集水沟进入蓄水池、河沟、田间道路边沟前 2.5m 处，也可以布设在排水沟的上游或输水渠中的水进入蓄水池处，本次规划共新建了 67 口沉沙池。在适当的地区布设农涵、过大沟盖板、放水口，以满足农业产业生产需求。

7.3.4　居民点布局优化

截至 2018 年，研究区有农户 896 户，居民点建设面积 49.99hm²，现有住房中土木结构占 62%，砖瓦结构占 22.29%，砖混结构占 15.71%。居民主要分布在平坝和低山区，现有 75%的居民点已通公路，农村饮水大多为自来水，少数依靠当地的地下水或集蓄雨水。当地居民新村建设，政府统一规划、设计住房风貌，居民新村已初具规模。综合考虑点-轴空间作用、地形特征与整治难易度，将研究区农村居民点用地空间划分为就地城镇化型、内部改造型和迁村并点型 3 种模式。在具体实施中，应以城镇化型和迁村并点型为重点，进一步划分不同整治标准，通过不同模式的空间引导与整合，促进村镇层次建设用地统筹利用，实现农村居民点有序城镇化和集约化发展(孔雪松，2014)。

7.3.5   农产品初加工场地布局优化

研究区有蔬菜、苗圃、粮油等特色产业,不同农产品初加工要求不同,对场地也有不同需求。蔬菜采摘后,需要及时对其进行分类,以便分出优良中差档次,分价格出售,使农户受益最大化。考虑到新鲜度越高的蔬菜越受消费者欢迎,所以,尽量减少蔬菜运往市场的运输距离。靠近蔬菜基地的区域最适合对蔬菜进行初加工和分选,此外,靠近田间道区域交通便利,便于及时将分好类的蔬菜运往蔬菜市场。综上,研究区内蔬菜基地共计建设农产品初加工基地 3 个,主要位于蔬菜基地内田间道路交会地点且宽敞通风的区域,加工场地需要硬化,并且设置顶棚。苗圃基地规模较小,还没有达到需要专门的分选初加工场地的规模。粮油基地的粮油产品多为农户自给自足,商品率低,作物主要由农户收回家里晾晒并且自行分选。

1. 农机具、化肥、农药等生产要素置放场地布局优化

研究区单个地块面积小,蔬菜基地使用的农机具主要为小型农机具(如翻耕机、割草机等),区内使用的运输工具以摩托车、三轮车为主,对农机具置放场地规模要求低。此外,农药和化肥对置放场地的规模要求也不高,但要求通风。为方便农户使用,将这些生产要素置放在一起,置放场地布设在农户进入蔬菜产业园区的经通道上,共计 2 个置放场地。苗圃基地设置 1 个生产要素置放场地。粮油基地生产要素主要为农户自己提供或者使用外地进入的大型收割机,所以不设置专门的农机具、化肥、农药等生产要素置放场地。

2. 农产品展示宣传栏布局优化

展示宣传栏主要布设在产业区内部产品初加工场地、化肥农药等生产要素置放场地,以及对外交通(原乡道)进入研究区范围的路边,共计设置展示宣传牌 13 个,展示内容包括农产品、农产品生产过程、种植理念等。

7.4   公共基础设施配套技术凝练

公共基础设施是高附加值农业产业长效成长的关键,特别是道路与灌排设施,山区因地形起伏的影响,公共基础设施较落后,很难满足山区独特立体气候所营造的特色农业产业的发展需要。但是,高附加值产业又不同于一般的山区农业产业,其公共设施的配套也就不同于一般山区农业生产的设施配套。针对高附加值产业发展的特点,拟定了公共基础设施配套技术思路:第一,围绕高附加值农业产业的公共基础设施,包括道路设施、灌排设施、居民点设施、农产品分选(初加工)场地、农机具置放场地、农产品展示宣传栏等,构建公共基础设施建设的适宜性评价指标体系;第二,针对每一部分基础设施选择有代表性的影响因素,并对其予以量化,赋予权重(模糊层次分析法),通过加权求和得到公共基础设施建设适宜性分布图,开展适宜性评价;第三,根据研究区产业发展方向,制定公共

基础设施布局与规划的目标与原则；第四，根据适宜性评价结果，道路基础设施以新建和维修田间道为中心，完善各居民点与原乡道之间、居民点与居民点之间的道路系统，使生产路、生产大路、田间道、原乡道形成一个网状；第五，结合降雨条件、地形特点和产业发展需求，合理布设灌排基础设施。

7.5 小   结

研究区今后的产业发展方向为高附加值农业产业，重点发展蔬菜和苗圃产业，围绕产业建设目标，基于现状基础设施及资源情况，对研究区基础设施进行布局。建立线性基础设施建设适宜性评价指标体系，采用模糊层次分析法确定指标权重，通过加权求和的方法确定综合得分，采用 ArcGIS 10.2 中的成本距离分析法，并结合相关的建设标准确定线性基础设施的布局。结果显示蔬菜产业和苗圃产业基地综合得分明显高于粮油产业基地，这是由于高附加值农业需要在前期对其投入大量的劳动力及生产资料，并需要有配套的基础设施作为辅助。

第8章 便于功能提升和链条延伸的资源嫁接技术

农业现代化是国家农业发展、经济增长的内在要求,是繁荣农村经济、增加农民收入、建设社会主义新农村的主要抓手,同时也是实现乡村振兴的重要途径。现代农业是市场化农业,农业产业化经营是我国现代农业发展的基本经营模式(姜睿清等,2013)。随着农业市场化、商品化和专业化程度提高以及农产品供求格局改变,农业发展和农民收入增长受市场需求的约束越来越明显(成德宁,2012)。国际农业发展的经验表明,在市场经济条件下,要提高农业的比较收益,增加农民的收入,需要拓宽农业发展领域和产业链条,向农业的产前和产后延伸,把现代工业、商业乃至运输、金融、保险等同种植业、养殖业紧密结合起来,整合成完善的农业产业链,实现农业产业化和合作化经营。由于产业链的延伸,与农业产业相关的产业开始融合并在空间上产生集聚,农业产业集群作为一种新型产业组织受到广泛关注,其依靠高度的分工合作,创造出独特的竞争优势。此外,现有研究还关注如何拓宽和延长农业产业链以及农业产业链整合过程中的利益分配问题(卫龙宝和李静,2014),而产业链延伸过程中,相关的组织在空间上集聚,土地如何合理使用、产业链延伸所需的设施农用地从何而来是众多利益相关者不得不考虑的问题。破解农业产业链延伸过程中合理合法获取产业发展所需的设施农用地难题有利于激发农业产业发展的活力。

8.1 高附加值农业产业链延伸路径

8.1.1 农业产业及农业产业化

农业产业是指提供农产品、农业技术服务等的企业或组织。农业产业化是以市场为导向,以经济效益为中心,以主导产业、产品为重点,优化组织各种生产要素,实行区域化布局、专业化生产、规模化建设、系列化加工、社会化服务、企业化管理,形成种养加工、产供销、贸工农、农工商、农科教一体化经营体系,使农业走上自我发展、自我积累、自我约束、自我调节的良性发展轨道的现代化经营方式和产业组织形式。它实质上是指对传统农业进行技术改造,推动农业科技进步的过程。这种经营模式从整体上推进传统农业向现代农业转变,是加速农业现代化的有效途径。农业产业化的基本思路是:确定主导产业,实行区域布局,依靠龙头带动,发展规模经营,实行市场牵龙头、龙头带基地、基地连农户的产业组织形式。它的基本类型主要有：市场连接型、龙头企业带动型、农科教结合型、专业协会带动型。

8.1.2　高附加值农产品及高附加值农业产业

高附加值农产品主要包含四种类型。①科技含量高的农产品。通过将科研成果引入农业生产中，进行品种换代或者改变农产品的品质和营养成分，这是提高农产品附加值的一条重要途径。②文化附加值高的农产品。农产品作为人们日常生活的基本消费品，在经济学上是属于需求弹性较低的商品，在市场经济的竞争中，农产品的竞争力构成由诸多因素所决定，除了品质、质量、产地、价格等市场常规要素外，准确把握消费者在某个特定时间段的文化需求，对农产品进行文化包装，往往能够起到意想不到的市场效果，比如将历史文化、养生文化、民族文化等文化特性同农产品的生产销售进行有机结合往往会获得市场认可，近年来在城市周边兴起的农家乐乡村旅游正是通过注入农村文化元素才对住在城里的人产生了强烈吸引。③营养健康型的深加工农产品。农业产业链本身是一个从农产品种养殖到农副产品深层次加工的产业结构，对农产品的深加工不但可以解决农民销售问题，提高农民收入，也可以提升产品品质，提高整个产业的发展水平，促进农业产业结构的调整。此外，随着人们生活水平的提高，人们的追求正在由吃饱逐渐向吃好转变，深加工过的高档食品无疑是更好的选择。④品牌价值高的农产品。我国地域辽阔，物产丰富，长期以来各地依托当地独特的气候环境、土壤特点，形成了自己的特色农产品，有些地域性产品深入人心，甚至驰名中外，如宁夏枸杞、西湖龙井、山西陈醋、陕西米脂小米等。正是由于农产品这种千百年来形成的地域性品牌，或者说地理标志性品牌，为农产品的品牌推广创造了独有的历史文化价值。相应地，高附加值农业产业即提供这些高附加值农产品的企业或者组织。

8.1.3　产业功能提升和链条延伸

现代农业不再是众多农民依靠自然从事简单生产来满足人类需求的生产方式，而是建立在科技基础上的机械化、集约化为主的现代生产方式。农业产业功能提升和产业链延伸是现代农业的重要特征，也是提升农业竞争力的必然选择。农业产业链是以农产品为要素和构成环节，由与农业初级产品生产密切相关的产业群所组成的网络结构，包括为生产准备的农业科研农资等前期部门、为农作物种植饲养等服务的中间部门以及以农产品为原料的加工储存销售等后期部门（丁家云和周正平，2015）。在我国农业产业转型和集中度提高的背景下，打造农业产业链延伸的经营格局，形成企业规模扩大、产业延伸的新局面，是当前农业企业持续稳定发展的客观要求，尤其是要重点发展农业产业化龙头企业，因为这类企业承担了引导生产深化加工、开拓市场、增加农产品附加值、促进技术进步等重要职责。

农业产业链的延伸可以从横向延伸（功能提升）和纵向拓展（链条延伸）两个方面来探讨，具体如图 8-1 所示。农业产业链的横向延伸着眼于农产品深加工产业环节的增加，产业链的纵向拓展着眼于产业链各环节高技术新知识的引进与发展,延伸的产业链不再将农业局限于第一产业的范围,而是将其和农产品流通业、生态旅游业等二、三产业相结合,以提高农产品附加值,进而提升农产品国际竞争力。

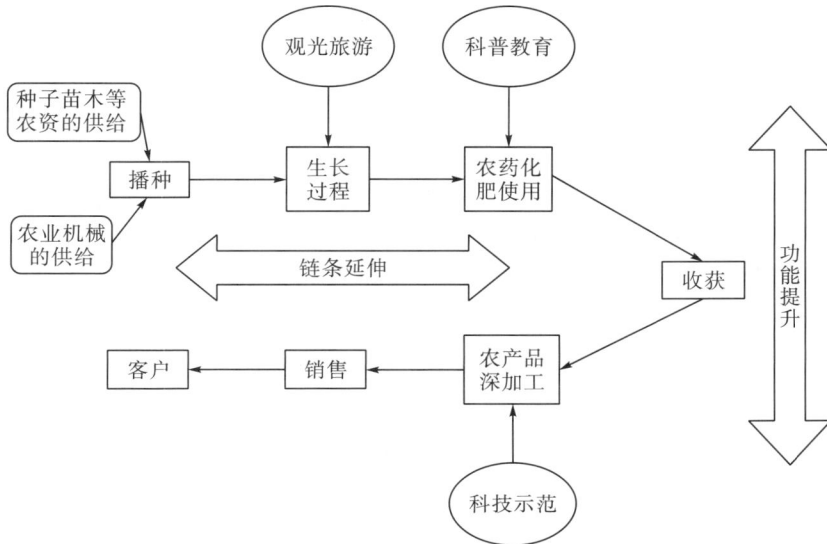

图 8-1　农业产业链延伸示意图

8.2　产业功能提升和链条延伸与公共资源协同评价

8.2.1　产业功能提升和链条延伸与公共资源的关系

　　农业生产主体(主要是合作社、大户、公司)在农业生产过程中除了要考虑必要的用于农产品生产的土地、公共基础设施外,对公共资源的考量也是相当重要的环节,其中设施农用地是其要考虑的重要因素。设施农用地既属于农用地,又与一般的农用地有所不同。相同的是,它们都服务于农业生产;不同的是,设施农用地并不直接用于农业生产,而是用于建设非永久性建筑物,用于生产主体办公、游客观光、餐饮等。表面上看设施农用地对产业发展间的协同不会产生直接、较大的影响,但它是公司、企业等主体最为关心的部分。国家对设施农用地的使用规模也是有严格要求的,即按照流转土地发展产业规模的3%~5%计算,且最高使用规模不能超过 20 亩(蔡笑盈,2015;宋振榜,2016)。一方面,如此少的设施农用地很难满足大型农业企业发展现代农业的需要,甚至基本的管理与办公用房都难以落实;另一方面,在农业产业功能向外延伸的过程中,如产业链条延伸(包装、加工等)、产业功能延伸(如休闲、观光、旅游等)等,产业主体尤其是龙头企业大多参与土地流转,都不是瞄准低端的传统农业生产,而是定位于高端、高附加值或多功能产业发展方向,有的甚至想借助农业发展之名发展养生、会议、餐饮等高档会所(李双鹏和陈永富，2014；杨智钧，2015），这必然要占用农用地建造相应的房屋和配备设施。所以，设施农用地的满足程度及来源、方式在很大程度上决定了产业发展的效果，这就需要创新设施农用地与产业发展协同的"为我所用，不为我有"的供地模式，拓展用地思维。

8.2.2　设施农用地来源

在政策层面，设施农用地使用数量受限的情况下，其用地来源的拓展与挖掘在很大程度上决定了设施农用地的规模及产业发展的程度。目前来看，产业主体在获取设施农用地的过程中，渠道较为单一，仅以政策允许的方式与数量为主(吴晓林和胡柳，2014)，很少探索新的来源渠道与可行做法，致使产业发展受限。但是，由于现代农业产业发展尚处于起步阶段，涉及多功能农业的相关研究也仅在近几年才频繁出现，而针对设施农用地的研究则相对较少，这也对解决实践中设施农用地渠道单一的问题有一定影响。实践中，设施农用地来源单一的原因主要在于两大方面：一方面是政策层面没有"缺口"，不仅在数量上有一定要求，而且在用地性质上也有规定(如非基本农田、非永久性建设等)，主体是不能突破的；另一方面，业主依靠自己手中掌握的要素资源，对地方政府的引资行为进行施压，要求不仅设施农用地要满足数量要求，而且在空间位置上必须连片，区位优势要好，视野要开阔，以便多功能产业的发展，创造更多的经济收益，但这样苛刻的要求地方政府是不会也不敢满足的，因为大量连片的设施农用地出现会导致严重的后果。这两方面因素造成目前设施农用地的来源渠道单一，需求缺口较大。

目前看，部分地方国土部门对国家设施农用地的政策不甚了解，有的甚至认为只要流转区基本农田面积不减少，其在空间上的摆放位置可以适当调整，这样做的目的就是要尽量将设施农用地安排在集中连片的区位。其实，这是一种过于极端的想法。首先，在农业发展转型过程中，国家出台相应的设施农用地政策也不无道理，要通过这一政策把现代农业的发展限制在农业而不是旅游业的范畴，把农业限制在第一产业而不是第二产业的轨道上，即农业发展的内涵不能变，但在农业发展过程中可以适当地拓展农业生产的基本功能，如观光、包装、加工等。按照这样的定位，农业发展中的设施农用地需求就不会也不应太多，产业发展规模的 3%~5%完全足够。设施农用地上限总规模 20 亩，表明了国家对土地流转总规模的担忧，部分公司、企业以为手中掌握的要素资源丰富，动辄想流转土地千亩以上(有的甚至达 5000 亩之多)，在这种情况下，如不限制设施农用地的上限就有可能导致其无序膨胀，影响农业产业发展。

另外，公司、企业流转大规模的土地根本就没有任何依据，如果不能摸清资源、不能做实规划、不能知己知彼，流转的土地越多风险越大，当地政府和农民心里越不踏实。实践过程中，公司、企业常常流转土地千亩以上，因受市场波动、自然灾害、经营不善等的影响，不但盈利甚微，就连农户的土地租金都很难支付，这样，农户的租地风险、企业的经营风险传导至社会就是政府的担保风险。因此，国家层面设置设施农用地的上限为 20亩，目的是对公司、企业经营土地规模进行约束，这层含义地方政府和公司、企业常常没能理解，致使在流转规模上地方政府也没有限制，公司、企业也没有受约束。然而，在大量劳动力外出的情况下，设施农用地问题的解决可以从农村集体建设用地入手，一方面可以将"新村城镇化与产业新村化"结合起来,互动促进;另一方面也可以将空闲、废弃与利用率低的居民点租用过来,本着"不为我有,但为我用"的原则,优化农村集体建设用地的布局。但这种整合与利用与公司、企业的要求仍有一定差距。

公司、企业高成本获得农业产业发展用地后不可能还按照流转发生地已有的产业发展方向进行布局,肯定要跳出原有的产业发展的圈子或思路转而寻找更有市场前景、更能满足消费者需求的发展路径,以此获得更大的经济收益。其中,公司、企业的共同心声就是延长产业发展的链条,按照工业化发展的理念发展农业,实施种养加、产供销一体化的产业化路径,突出农业的生态景观功能,将农业产业的生产功能向休闲、观光、体验方向发展,实施"一产+二产+三产"的发展路径。不难想象,在农业产业功能、链条延伸的过程中,公司、企业对设施农用地的需求定会大大增加。为此,不管是产业链条的延伸需要厂房、仓储等用地,还是产业功能的拓展需要公共服务设施用地,设施农用地均是一大约束性因素,对公司、企业的介入具有决定性的约束力,当然,这也是目前地方政府和公司、企业亟须破解的限制产业纵深发展的主要障碍。目前关于公司、企业设施农用地问题的破解基本陷入了"死胡同",国家层面政策不松动,而公司、企业的需求又较为紧迫、要求特殊,在这样的情况下,如不探寻其他的路径或通道,这一问题是很难解决的。其实,可以用内涵挖潜代替外延扩展,用租赁或入股的方式代替占有,提高农村集体建设用地的使用率和产出率。而且,国家政策层面已提出经营性集体建设用地可以入市进行合法、自愿地流转。

8.2.3　设施农用地使用方式

设施农用地的使用方式在产业发展的不同阶段也会有很大不同(李萍萍等,2015),产业发展阶段越高,产业结构越时尚,对设施农用地的使用方式就越有独特的要求(钟云山和姚剑,2015;高向军等,2015)。当然,这都与转入主体、产业选择、可能供设施农用地使用的土地的布局情况等有很大关系。通常情况下,种植大户、家庭农场等产业发展的阶段相对较低、产业结构较为传统(张克俊和张泽梅,2015;郭树华和李石松,2016),特别是在西南丘陵山区,这类转入主体至多处于自给型初级农业生产向贸易型商品化农业生产转换产业阶段,产业结构仍是以传统的粮油为主,少部分仍是"粮猪"型结构(林文声,2015),但大多处于由传统粮油向市场导向的经济作物或经济林果转换的阶段,土地流转的规模在 100 亩以下。对于这类转入主体,由于产业发展阶段、产业结构、产业发展规模等的约束,对设施农用地的额外需求相对较小,常使用农村集体建设用地中的自家宅基地、院坝或道路边等,具有较强的临时性,部分相对较大的大户或家庭农场可能会使用邻居家的相关用地。但这些设施农用地均是以免费的方式临时使用,不需要提供额外费用,具有无偿性、临时性。

合作社作为介于大户、家庭农场与公司、企业间的特殊转入主体,它带有家庭合作的高级合作特性,又具有公司、企业拥有的低级要素资源特征,体现为典型的"乡土"性。合作社流转土地后,常以租赁或入股的形式将农户的土地集中起来(黄祖辉等,2014),产业发展既有传统性又带有现代性,产业发展阶段处于中期阶段,生产出的产品以参与市场销售为主，有明显的市场导向性，规模化、产业化开始显现，产供销一体化链条基本形成，加工、包装等附加值在农产品销售中已有体现。产业结构相对较为复杂，传统粮油作物种植相对较少，有明显的市场导向，适应市场需求和城乡居民销售导向的果蔬、花卉、苗圃等占据主导地位，产业内部的分工也相对明晰和完善。设施农用地常以当地乡(镇)或村社提供集体建设用地为主，如原来撤乡并镇、学校撤并留下的办公场所，以及新建村社办公地等。然而，这部分设施农用地的使用常以租赁付费的方式在一定时间内使用。合作社的生产规模、产业发展阶段和产业结构都优于种植大户、家庭农场，设施农用地的用途也有较大差异，主要用于包装、加工、集中展示与销售等，且使用期限相对较长，具有有偿性、定期性。

公司、企业是最高级的土地流转主体，拥有较为雄厚的要素资本，常将土地以租赁或少部分入股的形式集中起来，用于发展独具地方特色且市场需求大的"名、特、优、奇"农产品，产业发展处于高级阶段，部分已具有明显的高值或多功能性，专门生产农产品中的"奢侈"品，市场导向好，有较好的规模化、产业化格局，订单化、直销化、电商化等是它们流转土地后产业发展的主要选择。产业结构较为复杂，但传统的粮油作物在公司、企业中很少涉及，即便涉及也是以具有特殊功能的"名、特、优、奇"产品为主，如功能型食品、药用食品等，富硒茶、紫薯、黑花生等就是典型案例。当然，也有部分粮油作物是服务于休闲农业和特色农业的，如油菜花服务于休闲、观光，高粱服务于酿酒，等等。

对于公司、企业介入的土地流转，一方面它们不是单独地搞农业产业生产，而是侧重于包装、加工、品牌建设或多功能农业等，对设施农用地的需求较大；另一方面，它们对设施农用地的要求相对较高，如不仅不愿使用已有的农村集体建设用地或乡(镇)遗留的原建设用地(居民点等)，而且对新批的非基本农田用地要求集中连片，且有很好的视觉效果。当然，这部分设施农用地的使用肯定是有偿的，而且至少要以临时建设用地的方式租用才行。其实，流转后设施农用地的使用方式与产业发展间的协同，均可实现低价、有偿、长期的使用，且不以耕地的非农化为代价，将原有闲置建设用地盘活是最佳途径，当然，这种途径能否实现，要以使用方的意愿与政策压力间的"博弈"为根本。

8.2.4　设施农用地满足状况

从以上分析可看出，主体对设施农用地的需求与供给间的缺口是巨大的(刘树勇等，2014；戚荣建等，2015)，尤其是公司、企业，而对种植大户、家庭农场、合作社来说缺口相对较小(吴强华，2015)。一方面，前者拥有的要素资源较为强势，产业发展的定位也较高，产业消费的对象也以高端人群为主。另一方面，前者在设施农用地的使用上或想法上均较后者复杂，期望值也更高，不想将就使用现有的闲置建设用地，通过各种手段把设施农用地设置在自己名下，不想租用或临时使用，总想将临时的非永久性建设用地变为永久性建设用地；而对于后者，则因规模小、想法少、好将就等，对闲置建设用地用于产业发展的设施农用地比较满意。国家对公司、企业介入现代农业的设施农用地进行控制，也是担心设施农用地被非农化，担心它们借助发展农业之机或空隙，侵蚀农村或农业发展空间(胡黎明和袁露影，2013；左旭阳等，2014)。

其实，工商资本介入农业是非常矛盾的(李延寿和郑继凤，2012)。一方面，现代农业的发展不能再走一家一户的老路，需要走规模化、产业化、标准化道路，这都不是一家一户能单独完成的，需要用工业化发展的理念来发展农业。另一方面，农村拥有丰富的土地资源，在工业化、城镇化的拉力作用下，加之务农机会成本较高，工农业剪刀差逐渐扩大，这样，在"推拉"理论作用下，大量青壮年劳动力外出务工或进城居住，使得农村大量承包地出现粗放利用、闲置或荒芜的现象。当然，在劳均耕地增加、耕作半径缩小、农业生产投入较大等的影响下，上述现象不可避免地会出现。毫无疑问，这一现象的出现也有有利的一面，它为农村土地资源的优化配置提供了空间和可能。在统筹城乡的过程中，城镇要素资本下乡、工业反哺农业正是切入这一点。

公司、企业利用手中拥有的大量要素资源，进入农村后，与农村丰富的土地要素进行整合，但这一整合一定要防止要素资本进入后的非农化：设施农用地的永久非农化、农业生产者的非农民化、农业生产的非粮化。其实，这"三化"都不是国家所愿意看到的，也不是国家提倡用工业化理念发展农业所期望的。但是，现阶段正需要工商资本的介入，实现多元要素资源的整合，发展独具中国特色的现代农业产业。要保证现代农业的发展不离开"农"字，防止"三化"的遍地开花，就需要从设施农用地这个"紧箍咒"入手，对公司、企业流转土地后的产业发展行为予以限制或约束，让其尽可能地将要素资源投入农业产业发展过程中。

对种植大户、家庭农场和合作社来说，设施农用地可以通过内部消耗的方式自行解决，即内涵挖潜现有闲置、粗放或利用率低的建设用地就可满足流转后产业发展的设施农用地需求，如农村集体建设用地、闲置学校或行政性办公场所等。对于公司、企业这类掌握庞大要素资源的转入主体，因在产业发展上有特殊要求，不仅实施规模化、产业化及产供销一体化，还常常将产业发展的定位瞄准高值或高端，且将农产品的附加值作为流转后产业发展的最终目标。加之，它们对设施农用地又有特殊要求，这样，在国家政策的约束和限制下，设施农用地也就不能满足公司、企业在未来发展农业产业的需求。这种不满足的现象不仅仅在现在，如果公司、企业不改变设施农用地的使用方式，它们的需求在未来很长一段时间内都不可能得到较大程度的满足。

当然，对公司、企业来说，设施农用地的缺口对土地流转与产业发展间的协同有显著影响。有些公司、企业把不能满足它们设施农用地需求作为条件对当地政府施压，常常是想方设法"要地"，而不是设法"自行解决"，从而使得它们将很少的精力用在产业发展上，将大多精力放在获取设施农用地上，反过来说，这也是限制公司、企业参与土地流转、参与产业发展的根源，未来可以从制度上做适当调整或突破，尽量突出内涵挖潜和节约集约的原则。

8.2.5　设施农用地与产业发展间协同效应

设施农用地与产业发展间协同效应的好坏在很大程度上决定了流转后产业发展的健康状况(孙清和许鹏，2012；蔡笑盈，2015)，以及流转参与主体能否从中获得预期的效益(郧文聚和张蕾娜，2015；王发明，2015)。对以租赁方式转出的农户来说，其预期效益就是流转时讨论好的租金，不管产业发展的收益如何，租金在当年均是有保证的，而对于以入股方式转出的农户，其收益的多少取决于流转时设置的股权收益，其中就与流转后产业的发展状况有很大关系，与设施农用地的来源、使用方式及满足程度相关。然而，对转入方来说，因处于转入地位，其收益的多少均由流转后的产业发展状况所决定，其中设施农用地的满足程度，包括来源与使用方式，对产业发展状况有较强的影响。对入股的农户或公司、企业来说，设施农用地与产业发展间的协同效应是它们非常关注的，这里面包括两层含义：一是设施农用地能否满足产业发展需要；二是如何使用设施农用地。

从第一层含义来说，若设施农用地不能满足产业发展需要，或即便满足但以内涵挖潜为主，这均在很大程度上满足不了公司、企业对设施农用地在数量与质量上的要求，甚至与它们的要求有很大的差距，这样，原本设置好的产业发展模式或定位，在设施农用地不能得到有效满足时，势必对产业发展或产业目标的实现有较大程度的影响，如多功能农业发展的愿望不能实现、产供销一体化模式受到一定程度的抑制、产品的市场化程度较预期狭窄，等等。这种影响传导至流转参与主体后，必然会在公司、企业转入或经营土地的热情上表现出来，如开拓市场的动力不足、投入经营管理的精力不足等，转出方农户也对转出行为产生动摇，即对转出土地的收益稳定性产生怀疑。在双方都没有积极性的情况下，土地流转的发生概率因设施农用地不能满足转入主体的产业发展需要而降低或被迫终止。

从第二层含义来说，若公司、企业得到了产业发展所需的设施农用地后，在具体利用上不能挖掘出自己的特色与优势，从而限制设施农用地与产业发展间协同效应发挥，这样的例子比比皆是。分析发现，由于产业功能定位的雷同或与周边相比没有表现出显著的比较优势，同时在设施农用地的配套上也趋于重复，进而导致在一定区域范围内不同转入主体间出现恶性竞争、互相拆台的现象，即互相争夺客源市场。因此，表面上看设施农用地对土地流转与产业发展间的协同不会产生直接、较大的影响，但实际上设施农用地是公司、企业转入主体最为关心的部分，在土地流转服务于产业发展方面，不仅仅要解决好承包耕地的集中问题，设施农用地的优化利用问题也是需要面对的。

8.3　产业功能提升和链条延伸与公共资源嫁接

8.3.1　研究区概况

江津区位于重庆市西南部，地处长江中上游，坐落于三峡库区尾端。研究区所在乡镇石蟆镇位于江津区西边，位于渝、川、黔三省(市)交界处，距离江津区约75km，距离重庆市区105km。研究区地貌属于江津区西部中丘中谷区，微地貌为浅丘、中谷、宽谷地貌，水田区以中宽谷平坝和冲田为主，耕作条件较好，耕地相对集中。研究区总体中部和东部地势高，西部和北部地势低，地势起伏较小(图8-2)。气候属于亚热带湿润季风气候，四季分明，日照时间长。土壤属侏罗纪中统沙溪庙组母质发育的灰棕紫泥土和侏罗纪中下统自流井组母质发育的暗紫泥土，以灰棕紫泥水稻土和紫色土为主。研究区水资源主要为地表水，水资源总量丰富，水质良好，适宜多种农作物生长。小桥河流经研究区1.5km，平均宽度 2.7m。根据《2016 年石蟆镇六贡村农村经济年报统计表》，六贡村（研究区）全村辖 6 个社，农户总数为 1162 户，总计人口 5375 人，其中常年从事农业的劳动力 1275 人，常年外出务工的劳动力 2016 人，农业兼业及非农人员 2084 人，农民经济收入来源主要靠种养殖业和外出务工，2016 年六贡村人均纯收入 6362 元。就六贡村从业人员结构比例而言，纯农业人员比重较小，因此需改变农业经营模式和农业生产结构，以提高农业生产效率和增加农民收入。

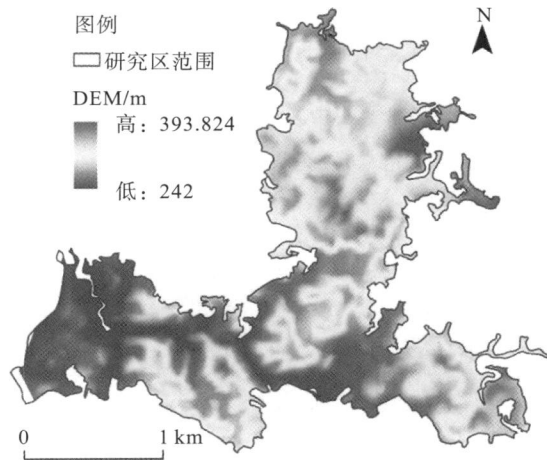

图 8-2　研究区 DEM

8.3.2　研究区农业产业现状

江津区紧邻重庆主城区，"十三五"期间，江津区着力推进"城市经济功能区域、现代农业功能区域、旅游生态功能区域"三大功能区域一体化发展。根据《江津区"十三五"国家现代农业示范区及农业发展规划（2016—2020）》，"十三五"期间江津区全面推进农业供给侧结构性改革，坚持绿色发展，转变农业发展方式，推进农业可持续发展，充分发挥现代农业园区示范引领作用。研究区内农业产业业态丰富（图 8-3），高产优质水稻粮油、橄榄、蜂蜜和葛粉等特色产品。在相关政策支持下，研究区农业产业开发潜力巨大。①高产水稻粮油示范基地。研究区成立了三关水稻专业合作社，是全区高产粮油示范基地片区，是全市农作物（水稻）新品种种植示范，该区域内已实施了田块、道路和沟渠的整治措施。其中，六贡坝片区高产稻田已经流转给重庆水饶农业开发有限公司，在重庆市江津区丰之贺农机股份合作社、江津区石蟆镇蟆城供销合作社的水稻种植及供销的大力支持下，六贡村高产"富硒水稻"品牌市场效益良好，对周边村社的粮油生产产生了良好的示范带动作用。②特色效益农业初具雏形。六贡村以生态种养殖业为主，发展了规模化优质蜂蜜，生态豆花鸡等养殖大户 4 户，形成了石蟆橄榄、石蟆硒葛粉等特色农产品种植和小桥河生态渔业养殖基地。在重庆市江津区橄荔龙槐蜜蜂养殖股份合作社的大力支持下，利用现代互联网+网络技术，实行农产品网络销售。特别是石蟆橄榄通过网销渠道销售，取得了良好的经济效益，更加坚定了种植大户对扩大规模种植特色农产品的信心。③乡村生态旅游。研究区六贡村内的荔园度假中心已经开园多年，基本形成了集生态采摘荔枝龙眼、荷田观光及垂钓、蜂蜜养殖、农庄休闲住宿为一体的休闲观光农业园区，加之该度假中心在富硒大米、富硒葛粉等农产品的生产、管理、加工及销售等环节上为全村及周边乡镇提供技术及服务，纵向、横向拓展了农业产业链，提高了农产品的附加值，市场潜力巨大。

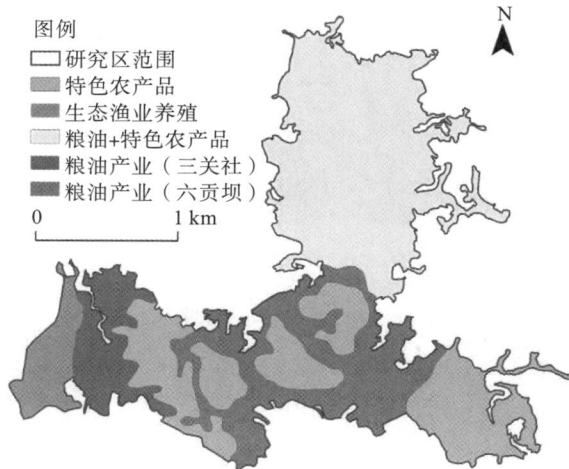

图 8-3　研究区产业发展地域分布(见彩版)

8.3.3　产业功能提升、链条延伸与设施农用地嫁接途径

基于产业发展的现状分析，研究区有三种农业产业类型，相互之间有机结合，形成研究区产业网络。农业产业主体及其经营范围见表 8-1。对于设施农用地的使用，涉及的使用主体包括合作社、公司，当然，研究区内部土地并没有完全流转，散户也是主体之一。依据前面的分析，不同的经营主体对设施农用地的要求不同。公司、企业因其高端的发展理念，需要大面积、连片且呈现出较好视野的土地作为设施农用地。合作社带有一定的市场化、专业化特征，但没有公司要求那么高，乡村一般的闲置用地即可满足其需求。散户一般利用自家庭院即可。通过调研发现，产业主体需要的设施农用地主要包括晾晒场、农机具置放场地、办公室、装卸场地、鸡棚、住宿房屋、观光道路等。基于国家现有法律法规对设施农用地使用的相关规定，设施农用地占用集体用地分为两种：占用集体建设用地和集体农用地。其中，依据"法无禁止皆可为"的原则，占用集体建设用地作为设施农用地一般不作违法行为处理，而占用集体农用地则是违法行为(陈矫健，2016)。因此，研究区在确定产业主体所要用的设施农用地时，首先考虑现有集体建设用地。研究区内建设用地主要类型包括居民点(把所有呈现为房屋状态的都归为居民点)、道路设施、灌排设施等，主要为前两类(图 8-4)，对设施农用地的挖掘主要从这些地类入手。

表 8-1　研究区内产业主体及其业务信息

产业类型	组织名称	具体业务	设施农用地
粮油	三关水稻专业合作社	水稻生产	晾晒场
	重庆水饶农业开发有限公司	水稻生产	晾晒场、办公室
	风之贺农机股份合作社	提供水稻生产所用的农机具	农机具置放场地
	石蟆镇蟆城供销合作社	提供水稻供销服务	办公室、装卸场地
特色农业	小桥河生态渔业养殖基地	渔业养殖	办公室、鱼苗室、饲料等置放地
	橄荔龙槐蜜蜂养殖股份公司	特色农产品销售(互联网)	办公室
	其余养殖大户 4 户	蜂蜜、生态豆花鸡等养殖	鸡棚
乡村旅游	荔园度假中心	采摘、观光、养殖、住宿,同时为富硒大米、富硒葛粉生产、管理、加工、销售提供技术服务	修建住宿房屋、办公室、观光道路等

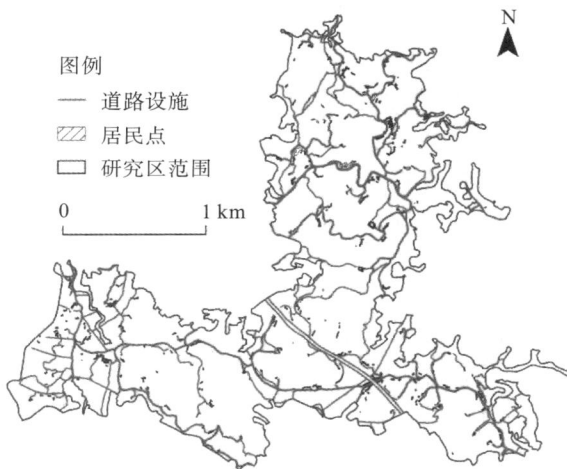

图 8-4　研究区现状主要建设用地

(1)粮油晾晒场地选择。研究区粮油产地主要有 3 个模块。重庆水饶农业开发有限公司在收割时往往采用收割机,批量收割完后可一次性运输到大型晾晒场,这需要晾晒场位于交通便利和地形较为宽阔的地方。这种地方往往位于多户农家面向而居之处,其共用一个晾晒场,晾晒场面积较大,可通过向这些农户预定并提前支付一定费用,借用其场地,也可以使用村里废弃学校,学校往往带有操场,可作为晾晒场地。合作社可向社员借用晾晒场地。

(2)农机具置放场地。农机具置放场地主要考虑公司和企业的需求,在符合研究区土地利用规划的前提下,应该充分考虑当地已有的交通条件,接近主要公路,布置在作物种植相对集中的区域。此外,还需要有充足的水源、电源和良好的通风条件,尽量利用集体建设用地。合作社与散户若是租用专业农机具公司提供的农业机械,则无须考虑置放场地;若是自己家里有,则分散放置在社员家中即可。

(3)办公室选址。散户不需要办公场地。合作社往往只需要一间办公室即可,其面对的对象多为当地的居民,这间办公室可以是社员闲置的房屋,交通便利和靠近耕作区,可以通过向社员付一定租金以保证长期使用。公司对办公室要求较高，其面对的对象包括客户、农户，需要环境清雅干净，保证水、电、网络稳定，这不是一间房可以解决的，往往还需要附带卫生间、会客室等。重庆水饶农业开发有限公司、橄荔龙槐蜜蜂养殖股份公司、荔园度假中心、小桥河生态渔业养殖基地即属于这一类。其中，橄荔龙槐蜜蜂养殖股份公司主要为网络销售，办公场地应就近村镇中心，便于与外界交流，基础设施配套良好，公司通过租用房屋进行改装即可。重庆水饶农业开发有限公司、荔园度假中心、小桥河生态渔业养殖基地的业务与农业生产息息相关，办公场地应靠近耕作区和交通便利的地方，以便实时监管。合理利用国家批准的设施农用地面积，不足的部分再通过租用当地闲置村办公室、废弃学校等场地弥补。

(4) 旅游观光住宿、观光道路等用地。发展休闲农业与乡村旅游是延长农业产业链、增加农民收入的有效途径。有的设施农业比如水产养殖，其本身的生产过程就颇具观赏性，如果周围山清水秀，基础设施配套齐全，就基本上具备了进一步发展休闲农业与乡村旅游的条件。荔园度假中心提供集生态采摘荔枝龙眼、荷田观光及垂钓、蜂蜜养殖、农庄休闲住宿为一体的休闲观光服务，可把服务体系涉及的设施融入旅游体系中，旅游设施用地需按照建设用地管理，不属于设施农用地范畴，应该根据本地的耕地保护形势，确定耕地保护容忍度，严格规定旅游设施用地只能使用未利用地和低效闲置的存量用地，对占用耕地零容忍(杨树凌，2011)。因此，荔园度假中心在修建住宿房屋、布局观光小道时，尽量使用未利用地，避免占用耕地。小桥河生态渔业养殖基地本身就颇具观赏性，只需配套部分垂钓遮阳伞、座椅等，不改变土地利用类型。

8.4 公共资源嫁接技术凝练

非农建设用地分散利用的思路主要适用于产业发展的功能提升阶段，且对地势相对平缓的河谷平坝区有较强的适用性。它将产业功能的提升诉诸"一心多点式"的非农建设用地解决途径而整体优化土地利用的格局，避免了产业功能提升阶段功能延伸受设施农用地约束较强的问题。集新村、原宅基地、村公共服务设施用地与设施农用地、非农用地于一体，货币化租赁或入股后，形成"一心多点"格局，解决设施农用地受限对大的工商企业的影响，就地挖掘已有农村建设用地的潜力。依据产业发展的总体布局及设施农用地的供求差距，将新建、改建和保留居民点与村公共服务设施一起打造为适应产业发展阶段的类似设施农用地用途的农村集体建设用地。

8.5 小　　结

随着我国农业现代化的推进，农业产业链不断延伸，并且一、二、三产业相互融合，设施农业的发展对用地需求增加。考虑到国家对设施农用地使用规模的严格要求，且相关的规章制度越来越规范，设施农用地来源成为农业产业业主需要面对的难题，解决这个难题可有效盘活农村土地，助力乡村振兴。依据设施农用地的大体分类，根据乡村现有可利用资源，可分类探索出其用地来源。由于农村居民各家各户都有预留院坝晾晒谷物的习惯，所以晾晒场问题可通过协调借用、租赁当地农家院坝来解决；农机具置放场地对环境有一定要求，尽量利用集体建设用地中水、电充足且通风良好的弃用场地；办公室可选用闲置的村办公室、弃用的学校教室等；旅游观光住宿、观光道路等用地可融入旅游体系中，尽量使用未利用地，避免占用耕地。通过挖掘农村闲置、废弃的集体建设用地，可有效减少设施农用地占用耕地的面积。

第9章 建设用地挖潜区可整治出地类的评价技术

2005 年 10 月,国际地圈生物圈计划(international geosphere-biosphere program,IGBP)、国际全球环境变化人文因素计划(international human dimensions programme on global environmental change,IHDP)联合提出了全球土地计划(global land project,GLP),其关于土地资源的相关研究不仅成为各国学术界的研究热点,同时也成为公众和管理决策界的焦点(蔡运龙,2001;Ojima et al.,2005;朱晓华等,2010)。国土综合整治作为实现乡村空间重构和土地资源优化的重要举措,社会各界对其理论、方法和技术等都开展了一系列研究。已有的大量土地资源研究往往基于宏观视角,对全球或区域尺度的土地资源空间结构、动态变化及其驱动力进行研究,并进行了模拟和预测(刘纪远,1996;龙花楼和李秀彬,2001;Lambin et al.,2001),但专门针对建设用地挖潜区这一特殊对象的研究较为少见。建设用地挖潜区是建设用地整治潜力较大的区域,也是提高土地节约集约利用效果最明显的区域。在这一区域,如何对可整治出土地类别进行快速分类、识别与功能评价,是影响土地整治效率、效果的关键因素。建设用地挖潜区人口集中,受人为扰动较大,大部分为农村建设用地、城镇低效用地和工矿废弃用地等,但随着城镇化进程的加快、生态文明建设的推进,一些建设用地出现闲置、废弃、低效利用等问题。同时,伴随新农村建设、土地流转、产业重构等的纵深推进,原有建设用地需要重构、再造或升级。因此,国土综合整治和生态修复作为建设用地挖潜区实现乡村振兴和美丽乡村建设的重要手段,对可整治出土地类别进行快速分类、识别与功能评价将是其需要解决的首要问题。为此,本章提出建设用地挖潜区可整治出土地类别快速分类、识别与功能评价的技术思路与路线,并以重庆市武隆区莲池村宅基地为例,深入开展建设用地挖潜区可整治出土地类别的快速分类、识别与功能评价技术探讨,以期为这一区域国土综合整治中可整治出土地类别的快速分类、识别与功能评价提供科学依据。

9.1 材料与方法

9.1.1 研究区概况

莲池村位于重庆市武隆区白云乡,距武隆城区 57km,距重庆市区 128km,截至 2018 年总人口 1725 人,外出务工率为 57.07%,农村宅基地闲置和废弃现象突出。该村所在的白云乡地处云贵高原、大娄山系的延伸部分和川东平行岭谷褶皱带的过渡区域,属盆周武陵山岩溶中低山地貌区。气候上属中亚热带湿润季风气候区,气候温和,水热资源丰富、雨热同季，立体气候明显，全年日照时数平均为 1310h，每年 7～8 月日照较充足，平均超过 200h，年平均气温 14.8℃，多年平均降雨量 1190mm。村内有溪沟 5 条，多年平均总流量为 0.49m³/s，是村内重要的灌溉水源和排洪走廊。研究区光、热、水、土条件适宜，适宜农业生产，是西南山区传统农业区域，产业发展以传统的粮食种植业、养殖业为主，在西南山区具有典型性和代表性。

9.1.2　数据来源与处理

1.　数据来源

研究区土地利用现状图（2015 年）、土地利用规划图（2006～2020 年）、1∶2000 地形图来源于武隆区国土资源和房屋管理局；DEM 图由课题组人员根据研究区 1∶2000 地形图制作；农村宅基地的现状（使用、闲置、废弃、数量、分布等）由武隆区土地整理储备中心提供的土地整治利用现状图件和课题组人员调查所得。

2.　数据处理

利用土地整治项目施工前勘测的等高线，运用 ArcGIS 10.2 的空间分析功能，创建 TIN并将其转换为 DEM；根据武隆区国土资源和房屋管理局提供的.dwg 格式的土地利用现状图（2015 年），将其转换为.shp 格式，利用 ArcGIS 10.2 的空间分析与叠加功能叠加研究区范围红线，生成研究区土地利用现状图；从武隆区土地整理储备中心提供的土地整治利用现状图中提取农村宅基地分布图，再通过实地调研确定农村宅基地的性质（图 9-1）。

闲置宅基地　　　　　　　　　　　　　　　废弃宅基地

使用中的宅基地

图 9-1　研究区宅基地现状

9.1.3 研究方法

1. 单项适宜性指数计算

农村宅基地适宜整治方向综合适宜性指数采用加权指数和法计算，公式为

$$C = \sum_{i=1}^{i} (w_i N_i)$$

式中，C 为农村宅基地适宜整治方向综合适宜性指数；w_i 表示第 i 个评价因子的权重值；N_i 为第 i 个指标分值；i 为参评指标个数。

2. 可整治出土地类别判定

综合耕地、建设用地和林地适宜性分析结果，按照两项原则进行可整治出土地利用类别判定：一是最适宜原则，即某土地单元的土地利用适宜性为单项适宜性分析中的最适宜土地利用类型；二是当三类土地(耕地、林地、建设用地)利用适宜性冲突时，按照耕地—林地—建设用地的顺序确定优先等级。

9.2 建设用地挖潜区可整治出地类快速分类

9.2.1 分类原则

①科学性原则。农村宅基地利用现状既是未来优化的客观基础，又是人类长期生活、利用改造土地的结果，能较全面地记录和反映土地利用的本质特征和土地利用之间的差异，它和农村宅基地未来的发展方向共同成为对农村宅基地可整治出土地类别进行分类必须坚持的科学性指标。②适用性原则。农村宅基地可整治出土地类别的划分，必须考虑经济建设、自然条件和生态建设需求，把农村宅基地可整治出土地类别与土地利用现状分类因地制宜地结合起来，使分类更能满足类别识别的需求。③尺度适应原则。尺度问题对土地资源和农村宅基地的研究具有重要的作用和影响，分类尺度的不同会引起图斑面积、空间结构等信息的变化。因此，不同的土地类别分类要与相应的研究尺度对应。

9.2.2 分类依据

建设用地挖潜区可整治出土地类别分类参照《土地利用现状分类》(GB/T 21010—2017)。该标准按照土地管理的需求和分类学原理来进行土地利用现状类型的划分和归纳，共划分一级类 12 个，二级类 57 个。参照此国标和农村宅基地整治相关经验以及对已有宅基地整治出的土地类别进行统计分析，将建设用地挖潜区可整治出土地利用类别分为耕地、林地和建设用地。

9.2.3　可整治出土地类别的快速分类

对农村宅基地可整治出土地类别进行识别时应坚持的一个基本原则，就是一个地块只能整治出一种土地类别，且所有待整治宅基地都有整治土地类别。因此要从整体上把握农村居民点整治土地类别的识别，确保土地类别识别的逻辑顺序正确，否则会对识别结果的准确性与识别工作量产生十分不利的影响。鉴于此，提出利用将适宜性评价与三角模型相结合的方法进行可整治出土地类别的识别。

1. 评价单元划分

参考现有文献，目前评价单元的划分标准主要有以下 7 种(苏壁耀，1994；郭青霞，2002；杜建平等，2018)：①依据土地利用分类体系，以土地利用现状分类单元为评价单元；②以土地资源类型单元为评价单元；③依据土壤分类系统，以土壤类型单位(类、属、种)为评价单元；④以行政单位为评价单元；⑤以土地权属为评价单元；⑥以网格单元为评价单元；⑦以多因素叠置形成的同质单元为评价单元。鉴于识别农村宅基地可整治出的土地类别是从微观尺度确定农村宅基地的整治方向，考虑研究区域的大小、数据的准确性和研究结果的实用性，宜选择村宅基地分布图斑为评价单元。

2. 农村宅基地可整治出土地类别适宜性评价指标体系构建

影响农村废弃、闲置宅基地整治方向的因素很多，包括距道路距离、周围地类情况、宅基地面积大小、村镇规划、产业发展情况等，但考虑到整治方向识别的便捷性和快速性，构建指标体系的影响因子不应太多，影响因素选取也不应面面俱到，只需考虑那些对整治方向具有显著影响的关键因子。鉴于此，通过主成分分析筛选出对整治方向具有显著影响的 3 个因子构建农村宅基地整治方向快速识别与分类的适宜性评价指标体系(表 9-1)。周边地类情况对宅基地的整治方向影响较大，考虑到景观的协调性、土地利用的规模经营，宅基地整治方向应尽量与周边地类相同，周边地类越接近整治方向，越适宜该方向的整治；

表 9-1　农村宅基地可整治出土地类别适宜性评价指标体系

影响因子	权重	分级标准	耕地方向	建设用地方向	林地方向
周边地类	0.64	耕地	100	60	60
		建设用地	60	100	20
		林地	20	20	100
面积	0.10	$<112.09m^2$	100	100	100
		$112.09\sim228.79m^2$	60	60	60
		$>228.79m^2$	20	20	20
整治意愿	0.26	耕地	100	60	60
		建设用地	60	100	20
		林地	20	20	100

面积对整治方向也存在一定影响,面积越大越适宜耕地的规模化经营,越小越不适宜整治利用;整治意愿指公众对闲置、废弃宅基地整治为农用地、建设用地或生态用地的意愿。本章通过实地调研,对莲池村农户、村镇干部、国土管理干部发放调查问卷,统计其对闲置、废弃宅基地整治利用的意愿。

鉴于不同影响因子对可整治出土地类别识别的重要程度不同,本章采用德尔菲法对评价指标体系的不同影响因子进行赋权。

9.3 可整治出土地类别确定与功能评价技术

9.3.1 莲池村土地利用结构

截至 2018 年,莲池村总面积为 565.09hm^2(表 9-2)。其中,耕地面积 228.98hm^2,占总面积的 40.52%;园地面积 2.62hm^2,占总面积的 0.46%;林地面积 249.84hm^2,占总面积的 44.21%;工矿仓储用地面积 0.79hm^2,占总面积的 0.14%;住宅用地面积 23.95hm^2,占总面积的 4.24%;特殊用地面积 0.04hm^2,占总面积的 0.01%;交通运输用地面积 10.97hm^2,占总面积的 1.94%;水域及水利设施用地面积 6.70hm^2,占总面积的 1.19%;其他土地面积 41.20hm^2,占总面积的 7.29%。

表 9-2 莲池村各土地利用类型面积及比例

项目	耕地	园地	林地	工矿仓储用地	住宅用地	特殊用地	交通运输用地	水域及水利设施用地	其他土地	总计
面积/hm^2	228.98	2.62	249.84	0.79	23.95	0.04	10.97	6.70	41.20	565.09
比例/%	40.52	0.46	44.21	0.14	4.24	0.01	1.94	1.19	7.29	100

9.3.2 莲池村宅基地用地情况

截至 2018 年,莲池村有宅基地 462 宗,面积 23.95hm^2(表 9-3),占总面积的 4.24%。使用中、闲置和废弃宅基地宗数分别占该村宅基地总宗数的 69.92%、19.91%、10.17%,三者面积各占该村宅基地总面积的 71.27%、19.75%、8.98%(图 9-2)。

表 9-3 莲池村宅基地情况

类别	宗数		面积	
	数量/宗	比例/%	大小/hm^2	比例/%
使用中	323	69.92	17.07	71.27
闲置	92	19.91	4.73	19.75
废弃	47	10.17	2.15	8.98

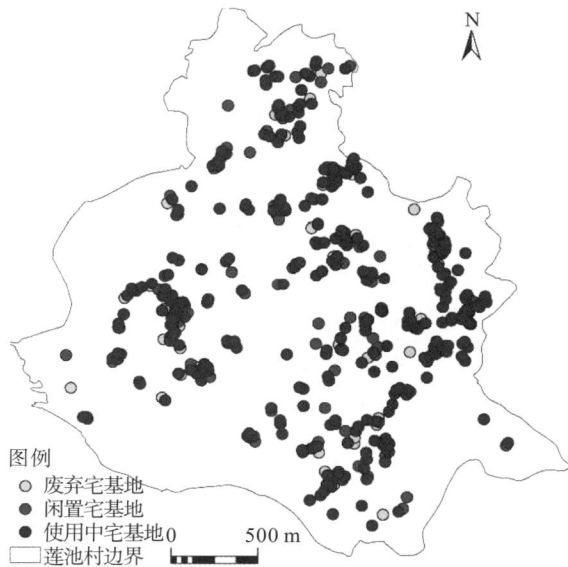

图 9-2　莲池村宅基地使用状况图（见彩版）

9.3.3　莲池村宅基地可挖掘潜力

通过实地踏勘调研发现，莲池村闲置和废弃宅基地面积较大，总面积达 6.88hm²，折合 103.20 亩，占莲池村宅基地总面积的 28.73%。按全村在家务农人口 741 人计，全村人均可直接整治土地面积约 0.14 亩。由此可见，莲池村宅基地整治潜力较大，是未来挖潜的方向。

9.3.4　莲池村宅基地可整治出土地类别的适宜性结果分析

通过计算莲池村闲置和废弃的 139 块宅基地不同整治方向的适宜性指数，得到了各评价单元不同整治利用方向的适宜性指数范围，其中耕地为 24~100、建设用地为 24~100、林地为 28~100，其平均值分别为 80.67、59.43、64.60，均大于 50，表明研究区整体条件较好，基本适宜于不同整治方向，但同一地块不同整治方向结果差异较大，应对比不同整治方向适宜性指数进而确定最终整治方向。

1. 不同整治方向适宜性分析

结合已有研究，将耕地、建设用地和林地整治方向适宜性指数划分为三级：Ⅰ级（最适宜）、Ⅱ级（适宜）和Ⅲ级（不适宜）。然后通过空间可视化和统计分析得到各复垦利用方向的适宜等级分布图和各等级面积（表 9-4）。

表 9-4　可整治出土地利用类别适宜等级面积及比例

整治方向	Ⅰ级（最适宜）		Ⅱ级（适宜）		Ⅲ级（不适宜）	
	面积/m²	比例/%	面积/m²	比例/%	面积/m²	比例/%
耕地	9668.84	57.15	3440.54	20.33	3810.26	22.52
建设用地	2997.09	17.71	10217.29	60.39	3705.26	21.90
林地	3810.26	22.52	10201.76	60.30	2907.62	17.18

表 9-4 和图 9-3 表明，莲池村待整治宅基地对不同整治方向的适宜性略有差别，耕地方向适宜性呈"漏斗"形分布：Ⅰ级（最适宜）面积最大，占比 57.15%；Ⅱ级（适宜）面积最小，仅占 20.33%；Ⅲ级（不适宜）面积居中，占比 22.52%。耕地方向中Ⅰ级（最适宜）宅基地在莲池村呈大面积分散分布，占待整治宅基地总面积的 57.15%，这些地块周边地类均为耕地、农民复耕意愿强；耕地方向中Ⅲ级（不适宜）待整治宅基地主要分布在莲池村的南部，占待整治宅基地总面积的 22.52%，这些地块面积较小，周边地块多为林地，不适宜将其整治为耕地。

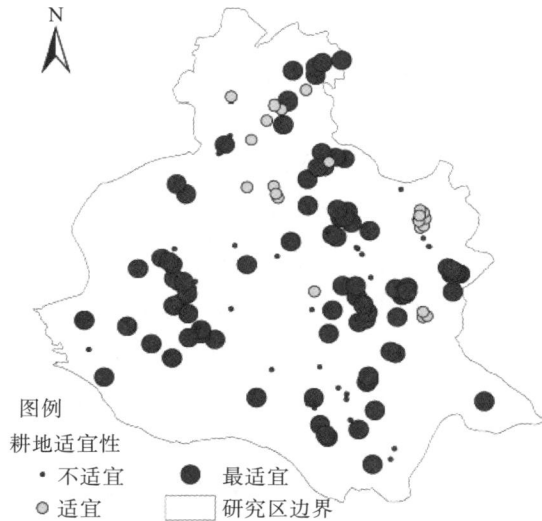

图 9-3　莲池村待整治宅基地可整治出耕地适宜等级分布

由表 9-4 和图 9-4 可知，莲池村待整治宅基地的建设用地整治方向适宜性呈"橄榄"形分布：Ⅱ级（适宜）面积最大，占比 60.39%；Ⅲ级（不适宜）面积次之，占比 21.90%；Ⅰ级（最适宜）面积最小，仅占 17.71%。建设用地方向中Ⅰ级（最适宜）宅基地主要分布在莲池村的东北部，占待整治宅基地总面积的 17.71%，这些地块周边地类均为宅基地，宅基地性质多为闲置宅基地；建设用地方向中Ⅲ级（不适宜）待整治宅基地在莲池村主要呈分散分布，占待整治宅基地总面积的 21.90%，这些地块周边地类多为林地和耕地，不适宜将其整治为建设用地。

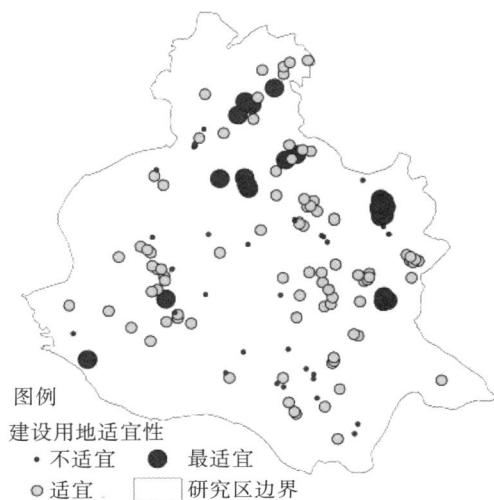

图 9-4　莲池村待整治宅基地可整治出建设用地适宜等级分布

　　由表 9-4 和图 9-5 可知,莲池村待整治宅基地的林地整治方向适宜性亦呈"橄榄"形分布：II 级(适宜)面积最大，占比 60.30%；I 级(最适宜)面积次之，占比 22.52%；III 级(不适宜)面积最小，仅占 17.18%。林地方向中 I 级(最适宜)宅基地在莲池村主要呈零星分散分布，占待整治宅基地的 22.52%，这些地块周边地类均为林地，宅基地性质多为废弃宅基地；林地方向中III级(不适宜)待整治宅基地主要分布在莲池村东北部，占待整治宅基地总面积的 17.18%，这些地块周边地类多为耕地或宅基地，不适宜将其整治为林地。

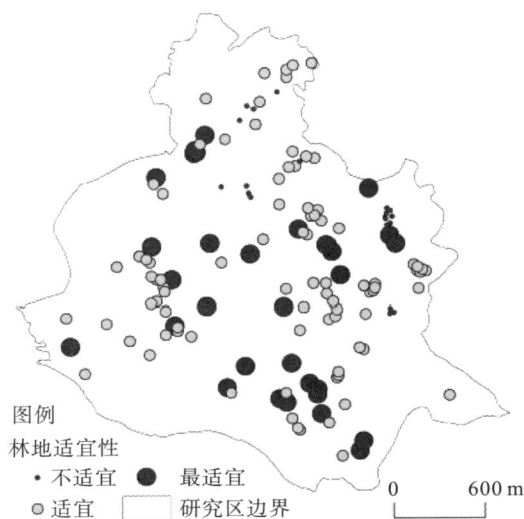

图 9-5　莲池村待整治宅基地可整治出林地适宜等级分布

2. 可整治出土地类别确定

按照最适宜原则，即某评价单元的整治综合适宜性为单项适宜性分析中分值最高的整治方向，当耕地、建设用地和林地的单项适宜分值相同时，按照耕地—林地—建设用地的顺序确定各待整治宅基地的综合适宜整治方向（表9-4，图9-6）。通过统计分析并结合待整治宅基地综合适宜性空间分布图，结果表明最适宜整治为耕地的宅基地图斑数为88个，占数量总和的62.59%，面积为9668.84m^2，占总面积的57.15%，这些地块周边地类均为耕地，农民的整治意愿多为整治为耕地；最适宜整治为建设用地的宅基地图斑数为20个，占数量总和的14.39%，面积为2997.09m^2，占总面积的17.71%，这些宅基地性质多为闲置宅基地，周边地类为宅基地；最适宜整治为林地的宅基地图斑数为32个，占数量总和的23.02%，面积为3810.26m^2，占总面积的22.52%，主要为周边被林地包围的地块。

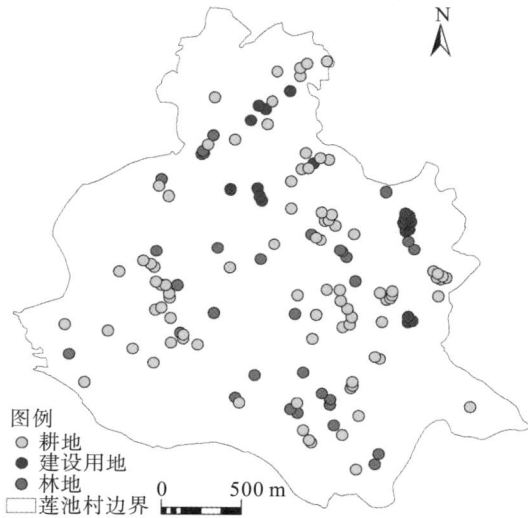

图9-6　莲池村待整治宅基地整治出的地类分布

9.4　可整治出地类快速识别与功能评价技术凝练

针对农村宅基地的建设用地挖潜区可整治出土地类别的快速识别、分类与功能评价技术，就是根据闲置和废弃的农村宅基地所处的区位条件和自身属性等因素采取一定方法快速识别出适宜的整治方向，并对适宜方向进行功能评价的技术。其技术思想主要是借助土地适宜性评价思想及方法对闲置和废弃宅基地进行适宜性评价。第一，通过实地调查区分出研究区宅基地的性质，包括哪些是正在使用的、哪些是闲置空置的、哪些是废弃破败的。第二，分别构建由选取的关键影响因子构成的研究区宅基地可整治出的耕地、林地和建设用地三种方向适宜性评价体系，并通过熵权法确定各评价因子的权重，再利用加权指数和法计算待整治宅基地的适宜性指数。第三,在单项适宜性评价基础上根据可整治出土地类别判定原则进行最终判定,进而识别出宅基地的适宜整治方向。

9.5　小　　结

山区地形地貌复杂多样,土地利用类型镶嵌分布,特别是农村居民点具有分散布局、单块规模小、地类间关系复杂等特点,在农村集体建设用地挖潜过程中,如何考虑地形地貌、周围地类状况、交通区位等因素,快速地确定可能整治出的地类类别,并对其未来的复垦方向和使用功能进行评价是非常重要的。

参照《土地利用现状分类》(GB/T 21010—2017)和农村宅基地整治相关经验以及对已有宅基地整治出土地类别进行统计分析,将可整治出的土地类别分为耕地、建设用地和林地三类。在此基础上,构建了由周边地类、面积和整治意愿三个关键因子构成的适宜性评价体系,分别对耕地、建设用地和林地三种可整治出的地类进行单项适宜性评价,并利用最适宜原则对建设用地挖潜区可整治出的土地类别进行确定。在本章提出的建设用地挖潜区可整治出土地类别的快速分类、识别与功能评价技术思路与技术的基础上,以武隆区莲池村为研究区进行实证。

(1)参照《土地利用现状分类》(GB/T 21010—2017)和农村宅基地整治相关经验以及对已有宅基地整治出的土地类别进行统计分析,可知建设用地挖潜区可整治出土地利用类型分类有据可依,简单易别,符合山区实际,有利于建设用地挖潜区可整治出土地利用类型的快速识别与判定。

(2)鉴于篇幅,本章仅以重庆武隆区莲池村为例进行实证,取得了良好的效果,以宅基地为研究对象,通过实地调查,确定了宅基地的使用、闲置和废弃性质,不仅能反映出研究区的宅基地利用结构,还能测算出该村宅基地的整治潜力,为该村宅基地可整治出土地类别的快速识别提供参考。

(3)以适宜性评价为基础的建设用地挖潜区可整治出土地利用类型的快速识别方法简单易行、经济成本低、识别速度快,能较好地满足建设用地挖潜区土地利用类型快速识别的技术需求。对武隆区莲池村进行实证的结果表明,最适宜整治为耕地的宅基地图斑数为88 个,占数量总和的 62.59%,面积为 9668.84m^2,占总面积的 57.15%,这些地块周边地类均为耕地,农民的整治意愿多为整治为耕地;最适宜整治为建设用地的宅基地图斑数为20 个,占数量总和的 14.39%,面积为 2997.09m^2,占总面积的 17.71%,这些宅基地性质多为闲置宅基地,周边地类为宅基地;最适宜整治为林地的宅基地图斑数为 32 个,占数量总和的 23.02%,面积为 3810.26m^2,占总面积的 22.52%,主要为周边被林地包围的地块。经实地踏勘验证,快速识别与功能评价的结果是正确的,符合山区复杂的地貌特点和分散的居民点的实际情况。

第10章 宅基地复垦工程比选和附属物利用技术

早在 2005 年国土资源部就出台了《关于规范城镇建设用地增加与农村建设用地减少相挂钩试点工作的意见》（国土资发（2005）207 号），在天津、浙江等 8 个省（市）开展了试点工作；2008 年 6 月，国土资源部为支持重庆市统筹城乡综合配套改革试验区建设，批准重庆市为城乡建设用地增减挂钩地区，重庆市委、市政府根据重庆市地形复杂、地貌多样、居民点分散等特点，结合增减挂钩这项新的土地管理政策，提出了地票概念，并于 2008 年 12 月 4 日挂牌成立了全国首家农村土地交易所从事地票交易，开启了将重庆市农村建设用地复垦验收后产生的指标作为地票在市场上进行交易的改革探索之旅。2008 年以来重庆市农村建设用地复垦完成 11 万亩，有效地解决了建设用地指标不足的问题，实现了耕地在数量和质量上的占补平衡。农村居民点复垦正是统筹城乡建设用地、优化农村集体建设用地与农用地空间格局、推进生态文明、建设美丽乡村的重要抓手，通过居民点复垦工作的实施，可以实现改善农村生态环境、改善农村面貌、增加有效耕地面积等，这在政府决策层、学术界形成了科学共识。

由于宅基地复垦具有多样性，既可以用于耕地补充，又可以用于林地恢复，在这种情况下宅基地复垦工程布局方案优选就显得十分重要。本章以酉阳县涂市乡大竹林村为例，通过设计复垦为耕地和林地两种方案，在土地平整工程、农田水利工程、田间道路工程以及产生的综合效益方面对宅基地复垦方案进行比选，并通过分析宅基地复垦片块拆除物存在的问题，提出宅基地复杂附属物循环再利用与处置方法，以期为今后宅基地复垦工程布局方案选择和拆除物循环利用与处置提供思路与参考。

10.1 材料与方法

研究区位于重庆市酉阳县涂市乡，涉及大林村一组至六组共计 6 个组的集体土地。研究区海拔 263～1895m，地势中部高，东西两侧低。研究区土壤类型以黄泥土为主。多年年均气温 14.9℃，最热月平均气温 25.5℃，最冷月平均气温 3.7℃，气温年较差 21.8℃。年平均降雨量 1400mm，降雨量季节分布不均，主要集中在 4～10 月，占年降雨量的 84%，11 月至次年 3 月仅占年降雨量的 16%，使农业生产用水供需脱节，造成旱、涝灾害和水土流失。研究区居民经济收入以种植农作物和外出打工为主，2018 年人均年纯收入约 4500元，人均耕地面积 0.06hm^2，主要农作物包括蔬菜、玉米、马铃薯和油菜等，耕地复种指数 160%。研究区土地类型为农村居民点，复垦面积 3.6697hm^2，其中农村宅基地 1.1167hm^2，农村宅基地附属用地 2.5530hm^2，共分为 6 个复垦片块，46 个复垦点，涉及农户 66 户。

根据复垦利用方向不同,对宅基地复垦工程布局的要求也存在差异,联系研究区实际情况,按照两种不同复垦利用方向来进行宅基地复垦工程布局方案设计:方案一,考虑以实现建设用地占补平衡,保证耕地动态平衡为目标,故将宅基地复垦为耕地;方案二,考虑宅基地复垦对于生态环境恢复具有一定作用,故将宅基地复垦为林地。

10.2　宅基地复垦片块工程布局比选

各复垦片块的坡度、交通状况、复垦利用目的等存在差异,复垦过程中的工程布局和工程量也有较大不同,复垦后新增耕地率也不同。

10.2.1　土地平整工程布局比较

方案一。考虑到研究区各片块宅基地和院坝区域以及周围部分其他附属用地地势平坦,将其规划为水平梯地,田块基本按照原片块台面进行布局,田块有效土层厚度需保证在 40cm 以上。根据实地调查,原台面间大多数保留了块石基础或堡坎,可以作为石坎,就地利用。因此,在局部台面间未修筑石坎的地方布局石坎。布局石坎全部采用石块石坎,安砌方式为浆砌,石坎顶宽 0.3m、底宽 0.35m,基槽深度为 0.25m,根据现场踏勘,以及修筑后坡式梯地和水平梯地间的高差确定石坎高度为 0.9m(图 10-1)。块石之间互相嵌实咬紧,石缝错开,分层砌筑,块石坎基础置于坚硬的基岩或土质上,从而保证石坎稳定,不垮塌。同时,对于实施面积较小、路程较远以及石料比较缺乏的片块,在田块修筑过程中,考虑保留降坡后的土坎以及原有土坎,但是须做到对田坎层层夯实,夯筑成型,保证稳定,不垮塌。经实地布局和量算,本方案在研究区共新建石坎 110m,需挖石坎基槽 9.63m^3,石坎砌筑总量为 32.87m^3。

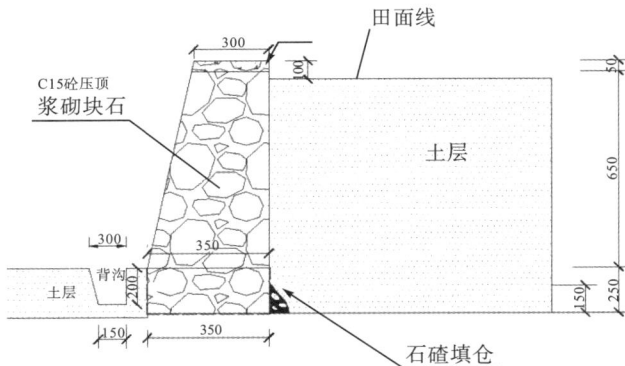

图 10-1　新建 0.9m 高石坎断面(单位: mm)

方案二。考虑到研究区各片块周边土地利用类型不全为耕地,也存在部分林草地,且相当部分复垦片块的坡度在 6°~10°,故作为林地方向复垦时不涉及田块修整,只需对宅基地上的附属物进行拆除清理，利用拆除房屋墙土、客土或对原本被附属物压实的土壤进行覆土翻耕，使有效土层厚度达到 30cm 以上，保留原本存在的石坎，用于防止水土流失。

比较发现，两种方案在土地平整工程布局设计上存在显著差异。由于两种方案宅基地复垦利用方向存在差异，所以对田块的要求也就不同，其覆土来源、覆土厚度、翻耕程度和田坎修筑量也存在差异，计算结果见表 10-1。结果表明，两种方案对宅基地拆除物和翻耕面积有着同样的需求，但是方案一对覆土厚度、覆土方量和修筑石坎长度的要求却明显高于方案二。

表 10-1　不同方案土地平整工程量对比

方案	拆除物面积/m²	翻耕面积/m²	覆土厚度/cm	覆土方量/m³	修筑石坎长度/m
方案一	12604	36697	>40	14678.8	110
方案二	12604	36697	>30	11009.1	0

10.2.2　灌溉排水工程布局比较

方案一。研究区农田水利工程主要解决水田排水、灌溉和旱地坡面水系整治问题。农田水利工程主要配套排水沟、沉沙池。排水沟布设原则：一是复垦点周边有一定的汇水来源和排水需求；二是复垦点与周边房屋相连，且屋顶和院坝有较大集雨面。根据实地踏勘、农民意见及片块的具体情况，本方案主要从片块的排水性能入手，布局排水沟 1 条，长64m。根据就地利旧的原则，排水沟设计规格为 0.3m×0.4m，均采用 M7.5 水泥砂浆砌块石砌筑。另外修筑沉沙池 1 口，设计规格为 1m×1m×0.8m，亦采用 M7.5 水泥砂浆砌块石砌筑。详见表 10-2。

表 10-2　不同方案灌溉排水工程量对比

方案	灌排工程类型	长度/工程量	规格	材质	利旧材料量
方案一	排水沟	64m	0.3m×0.4m	块石	13.44m³
方案二	无	—	—	—	—
方案一	沉沙池	1 口	1m×1m×0.8m	块石	1.28m³
方案二	无	—	—	—	—

方案二。本方案与方案一差异较大，考虑到复垦后土地利用类型对灌溉工程要求较低，加之复垦片块规模较小，周围的已有沟渠不管规格还是材质均能很好地满足排水需求，故本方案中不涉及灌排工程布局设计。

两种方案对灌溉排水工程涉及的内容均较少，这主要是由宅基地复垦片块规模的大小决定的，但方案一的灌溉排水工程量要明显大于方案二。

10.2.3　田间道路工程布局比较

方案一。田间道路工程主要配套生产路，生产路布局原则主要是满足生产生活需要。①复垦片块生产路尽量与周边道路及院落相连；②片块单元内的生产路布设要注重实用性，不宜将地块细碎化；③修建生产路时，在坚持质量的前提下应考虑可利旧材料的合理利用。通过规划，研究区共新修 1 条 0.8m 宽砼生产路，总长 108m。新建生产路(砼)设计路宽 0.8m，原土夯实路基，路面采用现浇 C20 砼铺筑，厚 0.08m，砼路面每隔 10m 设置一条伸缩缝，缝宽 3~8mm。伸缩缝直接切割成型。同时，针对研究区实际地形条件，当生产路纵坡大于 15° 时需设梯步，梯步高 0.15m、踏面宽 0.3m；当生产路纵坡为 6°~15° 时，对路面采取凹槽防滑处理；坡度小于 10° 时，采用平路面。

方案二。复垦后的土地类型决定了是否布设田间道路及材质选择，鉴于宅基地复垦后土地利用为林地，基本上不需要田间道路，故不设置田间道或生产路。

10.2.4　不同复垦工程布局方案效益分析

宅基地复垦片块工程布局方案的不同将直接影响研究区景观格局、交通条件、基础设施、产业结构、生活条件。正确评价和预测复垦活动带来的效益是宅基地复垦片块工程布局方案优选的重要参考内容。

1. 方案一的效益

经济效益。工程竣工后，将极大地改善研究区农业生产条件，增加研究区村民收入。根据《水利建设项目经济评价规范》(SL 72—2013)，由于工程规模较小，研究区经济评价采用静态分析方法。

新增耕地经济效益。研究区复垦后新增耕地 3.6697hm²，采用复种指数 160.00%，大春期旱地以种植玉米、马铃薯等为主，小春期旱地主要种植油菜。由于新增耕地土壤为生土，作物产量在短期相对于熟土要低一些，效益也略低。新增耕地经济效益分析见表 10-3。

表 10-3　新增耕地效益分析

种类	播种面积/hm²	产量/(kg/hm²)	价格/(元/kg)	毛收益/(元/hm²)	成本/(元/hm²)	净收益/万元
玉米	1.7615	6300	2.2	24414	4700	1.61
马铃薯	1.7615	7200	1.9	24097	5752	1.4
蔬菜	1.1743	26345	1.8	55687	5445	4.93
油菜	1.1743	2850	4.8	16064	5320	0.98

由以上分析可知，研究区新增耕地年增加经济效益为 8.92 万元。

本项目总投资为 65.53 万元，则静态投资收益率 $R = D/K = 8.92/65.53 \approx 13.61\%$。式中，$K$ 代表项目总投资，万元；D 代表年新增净产值，万元。静态投资回收期为 T，则

$T = K/D = 65.53/8.92 \approx 7(年)$，即静态回收期约为 7 年。项目实施所产生的经济效益按农业项目标准是合理的。

土地复垦不但可以增加耕地面积，解决非农建设占用耕地的问题，还可增加户改权利人的直接经济收入，缩小城乡差别，促进城镇化的进程，助推乡村振兴，以及健全农村基础设施体系。研究区施工完成后，村民生产生活条件将逐步得到改善，也为涂市乡新农村建设打下良好的基础。通过对研究区及其周围的土地进行综合性整治，减少了水土流失，改善了生态环境，可促进和保持各农业生态系统间的良性循环，最大限度为农民生产生活提供良好的空间，为研究区进一步发展打下良好的基础。通过修建石坎、改善水利设施和交通条件等措施，本着"统一规划，统一实施，综合开发"的原则，通过对田、水、路综合治理，实现了"田块规则化、沟渠永久化、道路网络化"，可有效减轻水土流失，改善生态环境，构成了稳定性强、生产能力强的复合农业生态系统，提高了其自然灾害抵御能力。通过后续农业生产，增施有机肥，实施生物改良措施，能改善研究区土壤结构性状，促进农田生态良性循环，对维护和改善研究区生态生产环境意义重大。

2. 方案二的效益

方案二以复垦为林地为目标，经济效益和社会效益较低，主要是实现生态效益。在经济效益方面，以种植的经果林所产生的经济效益为主；社会效益主要是减少农村闲置、废弃宅基地，实现建设用地增减挂钩。

按照方案二进行复垦工程布局，将增加林地面积 $3.67hm^2$，有效增加植被覆盖率，减少水土流失，极大改善复垦区的生态环境。

10.2.5　宅基地复垦片块工程布局优选

复垦方向的不同直接影响项目设计思路、工程布局、投资预算以及复垦的整体效益。通过对复垦过程中的土地平整工程、农田水利工程、田间道路工程以及不同方案的复垦效益进行对比，发现在土地平整工程、农田水利工程和田间道路工程的投入上，方案一较方案二略大，但在复垦效益上方案一却远大于方案二，故综合来看方案一较方案二更优。西南丘陵山区宅基地复垦项目工程布局方案比选应重点放在复垦方向选择上，从新增耕地、投资、综合效益方面加以验证，筛选出更为合理的宅基地复垦工程布局方案。

10.3　宅基地上复杂附属物循环再利用与处置

西南丘陵山区本身的立地条件决定了宅基地点多、面广、规模小、分布散、周边地形及交通条件差异大，在这种情况下，每一复垦片块均是独立的复垦单元，均可自成体系，这样，在开展复杂附属物循环再利用与处置过程中，需要采取分散化思维进行消化和拆解。因此，针对西南丘陵山区，开展农村建设用地复杂附属物循环再利用与处置技术研究，有助于服务新型城镇发展对城乡建设用地资源的优化配置，有助于贯彻节约集约的用地理念，有助于实践资源节约型、环境友好型的乡村发展观和美丽乡村建设。

10.3.1　宅基地上复杂附属物循环再利用与处置存在的问题

1. 宅基地上复杂附属物循环再利用存在的问题

目前宅基地复垦拆除物的利用存在的主要问题有以下两个方面：一是拆除物的利用仅限于复垦片块内部，片块之外的需求（尤其是片块外 300m 范围内）并不纳入复垦规划所涉及的红线范围，从而使得拆除物的外运量较大，在地形起伏较大、交通不便和复垦片块相对分散的约束下，外运难实现，且即便实施成本也相对较高，经济可行性较差；二是拆除物的利用并未考虑复垦片块的未来用途及可能的利用效果，即缺乏用途导向的指导，致使拆除物的利用多为田坎和田间道路修建，且石坎和田间道路占比较高。

1）重复垦片块内部轻外部

对研究区进行分析，认为在宅基地复垦过程中，对拆除物的利用不管是在规划设计阶段，还是在实际利用阶段，都存在"重复垦片块内部轻外部"的问题。具体地，在规划设计阶段，仅考虑红线范围内利旧的可能性，如复垦地块需要设计石坎、生产路、田间道、排水沟等，这部分工程的建设固然需要利旧，但由于复垦片块太小，这些工程量也相对较小，要想把宅基地拆除后的材料在红线范围内充分利用不容易，从而导致实际利用率与规划设计阶段的计算量存在较大偏差。设计阶段的规划利旧仅仅是理论上的可能性，而复垦后的实际利旧情况则是实际利用率，两者存在一定的差距（在误差范围内），两者差距较大说明规划阶段缺乏对复垦片块的踏勘和调查，仅仅是依据地形图进行设计。当然，也可能存在为了片块内平衡、减少外运花费，人为地提高片块内利旧率的情况。为此，需要提高规划设计的科学合理性和可操作性。

现有的规划设计很少考虑红线范围外的工程需求状况，仅仅在农户要求下或为了连接周围路网，才会考虑红线范围外的生产便道的修建。而这部分生产便道多为水泥路，很少使用拆除材料，即对利旧率的影响相对较小。当然，现有规划设计和实际利用未将利旧问题放在更广的视角予以考虑，如将红线范围拓展至红线外 300m，且考虑周围地块的田坎修筑、坡面整治、排水沟疏通等情况。实地踏勘和验收过程中，经常发现复垦片块周围堆砌部分条石、块石等剩余的拆除物，而在红线外不远处就存在田坎垮塌等问题，这部分剩余的拆除物转运至不远处即可发挥更好的利用价值。在复垦片块的红线外，常常发现生产路的路面、路肩存在较大问题，其实，这些问题都可利用复垦片块的拆除物解决，整合后发挥"双赢"效应，既提高了拆除物的利用率，又改善了周围的基础设施状况，改善了生态环境。同时，又可减少剩余拆除物、拆除垃圾的外运量，节省成本。

2）重眼前利用轻未来效果

研究区目前的利旧仅仅考虑拆除物的表面价值，而未深入地考虑它们的延伸价值或与其他产业发展相结合的价值。如条石在红线范围内不能就地利用时，有时选择就地深挖填埋，有时选择堆砌于复垦片块周围，或作为复垦片块内的地界与生产路整齐地排放在红线内部。条石的深埋造成了很大的资源浪费，尽管在复垦时可能是为了减少拆除物的处理与外运费用，但其他工程在建设时如果需要使用条石，不仅需要花费大量的金钱重新开采，而且开采过程中又会诱发较为严重的生态环境问题，改变现有的地形地貌，对开采区的地形、植被、地表水、空气质量等都会造成较大的影响。另外，条石是不可再生资源，条石的深埋是宅基地复垦中资源不可持续利用的典型做法，在宅基地复垦过程中应坚决禁止，不管填埋多深，只要发现有条石填埋的，都应实行一票否决。

研究区宅基地复垦的房屋结构多为土木、穿斗、砖木等，在拆除过程中定会有大量的木材拆除物出现，但是从目前来看，这些木材拆除物主要被当地农户自行处理后用于家具制作或作为家庭能源，没发挥出拆除物的价值。如果将这部分木材加工成碎屑（锯末状）或制成椴木，用于椴木菌类的生产，再将菌类生产后的菌棒用于无土栽培的基质，就可进一步将宅基地的复垦与当地的产业发展相结合。菌类的生产本身就需要大量木质原料，而宅基地复垦正好会有大量的木质拆除物，两者的结合，可为菌类生产找到原料来源，也可为拆除物找到可利用的去处，同时菌类生产后的菌棒也可为设施农业发展提供原材料，实现不同产业间的无缝连接和循环利用。

复垦方向过窄，认为只有复垦出能供作物生长的土壤才是有效的，也才能用于建设用地增减挂钩及地票交易。其实，只要复垦出可供作物生长的环境即可称为耕地，且这种复垦方向在实践中、技术上和利用上都是非常成熟的。如院坝等较大的片块，可以考虑当地现代农业或设施农业的发展，不予拆除，而在其上开展无土栽培，河北省承德县就有这样的成功例子。无土栽培本身就需要在不透水环境下开展，而院坝就可以为其提供这一环境。这一方面节省了院坝拆除的工程费用，另一方面降低了对部分拆除物利用的难度，同时为现代农业或设施农业的发展提供了很好的生产场所，可谓是"一举三得"。

同时，对于较大的院坝在某种意义上也可以考虑不复垦，而直接转换院坝的用途，即将农村集体建设用地直接转换为设施农用地，用于发展现代农业。目前看，限制现代农业或设施农业发展，以及工商资本介入农业的因素，主要是设施农用地的约束。在国家政策范围内，设施农用地的数量仅为经营耕地面积的3%~5%，且上限为20亩，只能占用基本农田，建设非永久性建筑物或构筑物。按照这一规定，政策允许范围内的设施农用地远远满足不了经营主体的需要，而大型的宅基地地块（包括房屋、院坝及其附属用地）正好可为其提供充分的用地。院坝虽然与国有建设用地不同，但都是建设用地，体现的用途是一样的，比由农用地转换为建设用地的成本要低得多，转换方式也要简单得多。

考虑到未来现代农业产业发展的需要，部分大型农村居民点可保留下来免于复垦，直接供设施农用地之用，这样可以发挥出它更大的价值，变废为宝。这不仅降低了复垦的费用，减少了拆除物，而且避免了设施农用地增加对一般农用地的占用现象，也避免了农用地转用手续的办理流程，可实现"居民点复垦的设施化、资源利用的循环化"，其实这也是不同用地类型间的循环利用模式。

2. 宅基地上复杂附属物处置存在的问题

从目前剩余拆除物的处理方式看,主要存在三大问题:一是未分类填埋;二是浅填埋;三是乱堆放(图 10-2)。

(a)未分类填埋　　　　　　　　　(b)浅埋填　　　　　　　　　(c)乱堆放

图 10-2　废弃附属物处理方式

1)未分类填埋

从所调研的复垦片块以及与该复垦项目工作人员和施工单位的交谈情况看,目前的复垦片块中,不管是剩余可利用拆除物还是弃渣都未进行分类处理,更不用说兼顾用途导向,从而使得在以填埋为主的处理方式上出现了很多问题,尤其是部分拆除物或弃渣填埋后,会对土壤环境产生较大的影响,如土壤污染、影响耕作、浪费资源、影响美观等。因此,对剩余可利用拆除物和弃渣如条石、块石、破碎砖瓦等要进行分类,以便进行分类处理,如条石禁止填埋、块石可用于部分地段的护坡处理、破碎砖瓦可采取深埋方式,等等。

2)浅填埋

实地踏勘和验收阶段,均发现宅基地剩余拆除物在处置之前 90%以上未进行分类处理;在房屋拆除以后的土地平整过程中,边平整边填埋,而且部分填埋的深度不足 50cm,大多在 30~40cm,这一填埋深度不满足《土地复垦方案编制规程》(TD/T 1031—2011)中对复垦为耕地的覆土深度的要求(不低于 40cm)。进一步推论,如果填埋深度在 50cm 以内,伴随填埋后覆土的整体沉陷及雨季表层土壤的流失,很可能造成填埋后的弃渣距离地表的深度低于 40cm。这样,逐年的耕作翻耕、表层土流失等共同促使已填埋的弃渣被翻耕出来,从而影响复垦后地块的耕作和利用,并对复垦片块内部土壤及周围的环境产生较大影响。

因此,浅填埋不仅会给周边的农业生产环境造成很大的危害,还不利于后期的利用与管护。另外,依据复垦片块选择的相关政策文件,即在选择被复垦地块时需要至少一边与现有耕地相接,这样上述现象也会对周围的耕地利用环境产生较大的影响。当然,填埋作为主要处理方式,也是施工单位偏好机拆的重要原因,因为机拆方便填埋,且填埋深度较大,而人拆则很难做到。在剩余拆除物的利用上,施工单位常常遵循"简单便捷"的思路,首先选择的就是填埋,除非施工人员感觉部分拆除物将来有某种用途时,才会进行粗略地分类后再填埋。可以说,先分类再填埋的弃渣处理方式必须强制实施,发现片块未分类就填埋,且埋深不足 80cm 的,在项目验收时应实施一票否决。

3) 乱堆放

剩余可利用拆除物和弃渣在复垦片块周围乱堆放也是目前处理存在的主要问题之一,从对复垦片块周围环境的影响来看,类似于浅填埋。但是,从对美丽乡村和生态文明的影响来看,乱堆放造成的脏乱差现象更为严重。当然,从西南丘陵山区的地形坡度和交通状况看,复垦片块剩余可利用拆除物和弃渣的外运处理是很难实现的。为此,实施分散整齐堆放是目前比较好的处理方式,一方面,减少因填埋造成的资源浪费,为提高拆除物的资源化利用率提供条件;另一方面,可以避免因填埋造成的土壤污染问题,是生态化处理的最简单方式。当然,允许堆放不是随意堆放,而是整齐且有选择地堆放。

10.3.2　宅基地上复杂附属物循环再利用

复杂附属物循环再利用,一方面有助于改善拆除居民点周围的"生产、生活和生态"(三生)环境,另一方面可就地利用附属物服务于复垦片块的工程建设,就地取材,节省投资。因此,复垦片块附属物的高效利用及其技术研发对居民点复垦和美丽乡村建设都具有非常重要的意义。整合复垦红线范围内外,并聚焦未来利用的可能性,宅基地上复杂附属拆除物的循环再利用可采取以下两种模式。

1. 整合红线内外"三生"需求的拆除物利用模式

整合红线内外"三生"需求的拆除物利用模式是以复垦片块的红线范围为基准向外缓冲 300m 作为复垦片块的设计范围,即在西南丘陵山区宅基地布局呈点多、面广的状况下,需要着眼于更大的复垦范围,以便为拆除物的高效、充分利用提供宽松的外部环境;对缓冲区范围内的区域开展针对性的实地踏勘,包括田土坎、田间道路、灌排、滑坡、水土流失等,诊断出复垦红线内复垦出地块需要配套的工程类型,对红线外缓冲区内正常的"生产、生活和生态"区域,根据存在的问题来设计需要配套的各项设施,以便为拆除物的利用找到去处;针对复垦地块拆除物的状况,包括拆除物总量、受损量、可利用量、废弃量等,本着"先满足红线内,再满足红线外"的基本原则,优化拆除物的利用,实施整合复垦片块红线范围内外且满足"三生"需求的拆除物利用模式。

该利用模式主要存在三个问题:①考虑复垦片块外围 300m,开展拆除物的综合利用在政策上存在较大缺位,即目前主要考虑红线范围内,红线范围外部至多考虑 20m 范围;②复垦片块外利用拆除物的花费缺乏预算依据;③复垦片块外围 300m 的"三生"需求很难界定,尤其是田坎、生产路、灾害隐患等。这都为宅基地复垦后拆除物的高效利用造成了困难,要高效利用、优化利用,就必须整合复垦红线内外的需求。

2. 嫁接到其他产业延长利用用途模式

嫁接到其他产业延长利用用途模式是指考究县域或跨县域范围内的产业发展,尤其是食用菌类产业的发展情况,以及在菌类产业发展过程中所使用的原材料,如椴木、基质、菌棒等,查明每年菌类产业生产过程中需要的原材料总量及其来源和每年花费;根据复垦片块的房屋结构，估算拆除物中木质物料的总拆除量，以及拆除物的区域分布；分析菌类产业布局与木质拆除物料的空间耦合性，实施分片区分类收集，再集中外运至菌类产业生产地；对收集到的木质拆除物进行分类加工，用于菌类生产。这样，利用拆除后的木质物料开展菌类生产，不仅有效地利用了拆除物，而且减少了菌类产业生产对林业资源的威胁，具有显著的"双赢"效应，是循环利用资源或拆除物资源化利用的可选模式。同时，将设施农业中的无土栽培考虑进来，以便实现木质拆除物、菌类产业、无土栽培的无缝循环连接。

该种模式在具体执行过程中存在两个问题：①收集、加工和分选成本较高，这是最为主要的限制性因素，由于丘陵山区宅基地的分散性强，点多面广，木质拆除物的收集相对较难，在这种情况下，要将分散的木质拆除物收集起来，并进行分类和加工，就需要花费较高的成本，且这笔成本在宅基地复垦过程中是没有预算依据的；②宅基地复垦具有较强的时限性，不会持续，且复垦又是分批次的(依据农民自愿)，这使得本身就较为分散的宅基地在拆除过程中可提供的木质拆除物更少，这样，木质拆除物的持续供应就存在很大问题，从而使得菌类产业的发展因原材料的限制而受到影响。

10.3.3　宅基地上复杂附属物处置

对于循环再利用剩余的拆除物，必须进行处置，而不能直接凌乱堆放于复垦片块周围，否则会对农业生产和农村生活环境造成较大的危害，不利于美丽乡村、生态文明等的建设，反过来，也将导致新复垦出来的耕地因周围环境较差而失去利用价值。进一步说，农村宅基地的复垦扰乱了农村环境，农民仅仅是增加了部分财产性收入，从可持续发展的视角看是不可持续的。因此，在农村宅基地复垦过程中，对剩余拆除物必须坚持生态化利用和无害化处理的原则，探索在实施层面最为简单、花费最少的生态化处理技术，对剩余拆除物进行集中处理。

1. 外运处理

在规划设计阶段有关于剩余拆除物外运的设计与预算，仅仅是字面上的表述，实际复垦过程中并未实施。究其原因，一方面是由西南丘陵山区农村居民点点多面广所决定，另一方面是因为丘陵山区地形起伏较大、交通不便。同时，缺乏集中堆放点也对拆除物的外运有一定影响。

点多面广使得丘陵山区的剩余拆除物较为分散，如果采取分散外运的方式处置剩余拆除物，成本定会较大。然而，如果先将分散的剩余拆除物集中起来再外运，不仅实施的难度较大，而且所需要的花费也会较大。因此，不管是分散外运还是先集中再外运，均会产生较大的投入，且难以实施。

2. 填埋处理

拆除材料利旧后，废渣用于填田间道坑凼；实在不能处理的废渣，选择在片块外地势低洼处进行掩埋，掩埋深度在耕作层 40cm 以下，不严格限制开挖面积和深度，开挖掩埋坑凼的土方回填后，多余的覆于本复垦点内。

10.4　工程布局比选和附属物优化利用技术凝练

宅基地复垦片块工程比选的技术要点有四个。第一，分析复垦片块本身的立地条件及其与周围地类之间的关系，确定复垦片块的复垦方向。第二，考虑立地条件、周围地类间关系、交通可达性、距离市场的距离等，并将其纳入周围地类中进行工程布局，如田坎、生产路、灌溉排水设施、水源设施等。第三，考虑到复垦片块的房屋、院坝及附属用地的结构，制定两个及以上的工程布局方案。第四，在费用效益分析的约束下，优化工程布局及工程的材质选择。

地面附属物高效利用与生态化处置技术要点也有四个。第一，根据交通可达性、地形地貌、房屋结构等确定拆除方式，开展拆除物的分选。第二，根据复垦片块工程规划及材质选择，尽可能地就地利用已有拆除物。第三，考虑到周边的土地利用状况，将剩余拆除物的就地利用延伸至片块周围300m范围。第四，对不能就地利用的废弃拆除物实施就地深埋，或集中堆放于废渣临时堆放点。

10.5　小　　　结

(1)复垦方向的不同直接影响项目设计思路、工程布局、投资预算以及复垦的整体效益。通过对复垦过程中的土地平整工程、农田水利工程、田间道路工程以及不同方案的复垦效益进行对比，发现在土地平整工程、农田水利工程和田间道路工程的投入上，方案一较方案二略大，但在复垦效益上方案一却优于方案二，故综合来看方案一较方案二更为优越。西南丘陵山区宅基地复垦项目工程布局方案比选应重点是复垦方向的选择，从新增耕地、投资、综合效益方面加以验证，筛选出更为合理的宅基地复垦工程布局方案。

(2)考虑到目前复垦拆除物的处置方式主要有外运处理、再利用处理和填埋处理，以及现有处理存在的未分类填埋、浅填埋和乱堆放等问题，同时考虑到限制剩余拆除物处置的地形和交通约束、复垦红线等因素，构建了拆除物就地高效利用的新模式。整合红线范围内外，并聚焦未来利用的可能性，拆除物的利用模式探索可瞄准整合红线内外"三生"需求的拆除物利用模式和嫁接到其他产业延长利用用途模式。这有助于丰富拆除物就地利用的内涵与外延，可大大提高拆除物的利用程度与效率，可为实现农村建设用地复垦与农村土地整治的有效结合提供切入点。

第 11 章　线性工程闲置用地复垦
与邻近用途整合技术

　　线性建设工程在建设过程中或多或少都会占用沿线周围的部分土地，如开挖的土石方、剥离的耕作层表土、混凝土搅拌及构件制作用地等，称这部分临时占用的土地为临时建设用地。近年来，国家高等级道路和铁路建设项目的飞速发展，加速了沿线区域经济的发展，促进了城镇化建设，国家综合交通运输体系得到完善，极大地改善了人民群众的出行条件和物资运输条件。然而在促进区域社会经济发展的同时，道路建设也不可避免地破坏和压占了一定数量的耕地资源。尤其在高速公路建设过程中，工程占用扰动了大量耕地资源，这就导致被占用的土地遭到破坏，造成了土地资源的浪费，并且容易引发水土流失和生态环境破坏等问题(姚刚，2008)。1989 年国务院在《土地复垦规定》(国务院令第 19号)中提出，生产建设过程中，因挖损、塌陷、压占等造成破坏的土地，应采取整治措施，使其恢复成可供利用状态。根据现有道路建设项目用地性质，永久性用地无法复垦，因此临时用地的复垦就在耕地总量平衡方面显得尤为重要。根据国家现有高等级道路和铁路实际建设情况，临时用地可分为拌和站、制梁场、取土场、弃土(渣)场和施工便道五种类型(朱立安等，2002)。

　　合理控制道路建设对土地特别是对耕地资源的负面影响，并在道路建设完工后采取一定的工程复垦措施和生态修复措施来保证道路建设占用的临时用地得到及时复垦，这对保护耕地资源、减少水土流失、保护生态环境具有十分重要的意义。因此，必须认真研究和切实解决临时用地复垦这一问题。目前，学术界对工程建设后土地破坏恢复的研究主要集中在复垦适宜性评价(陈旭欣，2009)、复垦模式与技术体系、复垦利用(白中科和郧文聚，2008；吴燕等，2010；朱小敏，2010；陈刘忠，2015)、土壤修复与培肥地力、生态修复与景观重构等方面(姚刚，2008)。本章以重庆 S406 线彭水县高谷镇至丰都县武平镇段(丰都境内)二级公路改造工程临时占地土地复垦研究区为对象，研究讨论道路工程临时用地中施工便道的复垦方法及利用方案，以期为道路建设临时用地复垦等相关工作提供科学依据，将来为线性工程闲置用地复垦提供技术支撑。

11.1　材料与方法

11.1.1　研究区概况

　　研究区位于丰都县，地处重庆市版图中心和三峡库区腹地，其东邻石柱县，西接涪陵区，北依垫江县和忠县，南靠武隆区，全县面积 2904.07km²，县城所在地距重庆市主城区 172km。丰都县属于低山地区，土地利用以坡耕地和林地为主，地形起伏较大。气候属亚热带湿润季风气候，常年气候温和，雨量充沛，年均气温为 15℃，年均降雨量为 1123.4mm。土壤主要为黄壤，区域内山体较大，谷深坡陡，侵蚀冲刷严重，土层浅薄，而且土体中含有较多的未风化的碎石块；耕地土壤由于耕作施肥，磷、钾含量略有增加，但有机质减少较多，微量元素中锌、硼贫乏；耕地的耕作粗放，广种薄收，一年一熟面积大，作物产量低，土壤资源农业利用水平低。研究区内河流主要有长江及其支流龙河、渠溪河、碧溪河，这些河流连接 55 条支流，全长 600km，河流属雨源补给型，多夏洪秋汛，暴涨暴落，水位变幅较大，平均过境水量为 4371.8 亿 m³。研究区内现存的主要植被为天然次生林和人工林，农作物主要有红薯、马铃薯、玉米等。S406 线彭水县高谷镇至丰都县武平镇段(丰都境内)二级公路改造工程项目起于彭水县高谷镇附近，接国道 319 线，穿高谷隧道至龙塘附近，绕避高谷场，经花地坪、黄坡岭、大岩口、沙子坝刘家湾、平安乡、马鞍子、银木村、香树岭、龙射镇进入丰都县都督乡，经何家坝、凉风垭、三岔溪，止于武平镇新场镇，路线全长 63km，其中丰都境内全长 26.833km。项目按二级路标准建设，设计行车速度 40km/h，路基宽度 8.5m，路面宽度 7m，沥青砼路面。S406 线彭水县高谷镇至丰都县武平镇段(丰都境内)二级公路改造工程临时占地总面积为 7.2333hm²(表 11-1)。占地工程共包括 2 条施工便道，占地 1.1067hm²（表 11-2）；3 个弃土场，主要堆放隧道开挖所产生的土石方，占地 6.1266hm²(表 11-3)。

11.1.2　数据来源与处理

　　丰都县 1∶320000 影像图、都督乡土地利用现状图、项目复垦区土地利用现状图等图件资料来源于丰都县国土资源和房屋管理局；S406 线彭水县高谷镇至丰都县武平镇段(丰都境内)二级公路改造工程所在位置由课题组成员根据 1∶320000 影像图画出；土地利用现状图和复垦规划图由课题组成员使用 AutoCAD 软件加工完成。研究区临时占地工程信息等文本资料也来源于丰都县国土资源和房屋管理局。由课题组人员采用现场踏勘等实地调研的方法，对复垦区域的地形、坡度、土壤质量、地表组成物质、配套设施等指标数据进行采集整理。课题组成员还采用了参与式农村访谈法，就本项目复垦技术方案与各相关主体进行了充分沟通，广泛征询了研究区所在地土地权属人、企业、国土部门等的意见和建议，以充分保证复垦的可行性和科学性。

表 11-1　临时占地工程占地情况一览表

（单位：hm²）

序号	名称	权属	总面积	01 耕地	02 园地	03 林地		04 草地	05 交通运输用地	06 水域及水利设施用地	07 其他土地	
				011 旱地	021 果园	031 有林地	032 灌木林地	043 其他草地	051 农村道路	061 沟渠	071 田坎	072 裸地
1	武平隧道出口弃土场	丰都县武平镇雪玉社区二组	2.4102	—	—	0.1888	1.4488	0.7726	—	—	—	—
2	武平隧道进口弃土场	丰都县暨龙镇旺龙村三组	1.8092	—	—	0.9640	0.6522	—	—	0.0157	—	0.1773
3	凉风垭隧道出口弃土场	丰都县暨龙镇龙村七组	1.9072	1.2167	—	—	0.4125	—	0.0560	—	0.1818	0.0402
4	周家院子桥施工便道	丰都县都督乡都督社区一组	0.8057	0.6582	0.0412	—	—	—	0.0080	—	0.0983	—
5	五洞岩隧道施工便道	丰都县都督乡都督社区一组	0.3010	0.2402	—	0.0109	—	—	0.0140	—	0.0359	—
	合计		7.2333	2.1151	0.0412	1.1637	1.8613	1.4248	0.0780	0.0157	0.3160	0.2175

表 11-2　施工便道情况一览表

名称	总面积/hm²	便道类型	地表指标 是否固化	交通条件	研究区及周边现状	水利设施
周家院子桥施工便道	0.8057	新建	否	便道接入征地红线	多为旱地	无固定水利设施
五洞岩隧道施工便道	0.3010	新建	否	便道连接征地红线和田间道路	多为旱地	无固定水利设施
合计	1.1067	—	—	—	—	—

表 11-3　弃土场情况一览表

名称	总面积/hm²	周边交通条件	水利设施	研究区及周边现状	渣场地形
武平隧道出口弃土场	2.4102	紧邻田间道	无固定水利设施	周边土地利用现状以林地和旱地为主	沟槽
武平隧道进口弃土场	1.8092	紧邻道路	有一沟渠穿过	周边土地利用现状以林地和旱地为主	沟槽
凉风垭隧道出口弃土场	1.9072	有一道路穿过	有两条沟渠汇入	周边土地利用现状以林地和旱地为主	沟槽
合计	6.1266	—	—	—	—

11.2　线性工程闲置用地复垦适宜性评价

临时占地对研究区的土地利用格局造成了一定的影响,临时用地区域内的植被遭到破坏,土壤土质疏松,遇风遇雨时易发生水土流失,肥力水平比周边未受扰动的土壤低,并且在公路建设过程中,机械漏油和其他一些遗留的施工材料都对土壤造成了一定的污染。基于此,就需要有针对性地在研究区开展复垦工作。本项目临时用地包括施工便道和弃土场两种类型,但由于施工便道和弃土场在复垦时采用的工序、方法、机械设备等存在一定差异,考虑到研究深度,本章只对项目施工便道的复垦利用进行相关研究。

周家院子桥施工便道长约 250m,大致呈东西走向,便道所经区域地形稍有起伏,地势南高北低,占地面积相对较大,主要为旱地,其次是园地、农村道路;复垦区域周边土地利用现状主要为旱地,西南部地势较高处有部分园地。五洞岩隧道施工便道长约 160m,大致呈南北走向,便道所经区域地形较为平坦,地势南高北低,占地面积相对较小,主要为旱地,其次是农村道路、林地;复垦区域周边土地利用现状主要为旱地,南部地势高处为林地。两条便道周围均无农村宅基地,且均有农村道路连接。根据《S406 线彭水县高谷镇至丰都县武平镇段(丰都境内)二级公路改造工程临时用地土地复垦方案报告书》,本项目工程中施工便道临时用地损毁土地类型均为压占,损毁程度均为重度。

在对临时用地进行复垦前,应当先对待复垦的土地做出适宜性评价。土地适宜性评价是对土地特定用途适宜程度的评价,是通过对土地的自然、经济属性的综合描述,阐明土地属性所具有的生产潜力以及对耕地和林地等不同用途的适宜性和适宜程度差异的评定。通过评价可以为土地利用现状分析、土地利用潜力分析、土地利用结构和布局调整、土地利用分区、规划及土地开发提供科学依据,为充分、合理利用土地资源提供科学依据。对复垦土地进行适宜性评价,目的是通过评价来确定土地复垦、开发利用的方向以及选择土地改良途径,以便合理安排土地复垦工程。本项目两条施工便道损毁土地总面积为 1.1067hm², 因此复垦适宜性评价的范围为 1.1067hm²。评价时应该遵循以下原则。

(1)符合土地利用总体规划原则。土地利用总体规划是复垦的"龙头",总体上控制闲置用地的复垦方向。恢复遭破坏的临时用地的生态环境,不仅要符合丰都县土地利用总体规划,还要与本项目工程临时用地所在乡镇的土地利用规划相协调。

(2)因地制宜原则。在评价被损毁土地复垦适宜性和复垦方向时,应根据被评价土地的区域性来确定其利用方向,做到因地制宜,合理利用土地资源。

(3)技术合理和综合效益最佳原则。应根据对土地的破坏程度、土地的生态适宜性、复垦的主导限制性因素等实际情况,确定土地的复垦方向和合理的工程措施。使复垦地块能达到预期的治理目的,复垦后能够可持续利用,取得最佳的综合效益。

(4)社会因素和经济因素相结合原则。从土地整体效益出发,结合被破坏土地的空间位置、社会需求和周边自然景观、生态环境等确定最佳的利用方案。

选择一些对土地利用影响明显且相对稳定的因素作为参评因素,在详细调查复垦区土地质量状况的基础上,通过各因素指标值来判断土地的适宜性。根据《S406 线彭水县高谷镇至丰都县武平镇段（丰都境内）二级公路改造工程临时用地土地复垦方案报告书》，本项目临时用地复垦适宜性评价的参评因素为地面坡度、土源保证率、地表物质组成、土壤质量和配套设施。调查结果见表 11-4。

表 11-4　复垦区域土地质量调查结果

项目		地面坡度/(°)	土源保证率/%	地表物质组成	土壤质量	配套设施
评价单元	周家院子桥施工便道	<6	80~100	壤土、砂壤土	砾石含量较低，有机质含量高	灌排条件一般、有道路连接
	五洞岩隧道施工便道	<6	80~100	壤土、砂壤土	砾石含量较低，有机质含量高	灌排条件一般、有道路连接

　　参考《土地复垦质量控制标准》（TD/T 1036—2013），将评价单元的土地质量分别与复垦土地主要限制因素的农林牧评价等级标准（表 11-5）对比，得出复垦土地适宜性评价等级（表 11-6）。

表 11-5　复垦土地主要限制因素的评价等级标准

限制因素及分级指标		耕地评价	林地评价	牧评价
地形坡度/(°)	<6	1 等	1 等	1 等
	6~15	2 等	2 等	1 等
	>15~25	3 等	2 等	2 等
	>25	N	3 等或 N	3 等
土源保证率/%	80~100	1 等	1 等	1 等
	60~<80	1 等或 2 等	2 等	2 等
	40~<60	3 等	2 等或 3 等	3 等
	<40	N	N	N
地表物质组成	壤土、砂壤土	1 等	1 等	1 等
	岩土混合物	2 等或 3 等	2 等	2 等
	砂土、砾质	3 等或 N	2 等或 3 等	2 等或 3 等
	砾质	N	3 等或 N	3 等或 N
土壤质量	有效土层较厚、砾石含量低、有机质含量高	1 等或 2 等	1 等	1 等
	有效土层较厚、砾石含量高、有机质含量高	3 等	2 等	2 等
	有效土层较厚、砾石含量高、有机质含量低	3 等或 N	2 等或 3 等	2 等或 3 等
	有效土层较薄、砾石含量高、有机质含量低	N	3 等或 N	3 等或 N
配套设施	灌排条件好，有道路连接	1 等	1 等	1 等
	灌排条件一般，有道路连接	1 等或 2 等	1 等	2 等
	灌排条件好，连接道路一般	3 等	2 等或 3 等	3 等
	灌排条件差，连接道路较少	N	N	N

注：表中 N 为不适宜。

表 11-6　复垦土地的适宜性评价等级

适宜性评价单元	复垦方向					
	宜耕	主要限制因素	宜林	主要限制因素	宜草	主要限制因素
周家院子桥施工便道	1 等或 2 等	有效土层厚度	1 等	无限制	1 等或 2 等	无限制
五洞岩隧道施工便道	1 等或 2 等	有效土层厚度	1 等	无限制	1 等或 2 等	无限制

由于两条施工便道占用地类主要为旱地，根据上述复垦土地适宜性评价结果，结合两条施工便道占地情况和周边土地利用实际情况，考虑到复垦工程量和复垦难度，因此均复垦为旱地，按照旱地的土地利用方向来规划设计复垦利用方案，采取工程措施进行复垦。为保证复垦后的土地能恢复到占用前的生产能力，需要注意技术方案的科学性和合理性，在复垦工程实施过程中注意施工的规范性。

11.3　施工便道复垦布局与设计

临时用地复垦工程的实施主要是为了改善复垦土地的土壤质量、恢复复垦区域内的生物多样性、优化其生态系统的结构及功能。一般来说，复垦工程的技术体系主要包括规划技术、作业技术和管理技术三部分。其中，作业技术是整个技术体系当中的关键部分，又可分为工程技术和生物化学技术(刘玉等，2014；睢海静，2016)。工程技术主要是用机械作业与物理修复的方式恢复被破坏和损毁的临时用地的地表形态，完善复垦区域内的基础设施，它是进行临时用地复垦的首要步骤。生物化学技术是利用施肥、培肥等方式对复垦后的土壤进行加工和改良，以提高土壤有机质含量，改善土壤结构，快速恢复土壤生产能力，它是复垦工程技术重要的后续步骤。本项目施工便道的复垦就包括前期进行的工程技术复垦和之后进行的生物化学技术复垦，工程技术措施包括表土剥离、硬化土层铲除、土地平整、覆土翻耕及修建生产便道和水利设施，生物化学技术措施包括土壤培肥、植被恢复、环境优化。

11.3.1　工程技术措施

1. 表土剥离

《土地复垦条例》中规定，凡占用耕地、林地、草地来进行生产建设活动的必须在占用使用土地前进行表土剥离工作。因此，公路建设临时用地尤其是占用耕地的临时用地必须在使用前对表土进行剥离和保存。这样既可以避免一部分优质表土被破坏，又可以在后期复垦时回覆到复垦区继续利用，节约土壤资源。因此，在项目工程占地之前，就应先将确定好要占地的区域的表土剥离下来。在基本确定好施工便道占地范围后，通常取地表土 30cm 左右(土层厚的区域可至 50cm 左右)进行剥离(陈心佩和魏朝富，2015)。根据前期实地调查结果，本项目两条施工便道可剥离有效土层厚度为 40cm，剥离前应先采取人工作业的方式清除耕作表层的杂物，再采用条带土壤外移剥离法，即将剥离表土划分成条带，然后用推土机由内层向外层推进剥离表土，尽量做到施工过程对周围土地扰动最小，对生态环境破坏程度最小，且要尽量避开下雨、刮风等恶劣天气，以免造成水土流失和空气污染；剥离之后用车辆装载运送至堆土区保存，运输时需注意防止土渣散落造成污染和浪费，堆土区尽量选择距离覆土区较近、平坦开阔、较少发生地质灾害的区域；为保持表土的理化性质，避免有机质分解，还要采取一定的保护措施对土堆加以保护。剥离结束后，应及时夯实剥离地面，避免扬尘，及时处理施工过程中产生的垃圾，避免对剥土区域造成污染。

周家院子桥施工便道占地 0.8057hm^2，五洞岩隧道施工便道占地 0.3010hm^2，按剥土厚度 40cm 计算，工程前期一共可剥离 4426.8m^3 表土。

2. 硬化土层铲除

施工便道是为了方便公路工程建设而增设的运输通道，分布在线路两侧，多用于连接取土场、弃土场、施工场地。在施工过程中，由于施工机械车辆的碾压、施工人员的踩踏、工程需要铺设砂石等原因，会使便道土壤板结，路面土层硬化。在施工便道两旁搭设有临时房屋、工棚等，因此在对施工便道实施复垦工程前，应先将便道两旁的弃用房屋工棚等设施进行拆除清理，其次再剥离铲除便道路面的硬化土层。因为本项目施工便道的地表组成物质为壤土、砂壤土，且路面没有进行固化，故只需对便道路面板结的土层进行铲除和翻松。根据复垦规划，可以将规划修路的区域直接保留下来，不做铲除，以节约工程成本。铲除前应先采取人工作业的方式清除路面较大的砾石、垃圾等，再用挖掘机等机械设备将路基及路面全部铲除破碎，厚度以路面硬化有效土层厚度为准，保证底层不再有建筑渣土或石料等土体污染物。铲除的土块、土渣可作为填充土方可用于复垦区生产道路的修建、低洼路面垫高等工程，以改善复垦区农业生产条件。

3. 土地平整

施工便道硬化土层铲除后，应及时对地表进行平整，以提高地表平整度，方便后期表土回填。平整时可使用推土机，从未平整的土地边缘向前推进，往返重复推进 2~3 次，即可实现土地平整，平整之后用压土机夯实地表，避免尘土飞扬造成污染，该过程也同样重复 2~3 次(陈刘忠，2015)。

4. 覆土翻耕

复垦工程技术的最后一步是对复垦区域进行表土回覆，表土采用的土源是土地占用前剥离的表土和外运客土。覆土时将表土均匀地铺设在平整后的场地上，这样可以保证复垦的土地快速恢复生产力。覆土厚度因复垦地类的不同而异，耕地为 0.5m，园地为 0.3m，林地为 0.3m，草地为 0.3m(孙志斌，2017)。因为本项目两条施工便道复垦为旱地，覆土厚度需达到 0.5m，因此计算得周家院子桥施工便道需 4028.5m^3 土方量，五洞岩隧道施工便道需 1505m^3 土方量，共需 5533.5m^3 土方量，前期剥离的表土供土量小于复垦区域覆土需求量，所以还需要使用客土，需要注意的是在使用客土时必须确定客土无污染，且肥力不低于现有回填土。表土回填后，为保证土壤质量、增加土壤活性，还要对土地进行翻耕。

5. 修建生产便道和水利设施

复垦区域内灌排条件一般，所以需配套完善灌排设施并衔接周边农灌系统，以保证复垦区的排水和灌溉，减轻水土流失。为提高道路通达性、确保复垦后区域内土地的耕种便捷性，在复垦区域需设计与周边生产路配套的生产便道以完善研究区道路系统。生产便道只作人畜通道，为人工田间作业和收获农产品服务，不通行机动车。

11.3.2 生物化学技术措施

在工程复垦结束后，应采取一定的生物化学技术措施继续对土地进行复垦，主要是土壤培肥、植被恢复、环境优化等。这样可以使工程建设中破坏的地貌、植被得到有效的治理和恢复，控制研究区水土流失、改善研究区生态环境。

1. 土壤培肥

复垦覆盖土或平整后的土地土壤理化性质较差，尤其是有机质缺乏，容易限制植物生长，达不到优良耕地要求，所以首先就要对土壤进行培肥，目的是增加土壤有机质和养分含量，改良土壤性状，提高土地生产能力。种植能培肥土壤的豆科草本植物或蔬菜类，这些植物不仅能够增加复垦区的绿色植被覆盖率，而且植物的绿色部分在土壤微生物的作用下能够释放养分，还会生成腐殖质，增加土壤养分含量。此外，大规模覆盖土培肥还可采用增施农家肥、有机肥、化肥的方法，人畜粪便、秸秆、木屑等都是较好的土壤改良剂，易获取、成本低，并能提供较多的有机质和土壤微生物。

2. 植被恢复

土地被占用破坏后，原植被也遭到破坏，自然条件下恢复植被较困难，且周期较长。应本着因地制宜的原则，综合分析研究区气候条件、降雨、土壤、植被等情况，结合施工便道周围生长的乡土植被，选择具有较强生存能力、固氮能力，根系发达，能形成网状根固持土壤、形成稳定植被群，枝叶茂盛，能较快形成松软的枯枝落叶层以提高土壤保肥能力的植被对复垦土地进行改良。考虑到研究区的自然环境和工程经济效益，选择对土壤要求不严、根系发达易栽培，具有良好固土护坡功能的狼尾草作为复垦区植被，主要种植在新修的生产道路、沟渠的两旁。

3. 环境优化

由于新复垦土地生态环境还比较脆弱，环境优化主要是减少和避免对复垦区土地造成污染，且要以绿化美化为主，整体上与研究区内自然环境和社会环境相协调。

11.4　复垦后与邻近用途整合利用技术

施工便道复垦工程技术施工结束后,原破碎的景观会得到整合,压实的土地得到翻耕,土地较为平整,生产道路和水利设施等建设完善,十分有利于农业生产。但复垦后的土地土壤肥力相对较低,短时期内还不能满足农作物生长需求,因此需要延长生物化学复垦技术的实施周期,继续培肥土壤,提高土壤质量,优化区内生态环境。为了保证复垦措施落到实处,应对复垦区域内的土壤情况、植被恢复情况等进行一定时期的跟踪监测和管护,确保复垦效果达到预期目标。

研究区土地被占用为施工便道之前权属归丰都县都督乡都督社区一组集体所有,界址清楚,复垦后土地权属仍归都督社区村组集体所有,土地需要重新分配给农户,但由于被占用为施工便道时田坎等田块界限标志遭到破坏,因此分配时要做好土地权属的调整工作,以确保集体和农户的利益不受损。可在土地面积不变、集中连片便于耕作的原则下,以原有权属为基本依据,尽量按照新修的道路、沟渠或其他明显现状地物标识重新调整权属界线。

在复垦区生态环境和土壤质量都恢复到土地占用前的状态后,农户方可进行耕种,因为土地复垦为旱地,所以可以种植适宜本地区生长的旱作物。或将土地连片承包给大户、企业使用,实行规模经营,发展特色农业,使土地效益最大化。

11.5　线性闲置用地复垦与邻近用途整合技术凝练

线性闲置用地复垦技术要点有三个。第一,依据地形地貌、交通区位、原临时用地特性、周围土地利用特点、农户意愿等,开展待复垦闲置用地的适宜性评价。第二,遵循土地利用总体规划、产业发展方向、周围土地用途等,确定各评价单元的未来复垦方向。第三,结合不同单元存在的生态环境问题和未来的复垦方向,以灾害防治为重点,以方便生产和生活为目标,进行生物措施与工程措施的布设。

与邻近用途整合利用的技术要点有四个。第一,根据周围土地利用的方式和产业发展方向,尽可能将复垦片块的利用分散地融入周围土地。第二,对线性工程临时修建的道路进行严格的评估,有选择性地予以保留或复垦。第三,对于保留的道路评价其健康或适用性程度,通过工程措施让其达到可以利用的程度。第四,对于拟复垦的道路,通过工程措施,如拆除、覆土等,将其分段融入周围土地。

11.6　小　　结

以 S406 线彭水县高谷镇至丰都县武平镇段(丰都境内)二级公路改造工程为研究对象,提出了建设占用临时施工便道的复垦技术方案,包括施工便道复垦适宜性评价、复垦工程技术、复垦生物化学技术和复垦后土地的利用方向。通过对研究区内的两条施工便道进行复垦适宜性评价，发现该区域较适合进行复垦，复垦方向可为耕地、林地、草地。对土地利用现状进行判读，发现复垦区域周边土地地类为旱地，考虑到土地的集约利用和连片耕作，故将两条施工便道的复垦方向确定为旱地。通过采取工程技术手段对其进行第一步复垦，先将便道硬化表层破碎铲除，再进行土地平整，然后将土地占用前剥离下来的表土回覆到复垦区域补充土层，之后进行翻耕，增强土壤活性。为保证复垦区域农地的耕种，还需规划修建配套的灌排系统和田间道路。工程技术复垦结束后采取生物化学技术措施对复垦区域进行第二步复垦，对土壤进行培肥以提高土壤有机质含量，对遭到破坏的植被进行修复，对复垦区域总体环境进行优化和管理。通过对施工便道这类临时占用土地的复垦，可以使遭到破坏的土地得到利用，使破坏的生态环境得到恢复，有利于保护耕地、节约土壤资源，缓解耕地资源紧张的状况。

第12章　耕作层剥离与异地覆盖再利用技术

耕地资源是关系国计民生的重要资源，是人类赖以生存的物质基础和保障，尤其是耕地表土层，它经过了自然界漫长的成土过程以及人类长时期的培育熟化才得以形成，蕴含着大量作物生长所需的矿物质、微生物、生物种子等成分(夏国刚，2016)，是耕地资源最精华的部分，是粮食综合生产能力的根本保障(沈志勤等，2015)。相关数据显示(谭永忠等，2013；窦森等，2014；程从坤，2014；杨紫千等，2017)，耕地表土层由耕作层(15～20cm)和犁底层(6～10cm)组成，形成1cm厚的表土需100～400年，具有一定的不可再生性。农业用地表土层一旦损失掉，粮食生产必然会受到威胁。近年来，随着我国社会经济的快速发展，越来越多的耕地资源被建设工程占用，耕地表土层土壤遭到破坏，并且多数被废弃或者作为填方，这就造成了土壤资源的极大浪费，使耕地安全、粮食安全和生态安全等问题日益严峻，建设占用与耕地保护之间的矛盾也进一步突出。我国人多地少，保护好有限的耕地资源，守好耕地红线，是关系十几亿人吃饭问题的大事。

相关研究表明(刘新卫，2008，2016；朱先云，2009；杨紫千等，2017；郭月婷，2017)，在如何减轻建设占用给耕地资源带来的压力，避免土壤资源浪费，从而更为合理地保护耕地，保证耕地占补动态平衡这一问题上，国内外均提倡开展耕地表土剥离再利用工程，该工程主要是剥离耕作层土壤，包括耕地的耕作层，园地、林地、草地等适合耕种的表层或腐殖质层，也包括建设用地和取弃土场等临时用地附着层(谭驱雪，2017)。耕作层土壤剥离再利用是指采取工程手段，将建设用地或露天用地(包括临时性或永久性用地)所占的适合耕种的表层土壤剥离出来，利用设备搬运到一个固定的地点储存和处理，然后将其用于土地整治、土地复垦、土壤改良或造地等工程项目中(谭驱雪，2017)。国外特别是一些发达国家较早开展了耕作层土壤剥离再利用工作，主要发生在矿产开发和各类生产建设活动中，也见于土地改良和土壤污染治理等活动中，并建立了相应的机制与法律，这些国家的相关做法对我国的耕作层土壤剥离再利用工作起到了重要的参考借鉴作用(刘新卫，2008；朱先云，2009；谭永忠等，2013；廖莎和肖海，2015；宋子秋，2017)。国内大量学者从矿区复垦、土地整治、高速公路复垦及绿化、生态恢复、南水北调工程以及三峡工程的移土培肥工作等方面开展了耕作层剥离技术研究。但目前的研究较为零散，尚未形成一套标准的技术方案和技术体系(廖莎和肖海，2015；夏国刚，2016)。

本章借鉴国内外土壤剥离再利用的经验，结合涪陵区马武至龙潭一级公路项目耕作层土壤剥离再利用试点工程实例，运用实地调查、资料分析等方法，对工程施工条件进行分析，探索建立一套涵盖耕作层土壤剥离、存储、管理、运输、再利用等全过程的工作机制，提出耕作层土壤剥离再利用技术方案，方案包括整个工程设计的原则、方法和技术要点，以期为重庆耕作层表土剥离再利用工程的工程设计提供借鉴，为土壤资源的保护提供科技支撑。

12.1   材料与方法

12.1.1   研究区概况

涪陵区马武至龙潭一级公路项目业主为重庆市涪陵区交通委员会，代建人为重庆市涪陵交通旅游建设投资集团有限公司，道路全长 32.8km，起于马武，止于龙潭，耕作层土壤剥离工程在龙潭段公路正线区域开展。龙潭段公路长 2.6km，位于龙潭镇万寿村二社、三社、四社、七社，工程正线总占地 15.94hm^2，土建投资 89.0 亿元，该土壤剥离工程与当地土地整治工程中的土地开发整治项目进行对接。研究区位于涪陵区西南部，属渝中平行岭谷低山丘陵区，地势较为平坦，总体地势两边高、中部低(图 12-1)。地质构造稳定，岩层平缓，无地质滑坡、泥石流现象。研究区内水田多分布在冲田区域，地形坡度为 0°～6°；旱地分布于山坡上，地形坡度在 10°左右。属亚热带湿润季风气候，年平均气温 18.2℃，最低气温 -2.7℃，最高气温 42.2℃；年平均降雨量为 1130mm；无霜期达 11 个月，无冰冻。土壤主要属侏罗系红层母质发育而成的紫色土，pH 呈中性至微酸性，有机质少，氮素储量低，抗冲刷和抗蚀能力弱。有效土层厚度：水田为 0.6～1m，旱地、园地为 0.4～0.6m，林地为 0.2～0.4m。耕地质量等别较好，土壤优质，较适宜进行耕作层土壤剥离再利用。涪陵区的农业和农村经济在整个国民经济体系中占有较大的比重。传统农作物以水稻、玉米、小麦、红苕为主，经济作物以榨菜、油菜、烤烟、水果、茶叶、蚕桑为主，养殖业以饲养猪、牛、羊、家禽、蚕、水产为主。

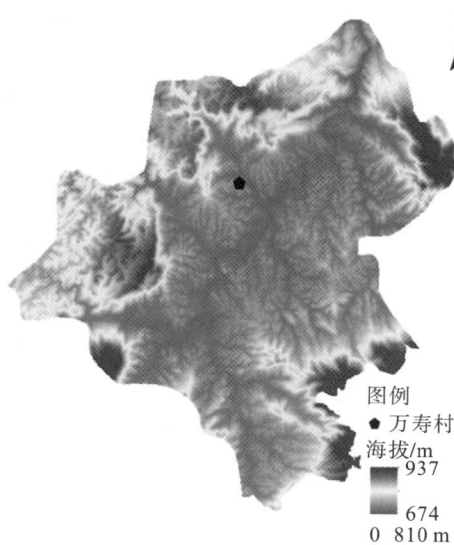

图 12-1   研究区 DEM

12.1.2　数据来源与处理

1∶2000 地形图、1∶2000 影像图、马龙路表土剥离再利用试点工程规划图等图件资料和《涪陵区 2014 年度耕地质量等别评定成果》等文本资料均来源于涪陵区国土资源和房屋管理局；研究区的 DEM 图由课题组成员根据 1∶2000 地形图制作完成；具体的工程规划图由课题组成员根据 1∶2000 影像图和规划图制作完成。在处理这些图形数据时，主要使用 ArcGIS 10.2 与 AutoCAD 软件完成,因全要素地形图及实地踏勘补测数据都是.dwg 格式，需要先在 AutoCAD 软件里完成相关处理，再将.dwg 格式的数据全部转换为.shp 格式，然后以涪陵区最新的 1∶2000 影像图为底图，勾绘出红线范围内的土地利用现状图层，再与规划图进行叠加，描绘出工程规划选取的施工区域和运输路线(图 12-2)。

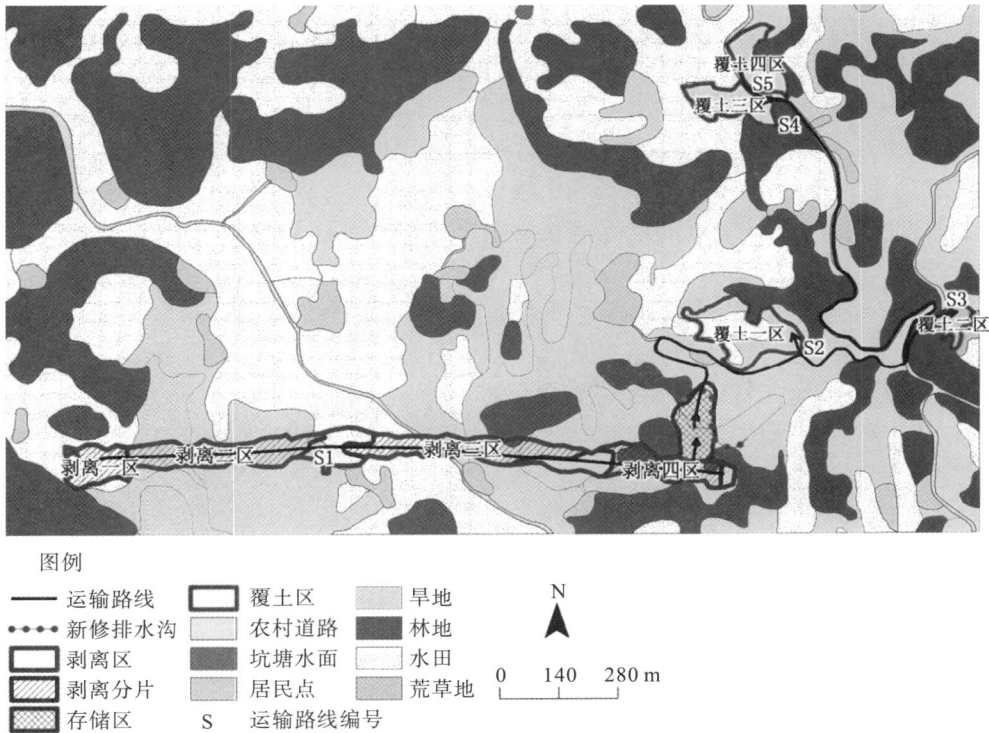

图 12-2　项目工程规划图(见彩版)

研究区土地、土壤等方面的指标数据由课题组成员调查所得，实地调研方法采用的是现场踏勘和参与式农村访谈法，对研究区的地形地貌、周边环境、土壤类型、有效土层厚度等进行记录，并保留必要的影像资料；针对土地权属、农民意见等内容与村社村民进行访谈，同时将具体的工程设计思路与安排与相关主体进行协商沟通，调查结束后整理汇总调查数据，形成数据资料。

12.1.3　研究方法

为保证研究区耕作层土壤剥离再利用工程有序地开展，保护土壤资源，使工程综合效益最大化，对工程方案进行科学合理的设计。结合以往研究(徐炳玉等，2012；李建华等，2013；胡传景和蒲玲媛，2016)，此次马龙路龙潭段公路建设占用耕作层土壤剥离再利用工程布局与设计思路如下。

(1)前期准备。前期准备工作是开展表土剥离设计的重要基础，主要包括资料收集、野外调研、组织管理工作。所要收集的资料包括研究区地形图、影像图、土地利用现状图等图件资料和土地权属信息、耕地质量评定成果等文本资料。野外调研主要是针对研究区自然情况尤其是土壤情况和当地社会经济情况、农民意愿情况等信息做详细了解并形成数据。组织管理工作包括项目具体负责人、负责团队的层级落实，工程任务的具体分工，施工过程及质量的监管等。

(2)确定土壤剥离区、剥离土壤存储区、土壤利用区、土壤运输路线。制定相应的原则，采用"因地制宜"的方法，分别确定剥离区、存储区、利用区的具体位置并形成图件资料，这是表土剥离设计最核心的部分；剥离区内土壤要进行调查评价以确定土壤质量和剥离厚度及计算供土量，存储区要设计土壤保育措施，利用区也要进行土壤调查评价以确定覆土厚度及计算需土量。根据各区域位置及土方量设计运距合理、成本较低的土壤运输路线和方式。

(3)施工。施工环节的主要工作包括剥土、运土、堆土和覆土。剥土和覆土时都要根据研究区具体情况选择合适的施工工艺与设备进行施工操作，结合实际需求在存储区建设土壤保育设施，这是工程设计实施的重要保障。

(4)验收和后期管护。验收是指对研究区土壤剥离再利用工程完成的质量、成效进行检查评价；后期管护主要是针对存储区土壤的管护保育和利用区的维护。

12.2　土壤剥离与储存区设计

12.2.1　土壤剥离工程设计

1. 土壤剥离区选择与剥离量计算

1)剥离区选择原则

研究区占地范围较大，区内每个耕地地块在坡度、地类、面积、有效土层厚度等方面都存在着一定差异，不能盲目进行土壤剥离。科学地选择适合进行耕作层土壤剥离的地块作为剥离区，选择剥离区时需遵循以下原则。

(1)附近有衔接项目。剥离区应选择在附近有土地复垦、土地整治等衔接项目的地方。剥离土壤如果存放时间过长，其理化性质就会发生变化，功能性降低，不利于植物生长。

有项目衔接可以使剥离下来的土壤及时得到利用，实现耕地占补平衡，保护土壤资源，节约土壤保育成本。

(2)地块土壤条件良好。选择剥离区时要选择耕地条件良好的地块，其耕作层厚度不应小于 20cm，土壤肥力水平不能低于周围耕地，甚至要处于较高水平，且土壤未遭到污染和破坏，不存在污水灌溉情况，周围没有明显污染源。

(3)地块集中。考虑到工程成本、剥离难度与操作可行性，以及剥离规模，应选择相对集中成片的地块组成剥离区，地块单片面积不应小于 5 亩，由于国家退耕还林的坡度临界点为 25°，地块地形坡度应在 25°以下(陈心佩和魏朝富，2015)，地块间相对高差在 20m 内(廖莎和肖海，2015)。

(4)有道路连接。有公路或生产便道连接，方便机械设备作业及土壤运输。

(5)地块权属清晰。所选区域地块权属要清晰，且农民同意进行土壤剥离。

2)剥离区选择方法

首先，选取距离龙潭段公路建设研究区直线距离 2km 以内的耕地片块作为剥离区初选片块；将初选片块与马龙路最新的遥感影像图进行叠加，判断其是否已进行开发建设。其次，对未进行开发的耕地现状进行实地调查，将能达到要求的耕地地块作为剥离区备选片块，然后将剥离区备选片块套合至耕地质量等别图上，确定备选地块的耕地质量等别。最后，与国土局、建设方、施工方、村社等各方进行充分沟通，征求意见或建议，确定剥离区位置及范围。

3)剥离区选择结果

依据剥离区选择原则及方法，本项目划定的剥离区位于万寿村万寿桥东侧正线占地区，在剥离区范围内共确定了四个剥离片块(图 12-2)，片块之间紧邻，利于施工，剥离二区、三区和四区之间有部分田块因土壤条件相对较差不进行表土剥离。该区域为传统农耕区，耕地地块地形坡度小于 25°，内部相对高差均在 2m 以内，地块连片集中度较高，权属清晰，四周无工业或农业污染源，也不存在引用污水灌溉现象。公路正线区域设有施工便道，剥离出来的耕作土壤可直接利用正线道路进行机械运输。

4)剥离区土壤调查评价

为确保剥离的土壤土质较好，回覆到覆土区后能够增强区域土壤肥力，改善土地生产条件，对剥离区耕地耕作层土壤进行土壤调查评价。调查评价主要采用内业资料分析与外业补充调查相结合的方法，尽可能依据已有的耕地质量等别调查与评定成果数据，主要指标数据缺少的再采用野外土壤剖面调查与室内土样化验方法获取。评价内容包括每个耕地地块的土地利用类型、土壤质地、有效土层厚度、地形坡度、有机质含量、pH、土壤环境状况等(窦森等，2014；陈心佩和魏朝富，2015；夏国刚，2016；宋立旺等，2017)，指标要求可参考表 12-1。通过评价发现，剥离区耕地土壤土质较好，地块的可剥离有效土层厚度均可达到 30cm，土壤环境状况也符合土壤环境质量标准，具体详见表 12-2。

表 12-1 剥离区土壤调查评价指标

指标	要求
土地利用类型	耕地
土壤质地	壤土、黏土
有效土层厚度	有效土层厚度>40cm；耕作层厚度>20cm，土壤资源紧缺地区可放宽到10cm
地形坡度	<25°
有机质含量	>12g/kg
pH	6.0~7.5
土壤环境状况	有害物质含量各指标值应满足耕作土壤环境质量标准

表 12-2 剥离区土壤调查评价主要指标数据

剥离分区	耕地面积/m²	地类类型	坡度	土壤质地	土壤有机质含量/(g/kg)	土壤pH	有效土层厚度/cm	可剥离有效土层厚度/cm	质量等别
剥离一区	15017.05	水田旱地	2°~6° 15°~25°	黏土	23.9	7	85~90	30	8~9
剥离二区	9530.51	旱地水田	>6°~15° 2°~6°	壤土黏土	18.9~23.9	7	60~110	30	8~10
剥离三区	20400.33	旱地水田	>6°~25° 2°~6°	壤土黏土	16.5~18.9	7	52~80	30	8~10
剥离四区	14040.24	旱地	6°~25°	黏土	16.5~18.9	7	40~90	30	9~10
合计	58988.13	—	—	—	—	—	—	—	—

5）剥离区供土量测算

基于以上土壤调查评价结果，本着"应剥尽剥"、最大化利用表土的原则，确定剥离区耕地耕作层土壤的剥离厚度均为 30cm。土壤剥离量为各剥离片区的土方剥离量之和，采用的计算公式如下（陈心佩和魏朝富，2015）：

$$Q_{剥} = \sum (H_{剥i} \times S_{剥i}) \times f$$

式中，$Q_{剥}$ 表示剥离区土壤剥离量，m³；$H_{剥i}$ 表示第 i 个表土剥离单元的剥离厚度，m；$S_{剥i}$ 表示第 i 个表土剥离单元的剥离面积，m²；f 表示表土剥离率，%，与剥离区面积和剥离工艺有关，一般应不小于 90%，本项目取值 90%。

本项目剥离区土壤剥离量共计约 1.59 万 m³，详见表 12-3。因土壤在剥离和运输过程中存在一定的损失，剥离量按计算的 120%执行（陈心佩和魏朝富，2015）。

表 12-3 剥离区土壤剥离量计算

剥离分区	面积/m²	剥离厚度/cm	剥离率/%	剥离量/m³
剥离一区	15017.05	30	90	4054.60
剥离二区	9530.51	30	90	2573.24
剥离三区	20400.33	30	90	5508.09
剥离四区	14040.24	30	90	3790.86
合计	58988.13	—	—	15926.79

2. 土壤剥离施工

在正式进行土壤剥离前，应先采取人工作业的方式清除耕作表层的杂物。施工时因地制宜地选择剥离工艺和剥离设备，做到施工过程对周围土地扰动最小，对生态环境破坏程度最小，成本最低；尽量避开下雨、刮风等恶劣天气，以免造成水土流失和空气污染。剥离结束后，应及时夯实剥离地面，避免扬尘，及时处理施工过程中产生的垃圾，避免给剥土区域造成污染。

1) 工艺选择

研究区属于丘陵区，有一定的地面起伏，且每个田块周边的情况都不一样，有存在或者靠近未利用地、水塘、林地、道路、坟地等情况。这类地区常采用的土壤剥离工艺主要有条带土壤外移剥离法、梯田模式土壤剥离法、分层平移土壤剥离法等（付梅臣等，2004；董雪，2012；单良，2015）（表 12-4）。结合实地踏勘结果，本项目表土剥离工艺宜采用条带土壤外移剥离法，然后自东向西由内层向外层推进剥离，划分条带时需注意，每个条带的宽度都应是剥离机械设备宽度的整数倍（余敦和袁胜国，2016）。

表 12-4　耕作层土壤剥离常用工艺对比

剥离工艺	优点	缺点
条带土壤外移剥离法	操作简便，易于剥离，适于矿区耕作层土壤剥离	上下土层易混
梯田模式土壤剥离法	剥离方法多样，可操作性强，适于坡耕园地区域	没有在平原施用的先例
分层平移土壤剥离法	土层不易混，适用于平原优质表土剥离	操作技术性较强

2) 设备选择

常见的土壤剥离机械有推土机、挖掘机、拖式铲运机等（董雪，2012；李建华等，2013），各机械设备优缺点对比的具体阐述见表 12-5。结合剥离区实际情况，本项目采用推土机和挖掘机联合作业的方式。地形坡度相对平缓且集中连片度较高的剥离地块以推土机作业为主，地形坡度相对较大且相对分布零散的坡耕地地块采用挖掘机作业，部分机械施工不能覆盖的区域采用人工配合作业。

表 12-5　耕作层土壤剥离常用机械设备对比

机械名称	优点	缺点
推土机	操作中动作灵活，行驶速度快；运输方便，所需工作面较小，易于土方转移；适于地块集中连片、面积较大和地面平整的剥离区	通常不能适应坡度大于10°的地形；切土深度偏小；运输距离比较短，运距较长会增加施工成本；施工过程中容易将上下土层混淆及机器行走过程中容易将土壤压实
挖掘机	能够在坡度较大、土质较硬的地块上作业；适于丘陵等地形坡度相对较大的剥离区	不适宜于农田大面积作业
拖式铲运机	能够独立完成铲土、运土、卸土系列工作，也可与推土机结合使用；机械运转方便，生产效率高；对可供行驶的道路要求较低；适于坡度小于20°的较大面积的土地	能够适应的地形坡度通常小于20°；仅能在含水量25%以下的松散砂土和黏性土中操作；作业时容易将上下土层混淆

12.2.2 剥离土壤存储区设计

1. 剥离土壤存储区选择

1) 存储区选择方法

由于剥离出来的耕作层土壤不一定能够同步利用到覆土区,在不能及时将剥离土回覆利用的情况下需要选择合适的区域用于堆放剥离土壤。结合马龙路最新的遥感影像图,选取距离剥离区 1km 以内,未进行开发建设且配套交通道路的区域作为初选片块,结合地形图与土地利用现状图,在初选片块中选择地形平坦、地块连片、面积适中的耕地或工矿用地作为备选片块,对备选片块进行实地调查形成数据资料,调查内容包括备选片块的区域位置、土地利用现状、地形条件、排泄条件、地质灾害状况、环境状况、水土流失状况等,具体指标要求参考表 12-6(谭驱雪,2017),结合对调研资料的分析,最终确定剥离土壤存储区位置。

表 12-6　剥离表土存储区评价指标

指标	要求
区域位置	距剥离区较近,有道路连通
土地利用现状	耕地、工矿用地;避免占用基本农田、城镇周边等优质耕地或集中连片耕地
地形条件	地形平坦广阔,远离冲沟
排泄条件	配套沟渠,排泄良好,不会产生积水
地质灾害状况	无地质灾害发生
环境状况	生态环境健康,远离污染区、弃渣场、水源保护区、动植物保护区、人群密集区等特殊区域
水土流失状况	不会发生水土流失或经水土保持措施处理后可以避免

2) 存储区选择结果

本项目剥离表土存储区选择在万寿村二社,位于剥离区东北方向,总占地面积 1.0953hm^2,属一般农田区,地势较周围低,地形平坦,不会发生水土流失现象,附近有沟渠,可修建简易排水沟与之连通,不会产生积水,无地质灾害发生,生态环境良好,附近 50m 内无居民点,且不存在明显污染源,紧邻农村道路,十分有利于存储土壤运出,临时用地手续完善,不会产生用地纠纷。为防止土堆垮塌,土方堆放高度一般都为 5m,最高不超过 10m,土堆的外部倾角应小于 45°(傅广仁和段德河,2008;陈心佩和魏朝富,2015),项目剥离土壤土方量约为 1.59 万 m^3,土壤堆放高度按 5m 计算,该区域预计可容纳土方量约 5 万 m^3,能够满足剥离土方堆放需求,较适合作为剥离土壤存储区(图 12-3)。

图 12-3 存储区现状图

2. 剥离土壤存储

雨水侵蚀和自然沉降作用会使得长期存储的耕作土壤养分流失、肥力降低、土壤结构发生变化，不利于表土回填后恢复肥力。因此，需根据实际情况确定表土存储及管护方式，以降低土壤存储风险。存储土壤时应压实土堆，并用编织袋装土围绕土堆坡脚搭砌约 1m 高的临时挡墙，因涪陵区年降雨量较大，还需在存储区内布设临时排水设施，新修 200m×0.6m×0.6m 排水沟一条，与附近沟渠相连以排泄雨水，也可在土堆周围种植青草(傅广仁和段德河，2008；吴平，2015)，以避免土堆发生扬尘、滑坡、水土流失等现象。在清理施工过程中遗留的杂物垃圾时，不得倾倒于土堆附近，防止土堆被污染。另外，要合理安排剥离土壤堆放时间，根据相关研究，堆放时间超过 6 个月的土壤，不利于植物种子的生长和微生物活动，回覆到覆土区上时已失去原有的价值(陈心佩和魏朝富，2015)。

12.3 覆土区、运输与管护设计

12.3.1 覆土区设计

1. 剥离土壤覆土区选择

1)覆土区选择原则

保证剥离土壤利用程度最大化。为使剥离的土壤利用程度最大化，避免浪费宝贵的土壤资源，在经济、技术可行的条件下，应把剥离的土壤都利用起来，用在该用的地方。覆土时，不仅可以就近选择距离剥土区或存土区相对较近的区域就地覆土，也可选择距离相对较远的区域进行异地覆土。但不论是就地覆土还是异地覆土，覆土区都应尽量选择在耕地占补平衡、高标准基本农田建设、坡改梯工程、农村建设用地整治、中低产田改造、废弃园(林)地整治等土地整治研究区，尤其是土地整治研究区内现有耕作层土壤贫瘠，土地生产能力相对较低，但经客土改良、补充土壤、增厚土层后能够大幅提高产出能力的耕地。

将建设占用耕地耕作层土壤剥离再利用工程与土地整治项目结合起来,不仅可以节省很多培育新的耕作层土壤所需的经济成本和时间成本,并且对于增加耕地面积、提高耕地质量、提升土地生产能力、调整农业产业结构,从而加速土地流转,增加农民收入,促进农村经济发展有着十分重要的意义。除土地整治研究区,覆土区也可选择在荒地、低等级耕地、废弃工矿地、临时建设用地等区域进行整治,这样可以使荒弃地、历史遗留土地等得到治理,因生产建设等活动遭到损毁的土地也可得到复垦;或选择在绿化苗圃建设区,为其提供优质土壤培育苗圃。

所选区域外部条件有利于土壤回覆。覆土区域应地块连片集中度较高,地形坡度小于15°,台面坡度小于10°(陈心佩和魏朝富,2015),远离污染区、地质灾害区、动植物保护区等特殊区域,且有道路连接,配套有沟渠等基础设施。

2)覆土区选择方法

结合研究区土地整治项目规划图与土地利用现状图,对土地开发整治研究区的基本条件和现状进行实地调查,调查内容包括地形坡度、用地类型、有效土层厚度及其他农业产业条件、耕地耕作限制性因素等,形成详细调查资料。结合调查所获取的数据资料,选取坡度小于 25°,相对高差小于 20m,有效土层厚度小于 30cm,运输条件较好的耕地、园地或草地等区域作为覆土备选区,可优先选择规划条田整治和坡改梯项目。最后,就覆土备选区域与建设方、施工方、村社等进行充分沟通,选择各方满意的地块,确定为覆土区。

3)覆土区选择结果

本项目共确定了 4 片覆土片区(图 12-2),位于万寿村和金龙村的土地平整区和荒草地开发区,总面积为 4.37hm²。覆土一区、三区、四区为土地平整区,主要进行缓坡整治和田块归并,覆土二区为荒草地开发区,这四部分区域地形坡度相对较小,土地总体较为平整,有沟渠和道路连接,农业产业条件相对完善,耕地耕作限制性因素较少,主要体现在耕地表土层较薄、土地细碎化和撂荒,符合重庆市高标准基本农田建设技术要求,覆土价值较高。

4)覆土区土壤调查评价

为确保覆土区土壤物理化学成分与剥离区土壤一致或互补,覆土后地块的土壤质地可以得到优化,对覆土区土壤进行调查评价,调查评价方法及调查内容与剥离区土壤调查评价一样,但部分调查指标要求与剥离区土壤调查指标要求有差异。其中,覆土区的现状土层平均厚度应小于 30cm,且需调查目标有效土层厚度以确定覆土量;土壤有机质含量原则上应小于 12g/kg,土壤 pH 小于 6.0。通过调查评价发现,覆土区土壤环境状况符合土壤环境质量标准,但土质一般,可以通过回覆优质客土的方式进行开发或改良加以利用,详见图 12-4。

覆土一区现状

覆土一区土壤剖面

覆土二区现状

覆土二区土壤剖面

覆土三区现状

覆土三区土壤剖面

覆土四区现状

覆土四区土壤剖面

图 12-4　覆土区现状图

5）覆土区需土量测算

为了达到工程效果，须使剥土区与覆土区的土方量达到空间上的平衡。因此，覆土区所需土方量要在满足提高覆土区生产能力的前提下保持适宜厚度，覆土厚度依据不同地区及土地利用方式等因素确定，一般情况下南方红壤丘陵区农地覆土厚度为30~60cm（张振超等，2015）。根据以上土壤调查评价工作确定的各覆土片区现状土层平均厚度和需要达到的目标有效土层厚度，计算出具体覆土厚度。覆土区土壤需求总量为选定覆土地块的覆土量之和，采用的计算公式如下：

$$Q_{覆} = \sum (H_{覆i} \times S_{覆i})$$

式中，$Q_{覆}$ 表示覆土区土壤需求量，m^3；$H_{覆i}$ 表示第 i 个表土覆土单元的覆土厚度，m；$S_{覆i}$ 表示第 i 个表土覆土单元的覆土面积，m^2。

经计算，本项目覆土区土壤需求量共计约 1.37 万 m^3（表 12-7）。

表 12-7　覆土区土壤需求量计算

利用区分片	覆土面积/m^2	现状土层平均厚度/cm	需达到的有效土层厚度/cm	覆土厚度/cm	覆土量/m^3
覆土一区	4004	18	60	42	1681.68
覆土二区	20072	30	60	30	6021.60
覆土三区	9112	30	60	30	2733.60
覆土四区	10520	29	60	31	3261.20
合计	43708	—	—	—	13698.08

2. 剥离土壤回覆利用

在表土回覆之前，首先要对覆土区进行土地平整，覆土后，要及时翻耕土地，以达到良好的复垦效果。规划先采用荷重较低的推土机或耙犁将表土铺摊均匀和适当压实，然后再采取机械拖拉机牵引铧犁翻耕，减少由于机械碾压造成的土壤板结和硬化。在覆土方式上，可根据覆土区的种植作物类型选择不同的覆土方式，常采用的覆土方式有平面均匀覆土方式、圆形点状覆土方式、坑状覆土方式、带（条）状覆土方式等（陈心佩和魏朝富，2015；张振超等，2015；余敦和袁胜国，2016），各覆土方式比较见表 12-8。本项目覆土区宜采用平面均匀覆土方式进行覆土。

表 12-8　表土回覆方式比较

覆土方式	具体操作	适用情形
平面均匀覆土方式	按确定的覆土厚度，表面均匀覆土并进行平整，达到耕作要求	全部覆土区
圆形点状覆土方式	以园地植株为圆心，取一定半径进行圆形覆土，覆土半径根据园地植株大小和品种而定。圆形覆土区域以外不覆土或少量覆土	土地利用类型为园地的覆土区
坑状覆土方式	在种植坑内覆土，坑内全部填入客土，种植坑大小根据园地种植品种而定。其他区域不覆土或少量覆土	即将栽植的园地
带（条）状覆土方式	在园地植株行向的两侧一定距离内进行覆土或加高、改良垄作耕地的"垄"	带（条）状种植的园地或垄作耕地

12.3.2　运输设计

表土运输既包括将耕作层土壤从剥离区直接运送至覆土区或存储区,也包括从存储区运送至覆土区。在规划设计运输方案时应遵从线路最优、路面宽度适宜表土运输车辆通行的原则。本项目中剥离区和存储区相邻,剥离表土可直接利用施工便道沿线路 S1 自西向东运送至存储区,覆土区与存储区距离相对较远,但因各覆土区域均有农村道路连接或相邻,路面宽度能够满足汽车、拖拉机等常用公路运输设备。剥离表土也可直接运输:沿线路 S2 运输至覆土一区,运距 930m;沿线路 S3 运输至覆土二区,运距 1820m;沿线路 S4 运输至覆土三区,运距 2890m;沿线路 S5 运输至覆土四区,运距 2960m。耕作层土壤剥离再利用的成本与运距大小关系密切,在一定运距范围内(一般为 3km 以内),耕作层剥离费用约占耕地开垦费的 1/3,而超出 3km 运距,剥离费就会快速增加。运输线路 S1～S5 的运距均不超过 3km,因此是较为理想的运输路线。

运土设备选择自卸汽车,运输时需注意将同一剥离单元的土壤装入同一辆运输车辆进行运输,避免将不同类型、不同质地的土壤混装。运输过程中避免过度轧压土壤,以免破坏土壤特性。运输途中可采取塑料薄膜覆盖等保护措施,以免土壤散落造成浪费和污染(傅广仁和段德河,2008;董雪,2012)。

12.3.3　管护设计

耕作层土壤剥离再利用工程全部施工结束后,应对工程质量进行检查验收,可由重庆市涪陵区国土资源局(现重庆市涪陵区规划和自然资源局)负责组织有关专家成立竣工验收小组,依据《土地整治项目验收规程》(TD/T 1013—2013)对项目工程进行验收。若工程存在问题,应由相关负责人及时解决,竣工验收合格后,由重庆市涪陵区国土资源局(现重庆市涪陵区规划和自然资源局)组织移交,由使用单位负责使用维护。

后期管护主要是针对存储区土堆的保育和覆土区的维护,土堆的保育措施已在前文提及,覆土区的维护主要是对土壤的培肥,表土在剥离、运输、存储以及回覆过程中,土壤结构、紧实度、孔隙度等会受到一定程度的破坏,导致土壤肥力下降,因此就要对土壤进行培肥使其恢复肥力。土壤的培肥可采用一定的生物化学技术措施,如种植能培肥土壤的豆科草本类植物或蔬菜,增施农家肥、有机肥、化肥等,以此增加土壤有机质和养分含量,从而恢复和提高表土的地力水平。同时要对覆土区的土壤理化性状、作物生长状况进行 3～5 年的长期调查监测,达到一定产量后再次进行验收(窦森等,2014),符合条件的还可以划入基本农田保护区。项目建设单位要及时委托农村集体经济组织或项目受益人对研究区的农田水利设施、道路、林网等进行管理和养护,签订管护合同,落实好管护责任。

12.4 耕作层剥离与异地覆盖再利用技术凝练

耕作层表土剥离与异地覆土是在保证建设占用的前提下有效保护土壤资源、优化土壤资源配置的一种有效方法，是将以土壤作为限制性因子的土地转变为可以利用土地的最佳途径。但是，对耕作层表土进行剥离与异地覆土并不是简单的土壤移动，还涉及众多的工程技术、经济可行性、土壤保持、覆土对象等，耕作层表土剥离与异地覆土必须处理好几大问题：第一，在哪里剥、剥多厚、土壤是否有污染；第二，堆在哪里、如何保护土壤；第三，覆到哪里、覆多厚；第四，交通状况如何、剥离与覆土是否同时进行；第五，经济可行性如何。这些问题均需要在耕作层表土剥离与异地覆盖再利用前分析清楚，并制定详细的技术方案(图12-5)。

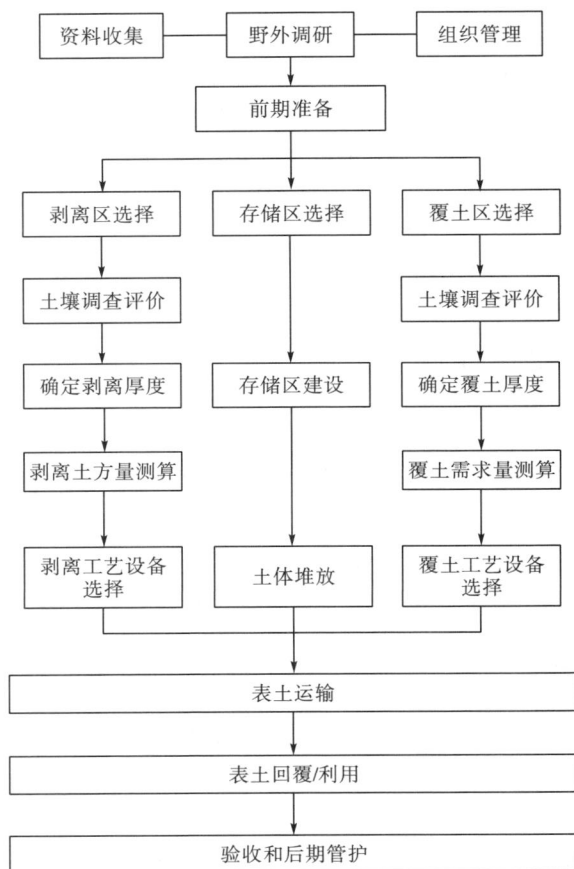

图 12-5　耕作层剥离与异地覆盖再利用工程布局与设计技术

耕作层剥离的技术要点有四个。第一，评价多大的地块需要开展耕作层剥离，评价被剥离土壤是否受到污染或损坏，估算土壤剥离量。第二，评价被剥离区是否通公路(可达性），分析土壤临时存放点或待覆土区到剥离区的距离，分析经济可行性。第三，土壤临时堆放点相关防灾措施的布设。第四，评估土壤剥离的物理质量，剥离前开展除杂，运输或堆放时减少砾石含量。

运输设计技术要点有两个。第一，优化剥离区与堆放区、覆土区或堆放区与覆土区的运输路径，在不影响周围居民生产生活的条件下，尽量选择最短路径，降低运输成本。第二，路径选择尽量避开集中居住区或连片耕作区，尽量避开通往居住区或耕作区的田间道，使用很少通行的碎石田间道，避免对优等路面的破坏。

异地覆盖再利用技术要点有四个。第一，分析覆土区农户意愿及覆土区土地利用、产业发展等状况，评估哪些区域需要覆土以及覆土厚度、需土量等。第二，制定生土、熟土、清杂（砾石）、平整等覆土工艺流程。第三，对覆土后的地块进行相应工程的布局，包括修筑田坎、田间道路、灌排系统等。第四，制定详细的后期利用与管护措施，包括土壤培肥、翻耕、平整等。

12.5　小　　结

以马武至龙潭一级公路表土剥离再利用试点工程项目为依托，提出了建设占用耕地耕作层剥离与异地覆盖再利用技术。将剥离区选择在万寿村的万寿桥东侧正线占地区，通过土壤调查评价，该区土壤条件符合剥离要求，故采用条带土壤外移剥离法，推土机和挖掘机联合作业的方式，共剥离土壤约 1.59 万 m^3，将其暂时存储在存储区进行保育管护，工程后期用自卸汽车沿运距最理想的运输路线运送至衔接项目，覆土区选择了位于万寿村和金龙村的土地平整区和荒草地开发区，通过土壤调查评价，覆土区需覆土约 1.37 万 m^3，剥离区土壤供给量和覆土区土壤需求量基本实现动态平衡。全部工程施工结束后，对覆土区域进行定期管护，保证覆土效果。

表土剥离技术不是单独的环节，其涉及取土地点、存土地点、利用地点的选择，表土的剥离，运输路径的优化和土地的平整、培肥等过程。在对耕作层土壤剥离及再利用工程技术进行研究时，要注重对工程技术体系的构建，统筹安排工程的各个环节，尽量做到"剥土—运土—覆土"同步实施，用科学的方式进行表土剥离和再利用工作，以取得良好的工程效果。此外，通过计算还发现本项目工程剥离区土壤供给量大于覆土区土壤需求量，这种情况下，本着物尽其用、避免资源浪费的原则，应扩大剥离土壤的利用范围，将利用方式多元化，不限于覆土到土地上，也可以将其商品化，出售给有需求的单位，如园林公司、园艺公司、绿化公司、蔬果鲜花种植基地等，用于花卉苗圃、食用菌种等的培育，这样不仅可以使全部剥离土壤得到利用，还可以吸引社会资金参与到耕作层土壤剥离活动中，将表土的资源和资产价值最大化。

"剥土—运土—覆土"同步实施的情况在实际操作中发生得相对较少，常常剥离后需要短暂堆积后才能找到待覆土区，因此，剥离、运输、覆土需要同步考虑，但不一定同步实施。而且，在这一过程中，经济可行性也是非常重要的。

第13章 坡地水土保持和污染物拦截
与消纳技术

近年来,随着点源污染得到有效控制,农业经济的快速增长又使得非点源污染问题变得尤为突出,且逐渐成为各种水环境污染的重要原因。农业非点源污染主要来源于农业生产过程中的化肥、农药、农膜、集约化养殖场、农业机械渗漏及农村生活垃圾等(付菊英等,2014;张广纳等,2015;杨建辉,2017)。据统计,每年约有1500万t的氮从农田流失,造成大江大河和水库等水生生态系统的污染,进入长江和黄河的氮素中,分别约92%和88%来自农业(顾晓君等,2010;刘文治等,2010;Ockenden et al.,2012)。目前,对污染物的拦截与消纳,主要是采取生态工程措施来解决。污染物拦截与消纳生态工程措施主要包括生态沟渠、植被缓冲带和人工湿地等。这些工程措施各有优缺点,对污染物的拦截与消纳效果也各不相同,但它们存在未形成系统体系、成本高、空间布局不合理和大范围开展困难等问题,如何对各种工程措施进行优化布局与设计,使多种工程措施耦合协调形成污染物拦截与消纳工程体系是当前开展污染物拦截与消纳工作亟须解决的关键技术之一(付菊英等,2014)。

相关研究表明,近年来,国土综合整治与生态修复作为促进国土资源合理利用、实现耕地总量动态平衡的重要手段,不仅在促进土地节约集约利用、提高土地利用率等方面发挥着重要作用,还对改善生态环境和景观格局具有重要影响(杨晓艳等,2005;叶英聪等,2017)。中国每年投资1000亿元左右,进行大规模土地整治,若借助土地整治项目,利用其资金与工程优势,进行污染物拦截与消纳工程体系建设,将是经济效益与生态效益双赢的利国利民之举(叶艳妹等,2011)。但通过调查发现,一些国土整治工程的不合理布局和生态化设计的不足,导致一些工程成为"空摆设",其功能不能有效发挥。本章借鉴国内外关于农业非点源污染治理的经验,在土地整治工程的基础上,根据大江大河流域和水库周围的特点,以重庆市铜梁区南城街道办事处黄门村国土整治研究区为例,运用ArcGIS 10.2中的泰森多边形、点密度分析和Hydrology等模块构建集点、线、面于一体的大江大河流域与水库周围污染物拦截与消纳工程体系,并系统地提出污染物拦截与消纳工程优化布局与设计的原则、方法和技术要点,以期为大江大河流域和水库周围污染物拦截与消纳工程的优化布局与生态化设计、土地整治工程的优化布局与设计提供借鉴,为国土综合整治与生态修复、绿水青山与美丽乡村建设作出一点贡献。

13.1　材料与方法

13.1.1　区域概况

　　根据研究需要,选择位于嘉陵江支流三滩河和玄天湖水库之间的重庆市铜梁区南城街道办事处黄门村国土整治研究区为研究对象。研究区属于典型的方山丘陵地貌,局部区域呈浅丘平坝地形,海拔为 258~640m,整体地势相对较平坦(图 13-1)。根据第二次全国土地调查成果数据统计,研究区土地总面积为 355.57hm^2,其中,耕地 153.60hm^2,占总面积的 43.2%,旱作地耕作台面坡度相对较小,水田田块之间田面高差较小,耕地地形坡度全部在 25°以下。土壤以紫色水稻土和灰棕紫泥土为主,土壤质地偏黏,耕作费力,宜耕期短,土壤养分丰富,供肥持久平稳。气候属于亚热带湿润气候,年平均气温 17.9℃,多年平均降雨量 1048mm,月最大降雨量 164.1mm,月最小降雨量 22.7mm,最大暴雨量 45mm/h。研究区北部有三滩河自西向东北环绕研究区北部;东北部石登河,起于玄天湖水库,与三滩河于富家桥相汇合,为玄天湖的泄洪渠道;东部玄天湖为降雨和地下水补给性水库,水质为一级,是铜梁县城居民饮用水源,出水量 10^{4}m^3/d,同时也作为黄门村灌溉水源,年供水量约 50 万 m^3。研究区产业发展主要规划为现代设施农业区和休闲旅游度假区两类(图 13-2)。

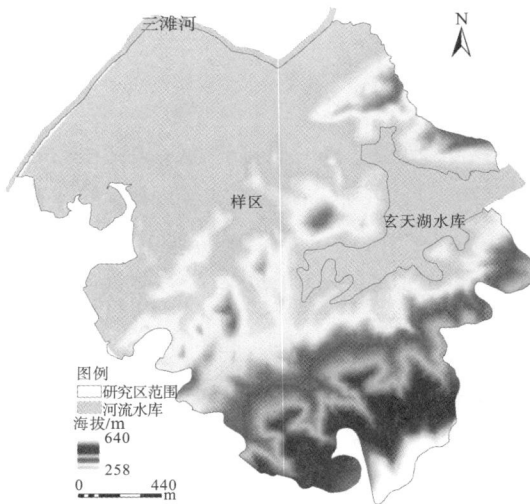

图 13-1　研究区 DEM　　　　　　　图 13-2　研究区产业规划布局图

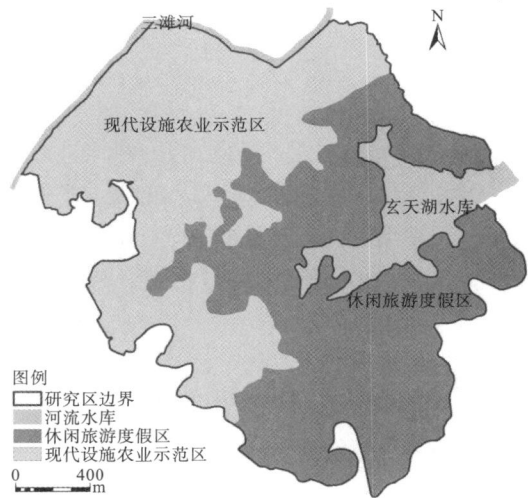

13.1.2　数据来源

　　研究区 1:2000 地形图、2015 年土地利用现状图来源于铜梁区土地整理储备中心;

DEM 图由课题组人员根据 1∶2000 地形图制作；沟渠体系的现状(宽度、长度、材质、节点搭配等)由铜梁县土地整理储备中心提供的土地整治工程现状沟渠图件和课题组人员调查所得，沟渠体系的未来规划目标在综合镇人民政府、村委会或村民代表提供、大多数农民、经营主体、相关部门意见的基础上得出；研究区内部及周围的建材、造价信息及当地材料、机械设备实际市场价格和运费情况等数据来源于实地调研和县建材市场。实地调研方法采用的是现场踏勘和参与式农村访谈法，课题组于 2017 年 7 月 22 日至 27 日对研究区进行了现场踏勘和参与式农村访谈，具体内容主要是上述数据的获取，同时将具体的沟渠体系规划设计思路和安排与相关主体(乡镇村干部、产业经营主体、当地居民等)进行协商沟通，讲解我们的规划设计思路，并征求他们的建议或意见。

13.1.3　研究方法

基于源-汇景观理论，借助土地整治项目建设的污染物拦截与消纳工程体系，立足当前污染物源头难以减量的现实情况，通过新修或改造原有工程进行污染过程拦截与消纳，其关键在于识别出污染物的汇集路径，并在其路径上通过工程与生物措施进行拦截。集点(垃圾池)、线(生态沟渠)和面(植被缓冲带)于一体的污染物拦截与消纳工程体系，其数量、长度、面积、位置、结构及连通度等决定着污染物的拦截与消纳效率。本章主要通过 ArcGIS 10.2 软件对研究区污染物拦截与消纳工程进行布局优化，利用 Hydrology 模块提取研究区自然水流汇集路径，运用密度分析与缓冲叠加分析合理布局垃圾池位置，同时，选取相应指标描述垃圾池、沟渠池凼[①]和植被缓冲带优化前后的变化。

1. 泰森多边形

泰森多边形法是对离散的采样点进行区域划分的重要方法(朱求安等，2005；曾红伟和李丽娟，2011；刘晓菲等，2012；段德忠等，2015)。泰森多边形面积随样点的分布而变化，可用泰森多边形面积的变异系数(coefficient of variation，CV)来评估居民点的分布类型，再结合点密度分布对居民点进行区域划分，以便于垃圾池的布设。变异系数定义为泰森多边形面积的标准差与平均值的比值，计算公式(张绍云等，2016)为

$$CV = S/X$$

式中，S 为泰森多边形面积的标准差值；X 为泰森多边形面积的平均值。

2. Hydrology 模型

本章基于 Hydrology 模型，运用坡面径流模拟算法(汇流累积算法)，通过填洼、流向分析和计算流水累积量等步骤能快速提取流域自然汇水路径，并将其作为沟渠优化的主要参考依据。

---

① 凼，即水坑、水池子，与灌排沟渠、蓄水池、沉沙池等一起简称为沟渠池凼。

13.2　污染物拦截与消纳工程空间优化与设计

13.2.1　垃圾池空间优化与设计

1. 垃圾池空间优化与设计原则

垃圾池主要用于防止研究区居民生活垃圾的随处丢放，从点上对污染物进行拦截并外运，以减少污染物的污染。垃圾池的分布主要受居民点及道路通达性等的影响，在垃圾池的空间优化与设计过程中，需坚持以下原则及要点：由于农村居民点存在着"大分散，小集中"的特点，不可能为每个居民点配备垃圾池，只需在居民点相对集中的地方布设垃圾池；垃圾池的布设既不能离居民点太远给居民生活垃圾投放造成不便，也不能太近使居民居住环境受到影响；垃圾池的布设应尽量靠近道路，以便于垃圾的及时外运；垃圾池的布设应尽量远离灌排沟渠以免造成水质污染；垃圾池应设置雨棚，以防止垃圾污染物随地表及地下径流汇入河道及水田。

2. 垃圾池空间优化与设计方法及要点

为科学合理地确定垃圾池的空间位置，应首先识别出居民点的聚集情况，再依据道路与沟渠分布情况，确定垃圾池的布设位置。根据研究区居民点分布图，通过 ArcGIS 10.2 对利用居民点创建的泰森多边形（图 13-3）面积进行统计发现，$S \approx 1031.93\text{m}^2$，$X \approx 1503\text{m}^2$，$CV \approx 68.66\%$。根据相关研究，当点状目标为集群分布时，$CV = 92\%$；当点状目标为均匀分布时，$CV = 29\%$；当点集为随机分布时，$CV = 57\%$（Duyckaerts and Godefroy，2000）。故研究区居民点呈集群分布。

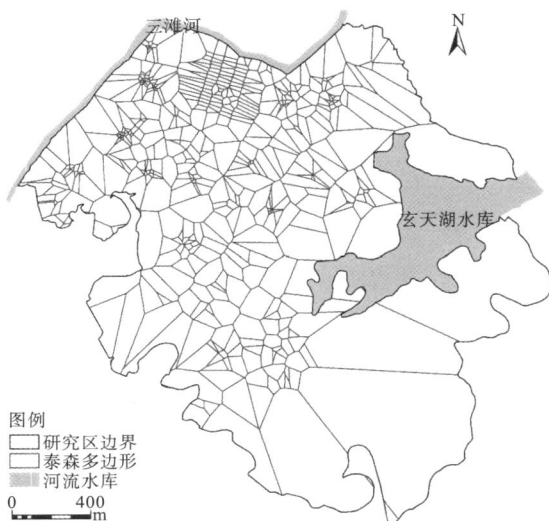

图 13-3　研究区居民点泰森多边形空间分布图

利用上述结果，进一步对研究区居民点作密度分析得到居民点密度图层(图 13-4)，通过统计发现，58.1%的居民点主要集中分布在密度为 0.0009～0.0027 户/km² 的 14 个区域，对现状道路做 5m 缓冲区分析得到道路缓冲区图层，将密度大于 0.0009 户/km² 的 14 个区域与道路缓冲区进行叠加相交分析，然后再与沟渠缓冲区图层进行叠加擦除分析，最后得到垃圾池的布设位置。

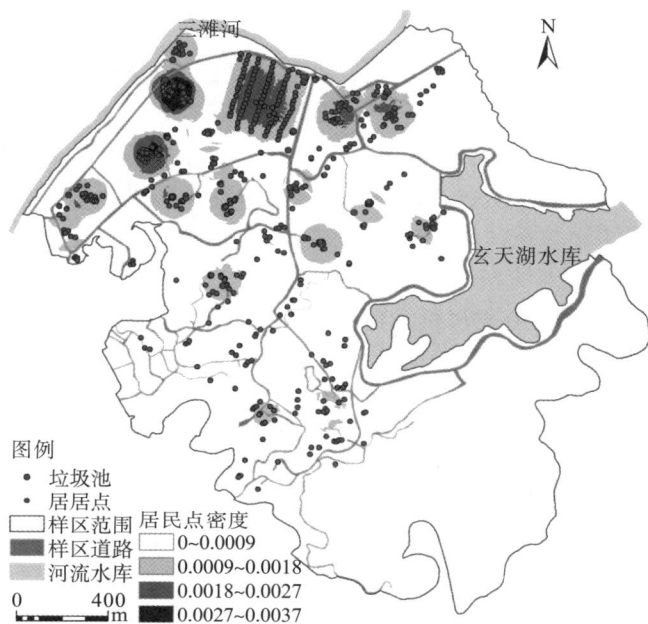

图 13-4　居民点密度及优化后垃圾池分布(见彩版)

垃圾池的具体设计取决于布设能辐射到的人口数量，因此在进行垃圾池的容积与数量设计时，应首先以垃圾池为圆心向四周做 100m 缓冲区分析，统计在这个缓冲区内总共居住有多少人，然后再按照农村人均日生活性垃圾量 0.86kg 计算得出垃圾池的总容量，如果得出的总容量过大，则可以选择增加垃圾池数量以满足当地居民生活垃圾投放的需要。垃圾池宜采用浆砌砖进行修建，以增加垃圾池的使用寿命。

3. 垃圾池空间与优化设计结果

研究区现有居民 525 户，2347 人，仅有垃圾池 10 个，且集中分布在研究区北部的两个地方，当地居民生活垃圾绝大部分随意堆放在居民点附近。按照垃圾池空间优化与设计原则、方法及要点，结合《重庆市土地开发整理工程建设标准(试行)》、研究区居民点、道路及沟渠分布对研究区垃圾池进行空间优化与设计，在研究区 14 个居民点相对集中的区域布局垃圾池，垃圾池容积视当地居民点数量而定。

13.2.2　沟渠池凼空间优化与设计

1. 沟渠池凼空间优化与设计原则

生态沟渠池凼系统能高效拦截净化氮磷污染物，并兼具美化生态景观的功能(施卫明等，2013)。生态沟渠的布设主要受自然水流汇集路径、农业生产灌排需求和自然坑塘水面分布等因素的影响，在进行沟渠池凼空间布局优化与设计时，应坚持以下原则与要点：沟渠应布局在自然水流汇集路径上或尽量与自然水流汇集路径贴合，以满足灌排需求，实现物尽其用；截水沟、灌排沟、沉沙池和蓄水池(包括天然坑塘)等应相互串连，以延长污染物在沟渠池凼的停留时间，最大限度减少进入河流、水库的污染物；灌排沟渠应根据当地产业规划引导布设；沟渠设计应避免过度水泥化，宜因地取材，进行生态沟渠设计；蓄水池布设在坡面雨水汇流处，充分利用有利的汇水地形将天然降雨汇至蓄水地点。

2. 沟渠池凼空间优化与设计方法及要点

1)沟渠池凼空间优化方法

沟渠池凼空间优化主要是通过对现有沟渠池凼的布局走向加以调整或在需要的区域额外增加新的沟渠池凼，使沟渠布局尽可能与天然汇水路径相贴合，并将截水沟、灌排沟、沉沙池和蓄水池(包括天然坑塘)等相互串连，在满足研究区灌溉排水需要的基础上，延长污染物在沟渠池凼的停留时间，最大限度减少进入河流、水库的污染物量。

沟渠的空间布局主要依据 ArcGIS 10.2 中的 Hydrology 模块进行，在分析过程中根据流水累积量阈值与河网密度的关系来确定合理流水累积量阈值，根据二者变化情况发现，当流水累积量阈值为 3500 时，河网密度出现一个突变后趋于平缓，故将 3500 作为最适流水累积量阈值，得出研究区自然水流汇集路径(图 13-5)，再根据研究区自然水流汇集路径布设沟渠。依据自然水流汇集路径布设沟渠能充分满足研究区的排水需要，但不能满足研究区农业发展的灌溉需要，因此，根据实地调查研究所得，以研究区沟渠辐射半径单边50m 对自然水流汇集路径作缓冲区，然后与研究区范围、坑塘水面、DEM 重叠，在缓冲区未覆盖的农业区域新规划若干灌溉沟渠。将各种沟渠与坑塘水面相连接，再在灌溉沟渠的进水口布设蓄水池，在排水沟和截水沟的出水口布设沉沙池，以增加污染物在沟渠池凼的停留时间，实现污染物的拦截与消纳。

2)沟渠池凼生态设计要点

按照《重庆市土地开发整理工程建设标准(试行)》和《灌溉与排水工程设计标准》(GB 50288—2018)中关于渝西丘陵平坝工程类型区各项工程建设标准的要求，水田灌溉保证率应达到 85%，旱地灌溉保证率应达到 80%，地面排水工程按 10 年一遇标准设计，三日暴雨不淹田，一日内排除积水，干旱能满足蔬菜生长需要。

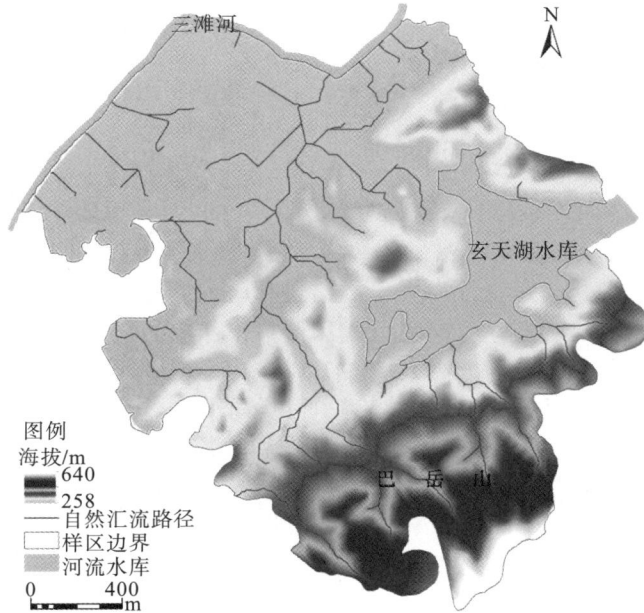

图 13-5　研究区自然水流汇集路径(见彩版)

沟渠设计应采用小流域洪水计算方法,根据推理公式法进行洪峰流量计算,排水沟横断面设计采用均匀流公式计算。通过以上计算,选取新修排水沟理论断面结构,根据其控制面积、排水流量、沟底比降等参数进一步确定排水沟断面设计尺寸。沟渠池函的建设不应过度水泥化,而应该根据不同的沟渠类型和作用,采用不同的材质,在满足生产生活需要的前提下,还需体现生态化。如针对传统的灌排沟渠,可以在渠底每隔 10m 设置一个长 1m、深 0.2m 的凹形槽,在槽内种植湿生植物,以达到拦截和消纳部分污染物的目的。

沉沙池不仅应发挥拦截污染物的作用,还应挖掘其污染物消纳功能。由于沟渠中的大量泥沙和营养物质在此沉积,可在其内种植莲藕以消纳泥沙中的营养物质。

蓄水池的容积根据其所在位置的汇流水量确定,宜采用浆砌砖修建并用水泥砂浆抹面以防渗漏。蓄水池前后应分别布设进水口和出水口,进水口接沉沙池引水入池,出水口经沟渠接入附近灌溉渠或附近水田。在实际施工中,在满足蓄水池蓄水及供水要求的前提下,可以因地制宜结合当地地形适当调整蓄水池的具体形状,但要求尽量少占耕地,避免高填深挖。为达到消纳污染物的效果,蓄水池中可引入水葫芦等水生植物以消纳水中的过多营养物质。

3)沟渠池函空间与优化设计结果

按照沟渠池函空间优化与设计的原则、方法和技术要点,对研究区各类沟渠、沉沙池和蓄水池进行空间优化布局与设计(图 13-6)。根据研究区地形地貌、产业发展、自然水流汇集路径、现有沟渠分布等的不同,主要进行沟渠新修与改造、蓄水池新修和沉沙池新修(表 13-1)。

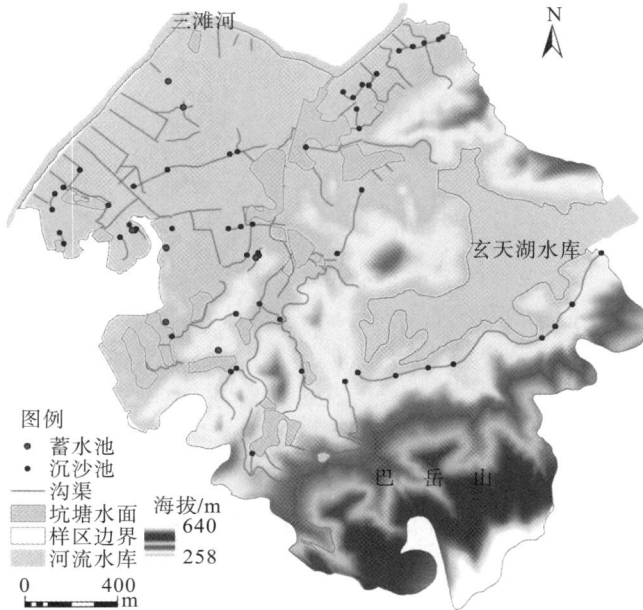

图 13-6　优化后的沟渠池凼分布（见彩版）

表 13-1　沟渠池凼空间优化与设计结果

类型	单位	数量	水源	作用
新修排水沟(0.8×1.0)	m	2471	坝田	解决 12 组北部坝田田块内的排水问题
新修排水沟(1.0×1.25)	m	3010	坝田、冲田	解决 8 组、13 组西北部水田、东南部坝田、东北部冲田排水问题
新修排水沟(1.2×1.25)	m	782	平坝水田	主要承接上游(蔬菜种植区西南部)排水沟的来水，解决 8 组、9 组、13 组西南部水田排水问题
新修排水沟(1.5×2.0)	m	133	上游排水	承接上游来水，解决 4 组西南部水田排水问题
新修灌溉渠(2.0×1.0)	m	1442	玄天湖	为蔬菜种植区的主要排水沟与灌溉渠，一渠两用，主要承接上游玄天湖的来水，解决 7 组、9 组、10 组、12 组水田排水和灌溉
整修排水沟(1.5×1.5)	m	467	坝田	解决 3 组坝田田间排水问题，并承接坡面来水
整修排水沟(1.5×2.0)	m	1663	坝田、冲田	解决 4 组、5 组、7 组河水沟区域田间排水问题，并承接上游果蔬和旅游休闲度假区的来水
新修排水沟(0.4×0.4)	m	602	蓄水池	为蔬菜种植区的灌溉渠
新修沉沙池	口	38	—	沉淀沟渠中过多的泥沙
新修 50m³ 蓄水池	口	3	—	满足现代设施农业种植区西部 8 组张家坡大片旱地灌溉和育苗、保苗需水量
新修 100m³ 蓄水池	口	4	—	满足现代设施农业种植区西部 14 组沙坡、青岗坡大片旱地灌溉和育苗、保苗需水量

　　新修与改造沟渠。主要新修各类沟渠 37 条，改造沟渠 3 条，总长 10570m。其材质主要为浆砌砖、浆砌石和生态袋，其尺寸依据汇水量计算得到，沟渠的生态化设计主要是在渠底每隔 10m 设置一个长 1m、深 0.2m 的凹形槽，在槽内放置鹅卵石或种植湿生植物，以达到拦截和消纳部分污染物的目的。

新修沉沙池。主要布设在蓄水池前约2.5m处或沟渠交叉处，沉沙池长2.0m、宽1.0m、深0.8m，池壁采用浆砌砖砌筑，壁厚240mm，并在池体内侧及顶部采用1∶2.5水泥砂浆抹面，抹面厚度不小于20mm，池底采用60mm厚C20砼底板。其生态化设计主要是在沉沙池内种植莲藕或其他水生植物以消纳泥沙中的营养物质，不仅可减少进入蓄水池的泥沙，还可降低池中的养分含量。

新修蓄水池。蓄水池主要布设在坡面雨水汇流处，即自然水流汇集路径的出水口，充分利用有利的汇水地形将天然降雨汇至蓄水地点。蓄水池的大小根据其所在位置的汇流水量确定，因地制宜地修建。根据研究区情况，主要新修容积分别为50m³、100m³两种规格的蓄水池。设计50m³蓄水池为圆形嵌入式水池，设计蓄水池内半径为2.65m、外半径为3.02m、深为2.5m，呈圆柱状，蓄水池池壁采用M7.5浆砌砖砌筑，厚度为370mm，底板采用现浇C20砼，厚度为100mm，在每口蓄水池设置梯段，梯段总长4.48mm、宽1.0m、总高2.5m，每个台阶踏步宽0.28m、高0.15m，蓄水池梯步采用C20钢筋混凝土现浇楼梯形式，主要布设直径10mm和14mm的钢筋；设计100m³蓄水池也为圆形嵌入式水池，设计蓄水池内半径为3.7m、外半径为3.9m、深为2.5m，呈圆柱状，蓄水池池壁采用现浇C20钢筋混凝土，厚度为200mm，底板采用现浇C20砼，厚度为200mm，在每口蓄水池设置梯段，梯段总长4.48mm、宽1.0m、总高2.5m，每个台阶踏步宽0.28m、高0.15m，蓄水池梯步采用C20钢筋混凝土现浇楼梯形式，主要布设直径10mm和14mm的钢筋。其生态化设计主要是在池中养殖鱼类或引入水葫芦等水生动植物以消纳水中的过多营养物质。

13.2.3　植被缓冲带空间优化与设计

1. 植被缓冲带空间优化与设计原则

植被缓冲带在污染物拦截与消纳和景观生态修复方面具有重要作用，结构单一、宽度过窄的植被缓冲带难以发挥污染物拦截与消纳功能，而过于混杂和宽度过宽的植被缓冲带则不能有针对性地拦截与消纳污染物，还可能占用其他土地，降低经济效益。植被缓冲带的空间优化配置与设计应遵循以下原则。

(1)因地制宜。这是污染物拦截与消纳工程优化布局与设计的基本原则，河库岸植被缓冲带的宽度可依据地势情况、产业规划等确定，但需保证最低宽度能有效拦截与消纳污染物；对于不同地段植被缓冲带的组成结构也应根据该地的不同情况采取不同的搭配，以有针对性地最大限度地拦截与消纳不同污染物。

(2)生态与经济效益兼顾原则。植被缓冲带越宽，对于污染物的拦截与消纳效果越好，但是当植被缓冲带达到一定宽度时，其污染物的拦截与消纳效果减弱，超出的部分不但不能有效拦截与消纳污染物，反而还会占用农业与建设用地，造成土地资源浪费。应兼顾生态与经济效益，做到合理规划、布局、设计植被缓冲带。

(3)产业引导原则。不同的产业发展规划和思路，对植被缓冲带的需求差异较大，而不同的植被缓冲带反过来对产业发展的推动作用也表现出较大差异性。产业规划定位不同对植被缓冲带的长宽、面积、植被类型、结构等需求均不同，在布局植被缓冲带时一定要基于产业发展导向。如在现状设施农业区，为了少占农用地，植被缓冲带以 7～10m 为宜，植被种类以对化肥、农药有较强吸附能力的植被为主；在旅游休闲度假区，为了提升该区生态环境，迎合产业发展，植被缓冲带可宽一些，以对氮磷营养物质吸附较强、观赏性好的水生湿地植物为主。

2. 植被缓冲带空间优化与设计方法及要点

植被缓冲带作为污染物拦截与消纳工程体系的最后一道防线，应紧邻河流和水库岸线布设，需要协调河流、水库岸边的土地利用类型，开展营造林工程和生态湿地建设，如将紧邻河流、水库岸边的耕地退还为林地或生态湿地，通过营造林工程合理规划配置树种和湿地植物，以达到对污染物的拦截与消纳效果。对于植被缓冲带宽度的确定，目前国内外针对不同情况进行了大量研究，但关于缓冲带能有效控制的污染物的最小宽度争议较大（郭二辉等，2011）。Castelle 等（1994）建议将植被缓冲带宽度设置为 10m，而 Srivastava 等（1996）和郭春秀等（2011）则认为很窄的缓冲带就能移除大部分的污染物，大部分沉淀物和营养物质在缓冲带开始的 7.17m 处就能被有效拦截。李世锋（2003）研究表明，7.1m 宽的植被缓冲带能拦截地表径流中 78% 以上的污染物。

综合前人研究成果，结合研究区的实际，如研究区地形条件、土地利用类型及现有缓冲带最大宽度和最小宽度等因素，得到以下三点结论。

(1) 在借助土地整治营建植被缓冲带过程中，植被缓冲带最适宽度既不能为了生态效益一味求宽，也不能为了当地经济发展需要而尽量变窄，而应该结合当地地形条件、土地利用现状分布和产业发展状况等因素，因地制宜，以生态效益不降低、经济效益有提高为目的，有效兼顾，进行合理布设。

(2) 植被缓冲带的设计应能有效拦截和消纳土壤和水分中的富营养物质，其宽度至少要达到 9m，依据地势与产业定位的不同，植被缓冲带在保证最低要求后，可适当调整，在沟渠的排水口植被缓冲带宽度应比其他地方更大。

(3) 不同的产业发展区域植被缓冲带设计也应不同，如现代设施农业区植被缓冲带应以能拦截和消纳农业面源污染物的植物为主，旅游休闲度假区植被缓冲带在能拦截与消纳污染物的基础上，还应注重植被缓冲带的美观效果。

3. 植被缓冲带空间优化与设计结果

根据研究区现有植被缓冲带分布和产业发展规划，认为研究区河流和水库岸边均有宽度不一的植被缓冲带间断分布，且这些植被缓冲带都分布于河流、水库与河流岸线道路、环湖道路之间，通过测量发现河流与河流岸线道路的最短距离约为 9m，已达到相关研究成果中植被缓冲带最小宽度 7m 左右的要求，且河流沿岸区域属于现代设施农业示范区范围，因此基于植被缓冲带的连续性、当地经济发展效益和生态效益考虑，在原有植被缓冲带宽度不改变的基础上，在河流与河流岸线道路之间的区域，以河流岸线为基准向道路方向 9m 的区域作为新增植被缓冲带。通过测量发现玄天湖水库库岸与环湖道路间隔为 6～280m，考虑到该区域产业规划为休闲旅游度假区，玄天湖水库为下游城区水源地，环湖线以外绝大部分为林地，环湖线离水库较远一侧布局有截水沟和沉沙池，因此将位于环湖道路与水库之间的区域均划为植被缓冲带范围。优化后的植被缓冲带如图 13-7 所示。

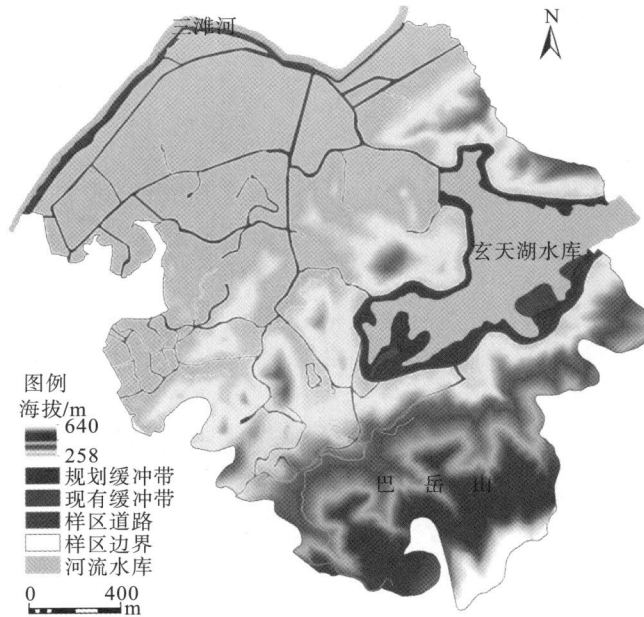

图 13-7　优化后的植被缓冲带分布（见彩版）

13.3　污染物拦截与消纳工程优化前后对比

为确保借助土地整治工程对污染物进行拦截与消纳的可行性和推广性，必须优化工程体系空间布局与设计。为此，对研究区污染物拦截与消纳工程体系的一些特性在优化前后进行对比分析，结果见表 13-2、图 13-8。

表 13-2　研究区污染物拦截与消纳工程优化前后对比

项目	指标	优化前	优化后
垃圾池	辐射居民点占比/%	4.57	59.81
沟渠池函	连通度/%	42.70	61.26
	有效灌排面积/%	51.77	57.73
	排涝能力	5 年 1 遇	10 年一遇
	水泥化占比/%	100	81.74
	沉沙池数量/口	0	38
	蓄水池数量/口	0	7
植被缓冲带	植被缓冲带面积/hm^2	6.27	12.39
	临河湖长度/m	2216.52	7003.16

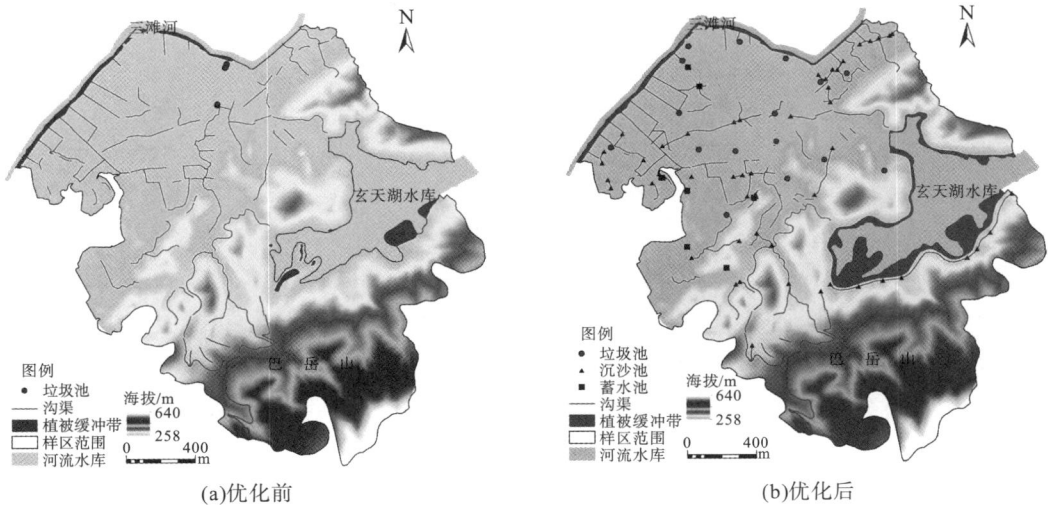

图 13-8　污染物拦截与消纳工程体系优化前后对比（见彩版）

研究区优化后的污染物拦截与消纳体系明显体现出资源节约、环境友好的生态型土地整治理念。优化前的沟渠布局生硬，部分不能满足灌排需要，其设计过度水泥化，拦截与消纳污染物的功能缺失。而优化后的沟渠池凼不仅能满足灌排需要，还与研究区自然坑塘水面连通，加之与蓄水池和沉沙池配套，对沟渠进行生态改造，不仅增加了污染物在沟渠池凼中的停留时间，还使大量污染物和营养物质被沟渠池凼中的苔藓、莲藕、水葫芦等湿生植物所消纳。优化前，研究区缺乏人工植被缓冲带，仅在河流和水库沿岸间断分布有一些自然小树林，这些小树林在一定程度上发挥着植被缓冲带的作用，但分布间断、植被品种单一，对污染物的拦截与消纳能力不足，而优化后的植被缓冲带在河流和水库沿岸呈连续的带状分布，其植被群落坚持乔、灌、草相结合，植被品种以对氮和磷等营养物质吸附作用较大的物种为主，能有效拦截、消纳经垃圾池和生态沟渠池凼处理后的残留污染物。

13.4　污染物拦截与消纳技术凝练

在大江大河流域与水库周围，为满足农业的现代化生产以及对大江大河流域和水库水质的保护，污染物拦截与消纳工程体系优化应遵循以下原则。

第一，基于污染物"源"与"汇"的分析，明确其来源及识别污染物的汇集途径。

第二，现有污染物"源"和"汇"处理措施分析，包括现有沟渠池凼、垃圾池的位置分布与设计，坑塘水面和河流库岸自然植被分布状况。

第三，根据自然水流汇集路径和坑塘水面分布情况，判断沟渠池凼布局的合理性，依据居民点的密度分析诊断垃圾池的布局问题，依据研究区产业发展规划、研究区所处位置分析植被缓冲带存在的问题。

第四，根据微地域分异和产业发展规划的差异，针对不同地形特点、产业发展规划特点，明晰不同区域污染物拦截与消纳工程体系配套的侧重点。

第五，根据研究区地形地貌特点、耕地资源分布、产业发展规划、聚落分布、自然水流汇集路径等，基于现有污染物拦截与消纳工程，以服务于当地居民"三生"为最终目标，制定污染物拦截与消纳工程体系优化定位与思路。

第六，在 ArcGIS 10.2 平台上，对研究区道路体系和沟渠体系做缓冲区分析，将缓冲后的道路和沟渠影响区域与居民点密度进行叠加，找出垃圾池的适宜布局位置；将1∶2000 地形图转为 DEM 数据，并在此基础上利用 ArcGIS 10.2 的 Hydrology 分析工具提取自然水流汇集路径，将自然水流汇集路径与研究区坑塘水面、现有沟渠池凼进行叠加，在利于污染物拦截与消纳的前提下，对现有沟渠池凼与坑塘水面进行连通与优化；将土地利用现状图、道路分布图和产业发展规划相叠加，在植被缓冲带宜紧邻河流水库沿岸思想的指导下，优化植被缓冲带布局。

第七，以拦截和消纳污染物为目标对土地整治工程进行生态化优化设计。沟渠应避免过度水泥化，在渠底间隔增加生态槽，在沉沙池和蓄水池中可分别栽植莲藕与水葫芦以吸收过多营养物质；垃圾池规模应根据居民点密度和服务人口数量设计，减少占地；植被缓冲带应坚持乔、灌、草相结合，以种植对营养物质吸收能力强的品种为主，提高缓冲区的生态完整性。

13.5　小　　结

大江大河流域与水库周围污染物拦截与消纳工程优化布局与设计的关键在于以"山水林田湖草生命共同体"思想为指导，把握好垃圾池、沟渠池凼和植被缓冲带的布局优化与设计，构建集点、线、面于一体的污染物拦截与消纳工程体系。垃圾池的布局优化与设计应满足相对集中的大部分居民点需求，其布设与设计需考虑垃圾投放的方便程度、垃圾外运的便利度、是否会造成水污染等因素。沟渠池凼的布局优化与设计主要考虑自然水流汇集路径、坑塘水面、灌排需要等要素进行布局优化与生态化设计，通过沟渠对水系的归并，增加污染物在沟渠池凼系统中的停留时间，以达到拦截与消纳污染物的目的。植被缓冲带的布局优化与设计应因地制宜，尽量使植被缓冲带连续成片，宽度可依据产业发展灵活确定，但不应低于 9m，植被组成应根据附近污染物的特征而确定。优化后的污染物拦截与消纳工程既能有效拦截与消纳研究区污染物，改善大江大河和水库水质环境，还能有效满足研究区灌排要求与产业发展。

利用 ArcGIS 10.2 中的泰森多边形、点密度分析和 Hydrology 模块等进行污染物拦截与消纳工程布局优化，提高了布局方案的空间准确性，具有简单方便、易推广、成本低、效果好等特点，该方法不仅可用于污染物拦截与消纳工程的布局优化，而且对土地整治工程和水土保持工程等的布局优化也有借鉴意义。

第14章 矿山生态环境快速修复与景观再造技术

近半个世纪以来，矿山开采有力地促进了中国经济社会的飞速发展。但长时间的开采，导致矿山环境遭受破坏。随着近年来绿色矿山建设的不断发展，大量粗犷发展的中、小型矿山被关闭，产生的矿山废弃地与周围的自然景观形成了不协调发展。矿山生产过程中产生地表塌陷、土地压占、水土流失、开挖矿山边坡的不稳定变形掉块，暴雨情况下甚至出现崩塌、滑坡。早在 1989 年，国务院发布的《土地复垦规定》（国务院令第 19 号）就指出实行"谁破坏、谁复垦"的原则，对在生产建设过程中因挖损、塌陷、压占等造成破坏的土地，采取整治措施。2009 年，国土资源部颁布《矿山地质环境保护规定》（国土资源部令第 44 号）并于 2019 年进行修订，要求"矿山地质环境保护，坚持预防为主、防治结合，谁开发谁保护、谁破坏谁治理、谁投资谁受益的原则"。2016 年 7 月，国土资源部、工业和信息化部、财政部、环境保护部、国家能源局发布《关于加强矿山地质环境恢复和综合治理的指导意见》（国土资发〔2016〕63 号），提出"坚持'谁开发、谁治理'，对新建和生产矿山，严格落实矿山企业保护与治理的主体责任。统筹推进历史遗留和新产生的矿山地质环境问题的恢复治理"。矿山地质环境恢复和综合治理工作全面开展，有效阻止了矿山地质环境的进一步恶化。伴随着生态文明建设、国土综合整治和生态修复等的纵深推进，矿山景观生态环境的快速修复越来越受到国家及各级政府的重视，特别是 2019 年中央将脆弱生态区的恢复治理提到了非常高的战略高度。

从现有研究和实践来看，如何科学、有效、快速地实现矿山生态环境快速修复与景观再造，仍然是一个亟待解决的难题，特别是复垦方向确定、植被选择等方面。目前学者主要集中于矿山地质环境恢复治理相关技术的研究，如采矿后水土流失治理（毕如田等，2008）、矿区土地的再利用及景观变化（王行风等，2009）、土壤重构技术（吴春花等，2012）、采矿区生态重建技术（李保杰等，2012），在矿区废弃物循环利用和景观再造方面的研究相对较少。矿山生态环境修复与再造应该在保证矿区边坡稳定性的情况下，以恢复植被及生物多样性为目标，根据景观生态学、恢复生态学等理论，通过地貌重现、土壤重构、生物工程恢复等工程技术手段，阻止矿山地质环境退化，修复矿山生态系统，达到可持续健康发展状态。因此，集成矿区生态环境修复与景观再造技术，对矿山景观生态恢复及矿山可持续发展具有重要意义。

本章基于生态系统生态学、恢复生态学、景观生态学、自然景观生态学理论，在厘清重庆市矿山生态环境现状的基础上，以生态修复过程中的限制因子为条件，重点探讨重庆市矿山生态环境快速修复与再造技术的原理及方法,以期为重庆市矿山生态环境修复与景观再造工作提供科学依据及工作思路。

14.1 重庆市矿山生态环境现状

根据重庆市矿山生态修复监管平台的统计情况可知:截至 2020 年重庆市有露天关闭矿山 4172 个,受损毁土地总面积达 6308.37hm²。其中,已关闭未治理的为 5072.36hm²,占比 80.41%;正在治理的为 565.19hm²,占比 8.96%;已治理的为 670.82hm²,占比 10.63%。根据重庆市矿山生态修复系统统计显示,正在治理的矿山中工程治理的为 352.7hm²,自然恢复的为 99.19hm²,矿山再利用的仅为 29.07hm²,交由其他部门处理的有 84.23hm²。重庆市露天关闭矿山呈点状分布,点多面广。在主城的渝北、巴南、沙坪坝、九龙坡、北碚,渝西的合川、铜梁、大足,渝东北的万州、奉节,渝东南的武隆、酉阳等区县均出现集中关闭矿山的现象,其绝大部分沿着重庆市内四山及其他相关山脉展布。但关闭后矿山遭废弃,植被覆盖低,山地裸露,造成水土流失严重。

14.1.1 矿山生态环境破坏特征

重庆市矿山出露地层岩性以灰岩、泥质灰岩、白云岩为主,矿山整体规模小,呈点状、分散分布。早期的粗犷开采产生大量高陡采矿边坡,常出现在交通运输干线左右两侧,后期来不及进行矿山生态环境修复,对自然景观与周边植被覆盖产生了不同程度的影响。

重庆市开采的矿山很大一部分为软硬互层,其中煤、铝土矿等常赋存在页岩、碳质页岩等软弱岩层中。而这类矿山的顶部常覆砂岩、石灰岩等硬岩,当沿赋存矿产的岩层开采后,上部岩体会由于下部的支撑作用突然消失,存在垮塌、滑坡的风险。另外,采矿时采用炸药爆破会扰动边坡内部应力,产生应力释放,致使采矿边坡表层岩体松动,易产生崩塌掉块,一旦爆破裂隙形成,则可进一步劣化发展成滑坡。无序开采、从下到上开采等,闭坑时未对危岩、尾矿库进行必要的排危处理,常在暴雨时形成崩塌、滑坡、泥石流等自然灾害。据调查(刘敏,2014),重庆四山范围内遗留有沿山体线状分布的人造采坑,最大直径可达 1000m,深度超过 100m。采坑内碎石遍地,危石众多,地质灾害隐患严重。

此外,矿山开采常常会剥离表层土体,裸露山体,降雨及水流冲刷侵蚀下,产生严重的水土流失,进一步造成矿山生态环境退化,加大后期矿山地质环境恢复治理工作的难度。剥离的表土或废土又会侵占矿山周围的优质农田或林地,造成土地资源受到不同程度损坏。当开采矿为煤、金属等时,会产生露天堆放的煤矸石、金属矿渣和建筑垃圾等固体废弃物和矿井废水、有毒金属元素等。这些固体废弃物和有毒元素极易发生风化分解和扩散,从而对矿区造成污染,如矸石堆在风化作用下产生的粉尘不仅会对空气造成污染,还会通过雨水淋溶等方式进入水体,从而对周边环境造成显性污染。其他有色金属矿渣长期堆积压占，致使污染物质通过扩散进入周边土壤，对土壤造成隐性重金属污染。

14.1.2　矿山生态环境修复限制因素

矿区受采矿作业影响，常在后期产生土地压占、采矿边坡裸露、生物多样性降低、重金属污染、大气污染及噪声污染等，尽管如今矿山景观生态环境修复取得了一定成绩，但仍存在诸多问题。

1. 缺乏有效土层

不管是露天矿山还是井工矿山，最大的问题都是不可避免地会造成地表自然土壤的破坏。矿山开采前常会剥离表层土体，由上至下进行采矿作业。一旦整个矿区结束采矿，表层土缺失会造成植被群落难以生存。当矿种为金属矿时，还会造成矿区周围土壤的污染，使土壤质量变差，生态系统难以演替。

2. 工程量大

矿山生态环境修复涉及矿山的"地、气、水、土、生"等各个方面，土地的治理、大气的净化、水体的修复、土壤的改良、生物多样性的修复工程涉及学科繁杂、技术面广，仅靠某一专业背景的人来进行修复难以达到理想效果，必须集合生态学、工程地质学、景观生态学、土壤学、水文学等多专业人士的通力合作才能实现矿山生态环境恢复和景观再造。因而矿山修复既需要大量的工程措施投入，也需要涉及大量的专业高素质技术人员，是一项庞大而复杂的工程。

3. 修复周期长

矿山景观生态环境修复不应急于求成，目前的修复措施主要以人为创造有利于生态系统自然演替的方式进行，但是自然演替从低级系统到高级系统一般都要几十年甚至上百年才能完成，就算人为创造有利于生态系统演替的环境条件，也只能尽可能加速其演替的速度，尽快形成相对稳定的初级生态系统，降低灾害发生的概率，但无法一步到位形成稳定的顶级生态系统。

4. 资金短缺

矿山生态环境修复需要大量资金投入，尽管目前绿色矿山建设已提上日程，但矿山景观生态环境修复主要在一些资源型城市、经济发展较好的地区受到较大重视。因采矿区域大、形成的矿山地质环境问题多、系统性治理工作量大，企业难以支付高昂治理费用，加之修复收益不大，所以企业进行修复的兴趣不浓。对于那些非资源型城市，矿山生态环境修复仍未引起足够重视，这些地区由于生态环境破坏并不那么严重，经济发展相对滞后，矿山企业相对较小，能够筹集的资金不足，造成资金短缺。

14.2　重庆市矿山生态修复单元划分

重庆市矿山出露岩性主要为灰岩、白云岩等硬质岩，开采过程中形成高、陡边坡。在开采后主要遗留有 6 种典型地貌特征(刘敏，2014)。

(1)陡崖：垂直开采形成的直立开采面，基岩大面积出露，坡度常在 70°~90°。

(2)斜坡：开采后留下的倾斜岩壁，坡度缓于陡崖，坡度在 0°~70°。

(3)台地：开采过程中形成的开采作业平台，在较大采石场常为多级平台。

(4)矿坑：露天采矿开挖形成的下凹地形，坑底多残留岩石块、部分土体等。

(5)马道：主要分布于坑壁上，较为平整，表层无土体。

(6)占压地：露天开采遗留堆积的土石堆、残渣堆积地及建筑/设施占压地。在采矿区表现为排土场、一般性占压地和建筑/设施占压地。

在进行矿山生态环境修复与景观再造时，可根据上述 6 种地形地貌、植被覆盖情况及岩土体稳定性进行矿山生态修复单元划分。若岩土体稳定性较差，则需首先进行边坡治理，在消除安全隐患后进行后续的植被恢复、水体恢复、土壤肥力恢复等工作。

14.3　重庆市矿山生态环境快速修复技术

重庆市早期的矿山开采技术较为落后，开采时未对周围的生态环境进行有效、及时的保护，对生态环境造成了严重的破坏，如植被破坏、水土流失、水体污染、占压农田林地等，使得生态系统服务力降低。矿山生态环境的恢复在无人工诱导的情况下，要达到最初的顶级群落结构、恢复生态系统服务功能需要一个漫长的自然演替过程，时间跨度因损毁程度的不同而在几年至几百年不等。为了尽快修复矿山生态环境，就需要采用一些快速修复技术，以加速生态环境修复过程，进而强化生态修复的效果。本书结合重庆市现有矿山环境问题，筛选出适合重庆市矿山的生态环境快速修复技术，见表 14-1。

表 14-1　重庆市不同立地条件下的生态环境快速修复技术

技术名称	特点	适宜边坡
喷混植生技术(方超，2018)	2~3 个月植被快速覆盖，1 年后灌草生长；可抗侵蚀性和水土流失，保障植被快速成型	适用于地质环境恶劣的裸露岩质边坡
植生袋技术(方超，2018)	可快速、全面覆盖坡面，提高坡面保水性	反向坡或地形起伏的裸露岩质边坡
生态植被毯坡面植被恢复技术(袁清超等，2017)	对坡面进行保护和植被恢复，后期植被恢复时可有效防止水土流失	坡度小于 1:1.5 的矿区边坡，常用于尾矿库和排土场侧坡
岩面垂直绿化技术(韩雪梅，2012)	采矿边坡坡脚构成的凹形地面，强度较高的砌浆砌石和砌砖构建成槽穴状底盘，灌木、草本和藤本种植于坑内	一般在 75°以上的采矿边坡，无坡长制约

技术名称	特点	适宜边坡
纸质生态盘技术 (刘芳等，2012)	具有草种存活率高、土壤不易流失等优点，且结构简单、制作容易、成本低、运输方便	适合坡度小于 30°的矿山开采区或矸石堆场

此外，通过改良矿山土壤基质来实现植被的快速恢复是一种较为常见的方法，即土壤肥力改良技术，其主要依靠生物化学措施改善矿区土壤肥力及结构。土壤培肥过程主要为覆土后的植被恢复阶段，因覆盖土或矿区原有土壤的物理化学性质差，如土壤中有机质及微生物缺乏，导致土壤肥力低下，限制植物生长。土壤培肥的目的是增加土壤中有机质含量，提高土壤对植物生长养分的供给能力。土壤肥力改良技术常采用施肥法、微生物改良法和植物改良法(杜建平等，2018)。

1. 施肥法

施肥法是土壤培肥的常见措施之一，以施加农家肥料为主。在矿区土地植被建立的过程中施用农家肥，既可增加土壤的养分供给，又可改善土壤的理化性质，有利于土壤蓄水量的提高。通过施肥使得矿区土壤中有机物质增加，快速提高肥力，增强土壤养分供给能力。但施肥时要注意氮、磷、钾平衡施肥，磷钾肥作底肥要充足，氮肥作追肥要因时、因地、因作物而施用，同时还要补充微量及中量元素肥料，做到各类元素均衡配置，使得肥力均衡。目前培肥以有机肥、杂肥为主，其成分为人畜粪便、秸秆、木屑等。一方面，这些材料简单易得、经济，其能提供植物必要的有机质及微生物，保障土壤的正常养分供给；另一方面，这些材料主要覆盖在缺肥土壤表面，起到一定的土壤保持作用。

2. 微生物改良法

微生物改良法是指利用大量微生物新陈代谢作用降解采矿过程中积累的土壤重金属，促使土壤逐步恢复自我调节能力，使得土壤成为无害化的养分供给者的方法(王志宏和李爱国，2005；赵默涵，2008)。如通过将覆土岩石中分离出的细菌进行培养，发现微生物依靠自身的呼吸作用，使土壤中的氮、腐殖质含量显著提升(Pašakarnis and Maliene，2010)，为植被恢复提供良好环境。

3. 植物改良法

前面两种方法在短时间内对提升土壤肥力具有重要作用，但要想彻底改良土壤性状，栽种合适的植物进行土壤物理性状改良和土壤污染修复才是最佳选择(王庆仁等，2001)。因此植物改良法便应运而生，其认为植物新陈代谢在微生物的配合下可以发挥出强大的组合效应，主要是通过种植适宜的植物，利用根系吸收土壤内的重金属污染物、水体中的富营养元素、空气中的有毒有害气体，增加土壤有机质和有效肥分。如在对矿山土壤重金属治理时常通过种植香根草来吸附土壤中的铅和锌，通过种植鸭跖草、百喜草来吸附土壤中的铜(夏汉平和束文圣，2001；束文圣等，2001)。

14.4 矿山植被恢复与景观再造布局与设计

14.4.1 植被恢复技术

矿山关闭后植被往往所剩无几,当进行植被恢复时最终目的并不是要把开采的矿山恢复到原始状态,而是要建立起稳定、高效的近自然人工生态系统以适应新的生态环境。根据生态演替理论,顶级群落是能与矿区现有生态要素和谐共处的一种稳定群落结构。早期群落经过后期的不断演替、升级,最终成为稳定顶级群落。稳定、良好的生态系统会诱导植被在自然状态下正向演替;极不稳定状态下的生态系统则会导致植被逆向演替,如矿山废弃地等,若任其自然演替,那将会花费几十年甚至上百年才能形成顶级的稳定群落。但是如果人为创造有利于植被自然演替的条件,改善演替所需的生态因子,创建适合植被演替的生态位,就能有效缩短群落演替的时间,从而快速地在矿区建立起稳定的植物群落(刘飞和陆林,2009;魏远等,2012)。

进行矿区植被恢复时,对于植被种类选择,应遵循如下几个原则。

(1)优选适合在土壤质量不佳的环境中生长的植物,应具有抗风沙、耐干旱、抗病虫害等性质。葛藤及菊科类等目前未被列入外来入侵物种名录,但需结合当地情况了解该物种是否存在恶性蔓延习性,需谨慎使用。

(2)发芽率高,生长速度快,繁殖能力强,郁闭迅速,树冠浓密,落叶丰富且易分解,可较快形成松软枯枝落叶层。

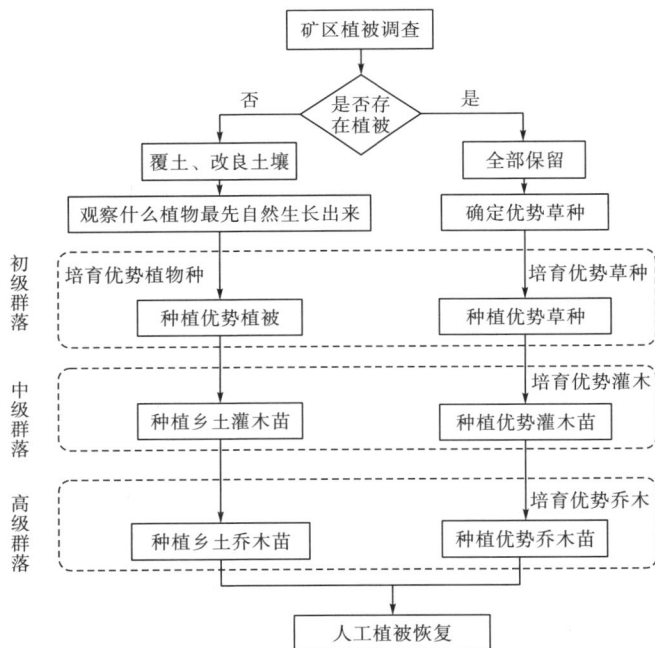

图 14-1 植被恢复技术

(3) 根系发达，具有良好的固氮能力及固土能力，能为土壤提供适宜的氮含量并有效预防水土流失。

(4) 植物尽可能乡土化，根据不同的地貌和土壤类型，选择本地适生的植物，以较好适应研究区自然环境。要求管理简单易行，投入量少，生态效益发挥快。

在植被恢复过程中，矿区若存在植被，则应全部予以保留，荒草也任其自由生长，然后在现存植物中选择优势种，进行先期种植，待到矿山生态环境初步改善后，再引进当地乡土树种营造完善的生态系统；若矿区为裸露废弃地，则应选择场内草本类先锋植物进行培育推广种植，如狗尾巴草、巴茅草等，待到草丛达到一定覆盖率，再选择矿区优势灌木进行种植，待到灌木成丛或成林后，再引进乡土乔木树种进行种植，形成层次结构分明的植物群落，并最终演化为多结构的稳定生态系统。此外，灌乔木种植需采用对营养成分摄取不多的幼苗，矿山植被快速恢复的技术途径详见图 14-1。

14.4.2　矿山景观再造技术

当矿山关闭以后，工业场地转变为工业废弃地，工业景观也演变成了废弃工业遗迹，其现实状态已经与周围景观环境不相协调。而矿山景观再造作为工业废弃地更新的一种成功对策，实质上是探寻到与新的环境条件相符合的潜在景观要素后，占据并充分利用资源将潜在的景观要素转化形成新的景观。

1. 地形重塑技术

地形是矿山景观再造的骨架，骨架塑造得如何直接影响到整个矿山景观脉络。地形重塑应实地踏勘，充分认识废弃矿山的凹凸地形，结合现有地貌特征实施矿山景观再造，同时改造过程中应尽量减少工程量。

(1) 凹地形重塑。凹地形主要指因矿山开采而产生的坑、洞、沟等呈凹陷型特征的地形。凹地形重塑和再利用方式如下：对于不存在重金属污染、天然积水的矿坑可进行引水成湖，塑造塘湖景观；对于存在重金属污染的矿坑，可通过重金属净化治理后，使其成为垃圾填埋的场所；对于深度较浅又无重金属污染的矿坑可选择覆土造田，营造独特的农田景观格局；对于工业遗迹浓厚的矿井，可以进行局部保留和改造，建设成为旅游和科普教育基地；对于地下空间宽阔，地质条件稳定的矿洞，可进行适当处理，建设成为地下仓储库；对于那些空间狭小、地下景观条件差的矿洞，可充分利用填充工艺，作为矿区工业废物的填埋地；对于开矿产生的大的沟道，可通过景观规划，将其作为矿区水系塑造的绝佳场所；对于小的沟渠可以选择覆土填平，营造农田景观。

(2) 凸地形重塑。凸地形主要是指因矿山开采而形成的矿渣堆、废石堆、开凿的山体等向外凸起的地形。对于坡度较陡的凸地形，可采取梯形降坡或者根据凸地形的特点雕塑成某种艺术形态的方式进行地形重塑；对于坡度较缓的，则可采取覆土的方式，根据等高线营造梯形农田景观或者直接采取生物措施进行植物群落营造。

凹凸地形快速重塑一般来说有两大方向：一是"因势利导"；二是"削高垫低"。对于能直接利用的凹凸地形，"因势利导"塑造成理想的地貌景观，如不存在污染的积水矿坑，可直接营造坑塘景观；对于不能直接利用的凹凸地形，则需要采取"削高垫低"的工程技术，如凹地形大多需要填充，凸地形则大多需要降坡平整，对于凸地形而言，在条件允许的情况下直接将堆积物用于凹地形的填充是首要选择。

2. 水体改造技术

矿山开采后的水体主要是废弃矿坑积蓄的雨水，对于未被污染的水体可根据情况予以保留，营造形成坑塘景观，或发展成为休闲渔业；对于受污染的水体则需利用生物处理、生态处理或生物-生态综合处理方式，并引入有益微生物达到水质净化目的（马俊等，2009；陈丽芳，2018）。对于小面积积水坑塘零散分布的水体，可先将其全部保留，再采用工程措施对其进行连通平整处理，使分散的各个景观斑块通过修筑的廊道连接起来，形成斑块-廊道-基地相互协调的生态湿地模式，而对于浅小的水体则可采取土地平整工程进行覆土填埋造地或造林的方式加以改造。

14.5　矿山生态环境快速修复与景观再造技术凝练

为实现矿山生态环境快速修复与景观再造，构造稳定的矿山生态系统，就需要在清楚认识矿山现存问题的基础上，融入"系统修复、综合治理"理念，其具体技术要点如下（图14-2）。

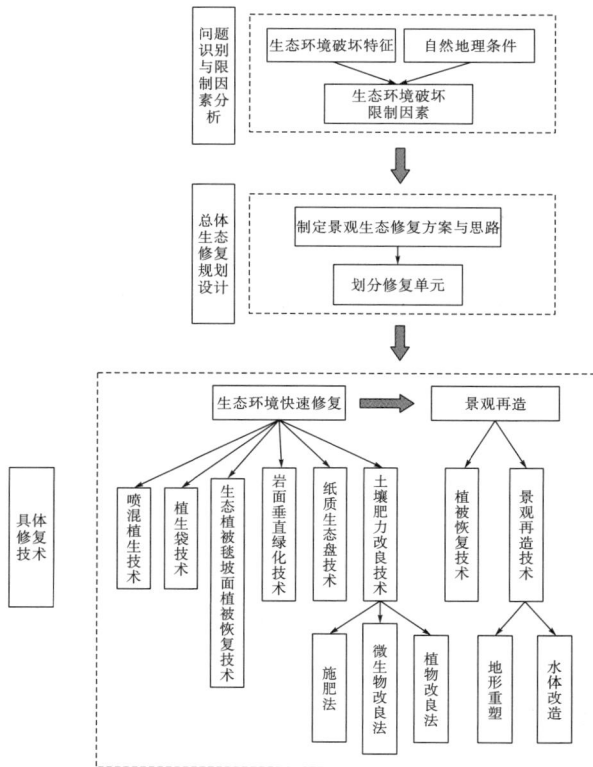

图14-2　矿山生态环境快速修复与景观再造技术

第一，明晰矿区现有地质环境问题及存在的限制因素。

第二，按照立地条件进行矿山生态修复单元划分。

第三，选择合适的植物进行土壤物理性状改良和土壤污染修复。

第四，植被恢复应遵循自然演替规律，通过人为创造有利于植被自然演替的条件，改善演替所需的生态因子，创建适合植被演替的生态位来加速植被恢复。

第五，地形重塑应在尊重现有地形的基础上，尽量减少工程量，充分利用矿区土体和废弃物来进行地形改造。

第六，水体改造应根据现场水体情况，因地制宜进行修复利用，在对水体进行污染治理后营造坑塘景观，这是水体景观改造的首选方式。

第七，植被景观营造应根据矿区规划利用方向，选择与矿山环境相适应的植被，植物配置应满足乔、灌、草三者的综合布设，营造多层次结构的生态系统。

14.6　小　　结

开展矿山生态环境快速修复与景观再造技术研究，是国土综合整治与生态修复的重要内容，是推进绿色矿山建设，实现矿区生态系统可持续健康发展的重要举措，是践行国家生态文明建设要求，实现"绿水青山就是金山银山""生态产业化、产业生态化"等重要论断的重要途径。矿山生态环境综合治理是实现山水林田湖草综合治理的典型案例之一。目前矿山生态环境快速修复与景观再造是国家生态环境治理和山水林田湖草综合治理的重中之重，加之矿山开采区常是生态环境脆弱区或重要生物多样性保护区，故开展矿山生态环境快速修复与景观再造技术研究非常必要。

本章通过对现有文献的阅读和实践应用，综合集成了植被快速修复、土壤改良、生态景观再造等方面的措施，考虑矿山景观生态环境破坏特征、可能产生的危害(隐患点)及存在的限制因素，进一步细化了矿山景观生态环境快速修复与再造技术体系。

针对矿山生态环境快速修复与景观再造出现的不同情况，提出了差别化的修复治理措施，即通过矿山环境本底和现有规划定位来共同决定恢复方向及治理措施选择，以期为矿山生态环境快速修复工作提供参考。总体看，前述章节相关技术措施能满足快速营建矿山景观格局的要求。但是，因矿山生态环境修复与景观再造是一个长期性、系统性的工程，矿山生态环境修复技术应顺应科技的发展而发展，以此不断丰富矿山生态环境修复科学技术体系，从根本上为矿山生态环境快速修复与景观再造提供技术支撑和科学依据。

伴随经济社会的发展和人们对自然环境态度的变化，矿山生态环境恢复决策常常以多功能的利用方式为主，如生态景观、观光旅游、探险考古等方面的发展；临时建设用地也不再是单一地拆除、覆绿或复耕，而是向多样化方向发展：部分工业广场、道路、地面建筑物等保留，用作复垦区及周边产业发展设施农用地；部分沉陷区或地裂缝打造为湿地水体。此外，在植被恢复过程中，更多强调乡土树种，一方面可以增加矿区居民的收入，另一方面可提高植被恢复的生态适宜性。植被的选择常以速生为主，且以更宜存活、成本更低的幼苗为主要选择对象。

　　另外，矿山生态环境快速修复与景观再造与土地复垦虽有很大的相似性，即它们取得成功的关键在于充足的土源、水源，但矿山开采后往往有较大的地灾隐患，在生态环境快速修复与景观再造时必须首先排险后再修复，且生态和景观破坏程度更为严重，需采取更加科学、有效的综合防治技术予以解决。

第15章 地灾多发或隐患区生物与工程阻挡技术

地质灾害是指地质体受到外在因素的影响，自身稳定性遭受破坏，产生位移变形，甚至是破坏自然环境的地质现象。其可分为两大类：第一类是自然地质灾害，如在自然条件下，软硬岩层中的软岩遇水软化、裂化，从而产生的地质体变形失稳；第二类是人为地质灾害，主要是由人工爆破、边坡开挖等外在人为活动诱发的地质灾害。受特殊的地质构造、地形地貌及气候条件影响，重庆市地质灾害以滑坡、崩塌、泥石流、地面塌陷为主。

为消除地质灾害隐患的威胁，有效降低重庆市地质灾害所造成的生命财产损失，合理实行生物+工程的阻挡技术，以及合理的搬迁避让成为一种经济、合理的措施。本章主要基于重庆市地质灾害基本特征及其影响因素、形成机制分析，结合现有较为成熟的生物与工程阻挡技术，对重庆市范围内多发或有隐患的地质灾害区域展开地质灾害防治，进而促进重庆市国土综合整治与生态修复工作的健康持续发展。

15.1 重庆市地质灾害分布特征分析

15.1.1 地质灾害时间分布特征

王忠志(2014)通过对重庆市2008～2012年所发生的地质灾害进行统计发现，重庆市5年时间内发生主要地质灾害2618处，其中滑坡和崩塌高达2505处，约占地质灾害总数的96%，泥石流、地面塌陷等地质灾害仅占4%左右。此外，随着时间推移，重庆市主要地质灾害类型呈下降趋势，发生数量呈波动降低；各类地灾类型中，滑坡占比最大(表15-1)。从月份上看，7～9月地质灾害发生频繁，8月达到19.7%，该月为重庆市常年降雨频率最高的月份，可见重庆市地灾的发生与降雨有密切关系，夏季多暴雨，则地灾发生频率相对较高(表15-2)。

表 15-1 重庆市 2008～2012 年发生的主要地质灾害统计(王忠志，2014)

时间/年份	地灾总数/处	滑坡/处	崩塌/处	泥石流/处	地面塌陷/处	地裂缝/处	死/人	伤/人	直接经济损失/万元
2012	588	446	119	13	10	/	21	7	13500
2011	133	78	43	1	11	/	2	4	6400
2010	450	360	70	7	13	/	27	14	4700
2009	908	795	72	24	11	6	23	27	18800
2008	539	440	82	9	6	2	10	19	53088

表 15-2　重庆市 2008～2012 年发生的主要地质灾害月均分布表(赵志军，2017)

项目	1	2	3	4	5	6	7	8	9	10	11	12
占比/%	0.5	1.7	5.2	8.4	10.1	12.3	16.5	19.7	17.2	4.5	3.5	0.4

15.1.2　地质灾害空间分布特征

因沿江库岸水体冲刷两岸斜坡体坡脚，造成存在软硬互层结构的坡体软岩力学性质弱化，在重力及外部刺激因素的作用下，发生坡体的不稳定变形或失稳。王忠志(2014)在统计重庆 2008～2012 年发生沿河道的主要地质灾害空间分布状态时发现，地质灾害主要分布于长江、嘉陵江、乌江、綦江、大宁河五大流域内(图 15-1)。其中长江总长度长，库水的周期性涨落作用加速坡体的不稳定性，发生的地质灾害数量最多，达 330 处，每 $100km^2$ 流域面积可发生地灾 26.4 处；发生地质灾害数量相对较少的为大宁河，仅发生 121 处，但地灾分布密度较高，为 10.85 处/$100km^2$；五大河流中，地灾分布密度最小的为嘉陵江，仅为 8.32 处/$100km^2$。此外，根据重庆市地貌类型来划分区域内地质灾害分布情况，可见：地质灾害主要发生在中山至低山区域内，共计 4972 处；丘陵次之，为 875 处；台地和平原地貌最少，仅 358 处(王忠志，2014)。

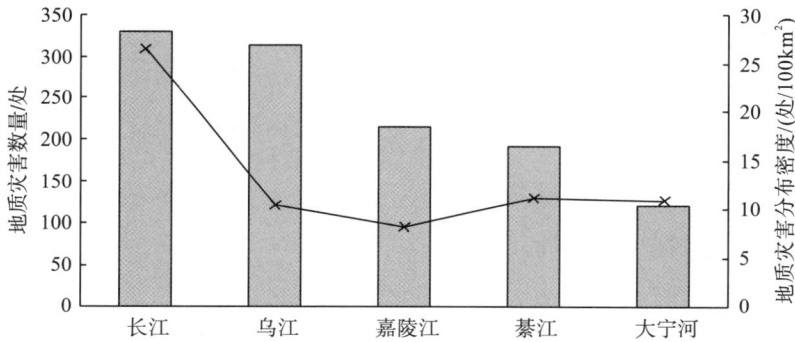

图 15-1　沿河流发育的地灾分布情况(王忠志，2014)

15.2　重庆市地质灾害诱发因素及成因机制分析

山体斜坡从内部营力平衡到外作用营力打破平衡，不稳定到变形，整体失稳的过程往往是内、外营力相互抗衡并最终寻求一个平衡点。其中的内营力指斜坡体地质条件，如地层岩性、地形地貌、地质构造、水文地质条件；外营力则指降雨、人类工程活动这一类触发力。

15.2.1　内在诱发因素

重庆市地处四川盆地东部，整体上以涪陵为界，涪陵以西为主城平行岭谷区，主要发育构造剥蚀的中低山地貌，山体多桌状、垄岗状。桌状山顶四周常呈现悬崖峭壁，危岩发育，在崖底斜坡地段常发生滑坡。而涪陵以东则为低山、中山地貌，深沟纵横，沿江两岸形成陡峭峡谷，往往发生崩塌、滑坡，其形成规模也较涪陵以西大。

重庆市出露地层跨越前震旦系至第四系各地质年代，岩性从第四系松散堆积体到前震旦系花岗岩均有展布，故复杂的岩性分布也造成了差异化地灾分布。重庆市多分布软硬相间的砂泥岩地层，由于风化差异，内部营力平衡被打破时往往发生地质灾害。由于地质构造的影响，重庆市辖区内深大断裂较少，但背斜向斜等小构造中发育小型断裂，造成处于构造核部区域的岩体节理裂隙发育，完整岩体在切割作用下碎裂化，暴雨作用下易产生地质灾害。

15.2.2　外在诱发因素

降雨作为诱发重庆市发生地质灾害的常见外在因素之一，常会造成雨水下渗坡体软化岩体，造成岩体抗剪强度降低，上部岩体自重增加，继而产生不稳定性滑动。据统计，重庆市在 2010 年 5～7 月降雨较为集中的汛期共发生了 429 处地质灾害，占全年地质灾害发生量的 95%（王忠志，2014）。

人作为影响地质环境演化的主导因素，常常会扰乱地质体内部营力平衡，当外部扰动达到一定程度时则会导致地质体产生变形，甚至是失稳。据王忠志（2014）调查，重庆市在 20 世纪 80 年代受人工扰动产生的地灾数占比仅为 20.7%，但在 90 年代则上升为 50.5%。一方面，由于城市及交通建设所产生的大量切坡行为，造成岩土体坡脚受到扰动，一旦应力失衡超过一个限度就会产生地质灾害；另一方面，三峡库区周期性蓄水，使得在消落带的库岸斜坡遭受动水压力及浮托力共同外力作用，当坡脚受库水软化，抗剪强度不足以抵抗库水推力时，就会对库岸斜坡的稳定性产生影响，进而诱发一定程度的塌岸或滑坡。

15.2.3　成因机制分析

在弄清影响重庆市地灾发生的因素后，可进一步了解地灾成因机制，进而通过有效手段预防灾害的发生。故以重庆市云阳东城滑坡演化（图 15-2）为例，对其成因机制进行分析，提出基于此类滑坡的切实可行的治理措施。该滑坡主要地层岩性为侏罗系蓬莱镇组（J_3p）不等厚层紫红色长石细砂岩与泥岩，其演化过程主要为：前缘长期受库水侵蚀造成软弱岩层出露，岩层软化[图 15-2（a）]—坡脚抗剪强度逐渐降低—坡脚抗剪能力不足以支撑上覆岩体自重营力而产生沿软弱界面滑移[图 15-2（b）]—坡体整体失稳产生顺层滑移[图 15-2（c）]。可见在上述的滑坡演化过程中，库水的长期作用及坡体软硬互层的特殊岩性组合，导致了该滑坡的发生。因此，若遇此类成因机制的滑坡，应采取加强坡脚的稳定性并减少坡体的自重等防治措施。

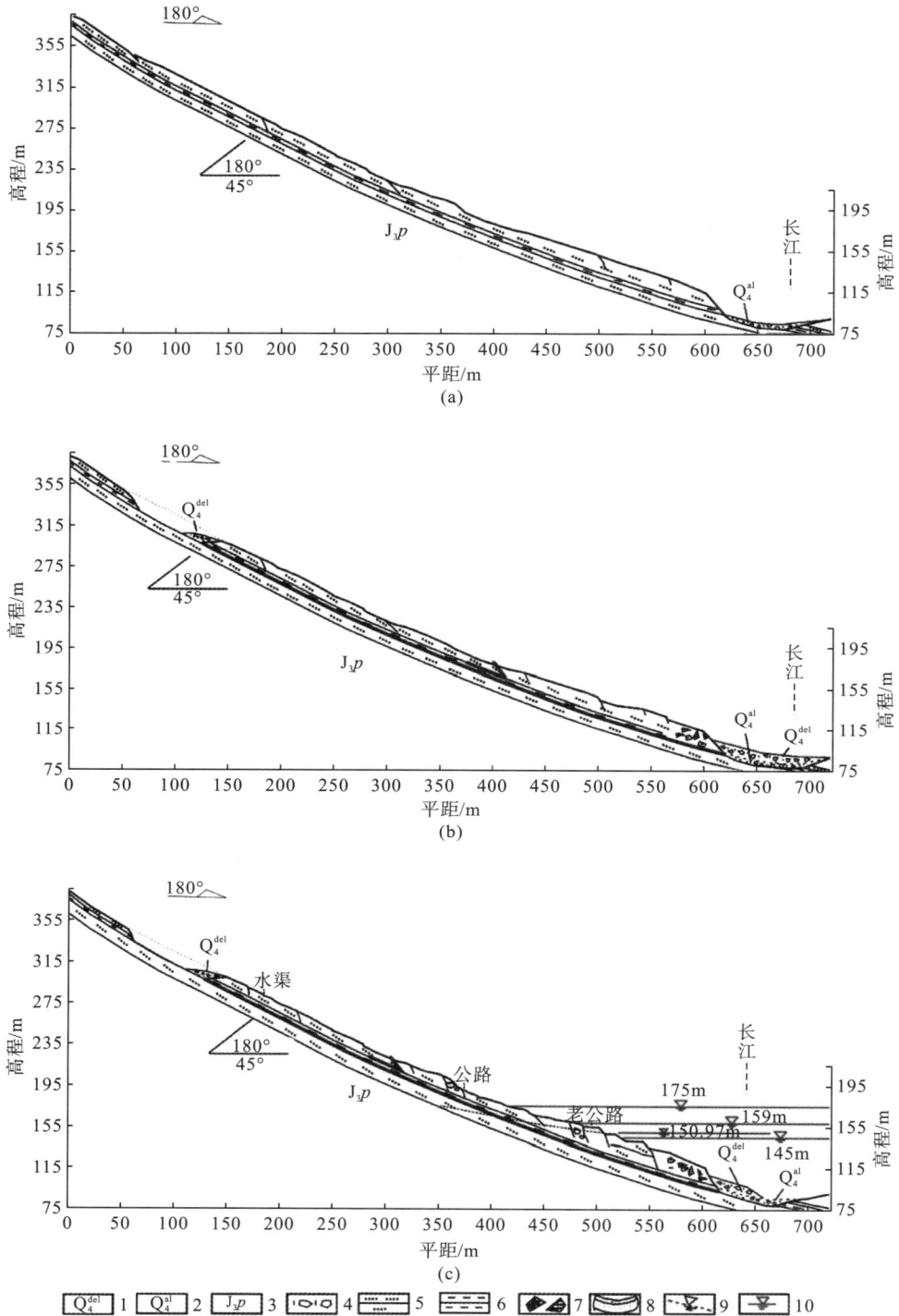

图 15-2 云阳东城滑坡形成演化示意图(朱冬雪等,2020)

图例说明:

1.第四系滑坡堆积物;2.第四系冲洪积物;3.侏罗系上统蓬莱镇组;4.碎块石夹土;5.长石细砂岩;6.泥岩;7.散裂岩体;8.块裂岩体;9.地下水位线;10.库水位线

15.3　基于危险性评价的地质灾害防治阻挡技术选择

经上节对影响重庆市地质灾害发生的内外因子及其成因机制的分析,可知在明确地灾成因机制的基础上可更有效地进行地灾治理。

根据目前被广泛应用的地质灾害危险性评价方法,可对该处地质灾害进行危险性判断,若具有危险性,判断具有多高的危险性,是采取搬迁避让还是工程治理措施。在此基础上,若采用工程治理,可结合地质判断依据,为地灾防治提供更为精准、可靠的工程治理措施建议。

目前针对地灾危险性评价的方法主要为基于工程地质模型的滑坡演化机制分析和基于统计学基础的分析评价(俞布,2012)。根据危险性评价结果选择地质灾害防治措施的主要工作步骤如下。

(1)选取评价指标因子,确定分级评分标准。选取若干个可真实、全面、科学评价地灾危险性的因子构建评价指标体系。根据此原则,危险性评价因子又可分为两类:一类是基础性因素;另一类是诱发性因素。基础性因素包括地形地貌、地层岩性、地质构造,灾害点分布距河网、道路的距离;诱发性因素包括降雨、地震、风化剥蚀、开挖与堆填等外部营力。地灾的发生是由两者共同作用的。一般结合实际的地灾情况选择适宜的评价因子,如地形地貌因子、地层岩性因子、降雨因子等指标。依据各因子对地灾影响程度的大小,确定不同影响程度的指标分级与评分。

(2)确定评价方法并计算指标权重,建立评价模型并评价。可依据影响因素叠加法或模糊综合评价法进行危险性评价,并采用云模型等方法确定评价指标权重。运用 ArcGIS 平台将相关因子叠加,进行地质灾害危险性空间分析,从而得出地灾危险性评价结果。

(3)根据评价结果选取防治手段。当评价结果为较高危险时,可将其列为地灾多发区,要对区域进行整合避灾移民;评价结果为一般或较低危险时,可将其列为地灾隐患区,应采取一定的生物修复与工程阻挡技术规避地灾风险。

15.4　重庆市地质灾害避灾移民搬迁方法及特征

基于危险性评价的重庆市地质灾害防治措施选择显示,当评价结果显示为较高危险时,其为地灾多发区,建议进行避灾移民。避灾移民可分为雨天避让和搬迁避让,前者多指在雨季多发期,区域往往会降雨,导致地质灾害,相关部门通过实时监测获悉区域地灾发生可能性,并及时通知当地居民暂时离开此区域,阶段性安全转移,雨季过后危险性降低到一定程度再返回。搬迁避让指无法采用工程治理或工程治理效益低,从而采用的一种在灾害发生前整户或整村人口迁移至安全地带开始新生活的方法。与传统的事后工程治理相比,搬迁避让旨在将居住地周围存在安全隐患的群众迁移到宜居区域,最大限度地降低生命财产损失。近年来,由于外在人为因素及生态环境的动态变化影响,常发生干旱、洪水、滑坡、崩塌、泥石流等，政府组织拟对受灾群众进行搬迁移民。其一方面可以减少山区群众对自然的人为扰动，避免生态系统的进一步恶化；另一方面可避免突发自然灾害对群众的生命财产造成威胁。因此，为了使移民搬迁的新址不再遭受自然灾害的袭击，最大限度地减少移民成本，在选择移民安置地时应充分评价所选位置的地灾危险性，科学论证、慎重决策。

15.5 地质灾害就地防治工程阻挡及生物修复技术

15.5.1 就地防治工程阻挡技术

当地灾危险性评价结果为一般或较低风险时，应选择适宜的防治工程阻挡技术，一般可分为工程阻挡和生物阻挡。当选择工程阻挡时，其主要工作步骤为：①结合地质灾害的影响因素及成因机制、发展趋势、规模分析等确定防治工程等级及初步防治手段；②以实际地质情况为基础，再次比较初选的防治工程手段，确定最低工程成本下的地质灾害防治工程措施，编写地质灾害防治工程设计书。

重庆市现有主要地质灾害类型为滑坡、崩塌，故后文主要介绍滑坡、崩塌这两类地质灾害防治措施。

1. 滑坡防治工程阻挡措施

对滑坡防治工程阻挡措施来讲，要以群防群测为基础，及时向当地群众汇报滑坡的动态变化。对滑坡体要及时排出地表水或地下水，避免坡体蓄水、自重增加而引发的坡体失稳。在坡体合适位置布设抗滑桩、挡土墙或锚杆等，增加坡体稳定性，防止坡体下滑。结合《滑坡防治工程设计与施工技术规范》（DZ/T 0219—2006）有关防治设计措施，总结出常见的滑坡防治工程阻挡措施，见表 15-3。

表 15-3 滑坡防治工程阻挡措施

工程阻挡措施类型		具体措施	适用情况	布设位置
排水工程	地表排水	截排水沟	排出地表水体	坡体后缘并远离裂缝 5m 以外的稳定斜坡表面（注：后缘出现明显开裂变形需及时用黏土或水泥浆填充裂缝）
	地下排水	深水盲沟	坡体有积水湿地、泉水露头或坡体后部有深层地下水	作横向拦截排水隧道时，布设于坡体后缘滑动面以下；作纵向疏干排水隧道时，布设于坡内
抗滑桩		抗滑桩	阻滑	滑坡阻滑段，下部锚固段需在滑面以下的坚硬岩石中
预应力锚索		预应力锚索/锚杆	岩质滑坡	坡体需锚固的部分
格构锚固		浆砌块石格构、现浇钢筋砼格构	坡面防护	坡中、上部

工程阻挡 措施类型	具体 措施	适用情况	布设位置
重力 挡墙	被动挡土墙、 主动挡土墙	处于居民区、工业和厂矿区、道路 建设涉及的规模小、厚度薄的滑坡	滑坡主滑段下部
其他防 治工程	注浆 加固	岩质滑坡、崩塌堆积体、岩溶角砾 岩堆积体、松动岩体	坡内
	刷方 减载	表层存在不稳定滑体的滑坡、需后 缘减少滑体自重降低下滑力的滑坡、 需削坡降低坡度增强稳定性的滑坡	后缘
	前缘回 填压脚	有滑移趋势的顺层滑坡	前缘

2. 崩塌防治工程阻挡措施

崩塌防治工程应根据主动治理、被动防护相互协调的方法进行。除考虑崩塌体自身的稳定与安全外，还应该考虑环境保护与景观需求。结合《崩塌防治工程设计规范（试行）》（T/CAGHP 032—2018），常见的崩塌防治工程阻挡措施见表 15-4。

表 15-4　崩塌防治工程阻挡措施

防护结构类型	防护机理	适用情况	布设位置
清除	主动去除	规模小、稳定性差的	分布有小危岩的地方
支撑	主动加固	底部悬空且向坡内的较大凹腔	凹腔中
嵌补	主动加固	底部悬空，存在较小凹腔的	凹腔中
锚固	主动加固	倾倒式、滑移式坡体	危岩体中
抗滑桩（键）	主动加固	滑移式	穿过危岩体滑移面，末端处于稳定母岩中
挂网喷锚	主动加固	陡崖整体稳定，表面有浮石的	易落石的危岩体表面
主动防护网	主动加固	陡崖整体稳定，表面有浮石的	节理裂隙发育的坡面
被动防护网	被动抵御	陡崖整体稳定，表面有零星落石的	崩塌落石源与保护对象之间
拦石墙	被动抵御	陡崖整体稳定，存在小规模崩塌落石的	崩塌落石源与保护对象之间
棚洞	被动抵御	存在高位危岩的	陡崖下方重要交通运输干线上部

15.5.2　地质灾害防治生物修复技术

生物修复技术在地灾防治中的应用主要为植物安全隔离、自然恢复、保护性人工恢复，但这些措施的防治效益需要通过生态系统缓慢地演化来显现。而且，地灾发生区多为生态环境较脆弱区，立地条件差，生物的存活或生长面临较大考验。因而在选择生物措施进行地灾防治时，应在查清地灾演变现状的基础上，结合主动隔离、生物修复的方式进行治理，以此来消除地灾隐患。

目前看，最为可行也是最经济的生物恢复措施有三种。

第一种，对发生地灾的区域实行植物安全隔离，即在距发生地灾的坡体前缘种植8～12m 宽的多排乔-灌木，以一定的安全距离阻止地质灾害所带来的威胁。但该方法会受到所种乔木直径、高度等树木特性、种植密度的影响，若植株过小、密度较低则达不到地灾防治的目的，种植初期防护效果不明显。因而在选取安全绿篱植物时，需考虑重庆市本地的乡土植物，并考虑其自然生长周期。

第二种，在地灾发生区实施完全的自然恢复，即将灾害发生与影响区的居民迁移后，对其实施完全的保护，不施加任何人为的额外生物措施，让其自行恢复、自行演化，最终形成较为稳定的生态系统。如重庆市很多滑坡地质灾害均位于库岸两侧，其前缘紧邻长江，无直接的威胁对象，且坡体植被覆盖良好，实现自然恢复较为容易。但需做好移民的安置与防灾宣传，让群众自觉远离地灾发生或影响区。对于一些裸露的岩质滑坡体，实施完全保护的恢复措施见效相对较慢，整体效果显现常需要 10 年乃至更长的时间。

第三种，保护性人工恢复。在人工排危后，通过人工促进恢复。采取这一措施的区域一般立地条件相对较好，植被基本能自行演化成乔灌丛立体生态系统，拥有乔木、灌木等幼苗，只是自行演化需要较长时间。针对此种情况采取人工促进更新既可大大提高地灾发生或影响区的恢复速度，又可保留和尊重原有的植被环境，是一种近自然的生物恢复措施。同样地，在恢复过程中植被选择要以周围的乡土树种为主以提高生态适宜性。

15.6　地灾多发或隐患区生物修复与工程阻挡技术凝练

地灾多发或隐患区的搬迁避让和就地防治是减少或降低灾害影响的重要手段，且两者常常综合使用。搬迁避让常在小范围内发生，就地防治则针对大范围治理。在搬迁避让和就地防治过程中，生物修复和工程阻挡技术是所需的重要手段。具体实施的技术要点有六个。第一，评估地灾多发或隐患区的地质环境，找出驱动灾害可能或已经发生的关键诱因。第二，开展搬迁避让评估，确定整体搬迁还是局地部分搬迁。第三，对搬迁后的区域实施详细的踏勘排查，评估地灾点或隐患点的辐射范围，对本身及其周围立地条件进行分析。第四，基于不同情况，开展排险、固坡治理，构建工程阻挡措施体系。第五，评价生物修复的可行性及可采取的生物恢复措施，以自然修复为主，构筑快速生物恢复网络体系。第六，对治理后的效果加强监测评价，针对薄弱环节及时补强。

15.7　小　　结

地质灾害是一种常见的突发性自然灾害，其往往伴随着生态环境的变化。不同的地灾发生区，其成因机制不同，导致地质灾害防治工程措施也有所差异。对于地灾多发区，搬迁避让可让已发生地灾的区域地质生态环境自然恢复，形成新的稳定生态系统。对潜在隐患区，采取合理的滑坡、崩塌就地防治工程措施，可大大降低或延缓灾害发生的可能性，降低灾害影响和危害程度，为生产自救和移民搬迁争取时间。目前来看，为减少人们生命财产的损失，在地灾发生或隐患区多采取整体搬迁的方式。同时开展就地的生物修复与工程阻挡措施，一方面可减少灾害对群众生命财产的影响；另一方面，也可尽快恢复植被、稳定边坡，提高地质环境稳定性和生态系统完整性。

第16章 高山移民区景观自然恢复与人工选育再造技术

高山移民后随之出现原有居住地闲置、原有耕作土地荒芜、林地缺乏合理利用等问题。在移民对迁出地及迁入地生态资源环境造成的影响研究方面，国内外学者均进行了许多探索，取得了显著的科研成果，但大多是从生态环境保护的角度去探讨移民问题，并发现生态移民实质上是使原有人为扰动的地方自然恢复生态服务功能，实现可持续发展的重要举措。不同国家、不同地区的生态环境差异决定了所采取移民方式的不同，但其最终目的都是实现人与自然环境之间的和谐发展。

重庆高山移民产生了大量弃耕地，对于高山弃耕地的景观自然恢复与耕地用途转换利用是急需解决的重大问题。以生态恢复为主还是实施产业开发，需结合当地实际情况去考虑。一般对生态环境恶劣的弃耕地再利用应主要从生态角度出发进行系统治理，故本章将着重从国土综合整治与生态恢复的角度研究高山移民弃耕地景观恢复与再生，如对离居民聚居区较近的搬迁遗留闲置耕地进行综合整治，以补充耕地总量；对远离人烟、不适宜继续耕作的土地，在进行生态恢复和景观再造的同时，重视土地功能的置换作用，通过耕地用途转换获得新的生机，达到弃耕地环境更新、生态恢复、经济发展的目的。

16.1 重庆高山移民背景及生态环境现状分析

16.1.1 基于生态环境现状的移民背景分析

重庆渝东南区域，顺长江而下，两岸地势渐陡，加之三峡库区每年周期性的蓄水诱发两岸滑坡、崩塌地质灾害，使得该区域的某些高山地区生态环境进一步退化，影响周围群众的正常生活。此外，受生态环境影响，植被发育缓慢甚至不良，常在汛期大暴雨的影响下，雨水下渗受阻带走大量坡表土体，造成水土流失，严重影响长江上游重要生态屏障。而高山聚居点主要集中在国家重要的生态屏障或水源涵养地段，为使这些地方的居住者所处生态环境得到有效改善，提高国家生态安全格局，高山生态移民孕育而生（成小江和开芳，2018）。高山地区由于所处海拔特殊，远离城市核心居住区，具有涵养水源、保持水土、净化空气及保护生物多样性等重要生态服务功能。

16.1.2　基于生态环境保护的移民现状分析

目前，以自然保护、自然修复为主，以生态植被恢复、高山退耕还林为抓手，可将原有高山生态脆弱地区形成的大量高山梯度废弃耕地修复为新的生态系统屏障。据成小江和开芳(2018)统计，截至 2016 年底，重庆市已构建 21 个自然保护区；长江沿线高山地区防护林森林植被覆盖率达 49%。但随着高山移民工程的逐步实施，搬迁后留下的高山移民弃耕地、宅基地等，其土壤肥力低、水土流失严重、植被景观破坏问题逐渐显现，对构建长江上游重要生态屏障产生了一定的阻碍作用，故需采取有效的治理措施进行生态环境恢复。

16.2　重庆高山移民弃耕地形成原因及特征

16.2.1　高山移民弃耕地来源

高山居住的群众从生存环境相对恶劣的地方搬至沿河、两岸相对平坦的地区，原有高山耕地即成为废弃遗留耕地。

16.2.2　高山移民弃耕地形成原因

重庆市高山移民区受海拔条件影响，垂直气候分布明显。区内斜坡高陡，地质灾害频发，适宜耕作土地的面积逐步降低，人民生产生活受阻。然而与之形成鲜明对比，山脚地势平坦，交通便利，耕作便捷，社会经济发展迅速，因而大量高山居住群众迫切需要搬往地势相对平坦，经济更为发达的地方，造成原有住房、耕地被荒废遗弃。

16.2.3　高山移民弃耕地特征

1. 景观破碎化特征

重庆市高山弃耕地由于所处地理环境坡度较大，耕地景观呈破碎化分布，多表现为凋零、破败、荒废的废弃地，甚至是不毛之地。加之之前不合理的开垦使原本被植物覆盖的地表土层受损，地表景观协调性、统一性与完整性遭到破坏。

2. 生态效应弱化特征

生态效应弱化主要表现为土壤肥力下降、植物群落被破坏、水土流失较为严重、生物多样性减少或丧失、外来物种入侵等一系列问题，严重破坏生态平衡。

3. 文化承载体特征

高山弃耕地具有特殊的文化价值，展现的是一种精耕细作的农耕文化。弃耕地本身记载了人类农业文化前进的脚步和耕种技术进步的历程，在景观恢复再造中，高山农耕文化结合当地的地域风俗习惯，展示出独具特色的文化特征，适时发展生态旅游产业。

4. 社会属性特征

实现重庆市弃耕地的景观恢复与再造，一方面可通过适宜的土地整治，增加重庆市现有耕地面积，逐步恢复农业生态环境平衡；另一方面还可通过加强基础设施建设，结合当地特色生态农业，发展生态旅游，给山区带来社会、环境、经济效益，进而带动山区经济的发展，实现生态保护。

16.2.4　高山移民可耕地与非耕地用途转换

高山移民可耕地与非耕地用途转换是指对高山移民弃耕地的自然条件和植物资源现状进行分析后，通过对弃耕地地形地貌、植被生长、土壤覆盖、水文特征进行实地调勘，对仍适宜耕作的弃耕地实行复垦，以增加可耕面积。对不适宜、不便于种植农作物的部分弃耕地，可根据重庆市相关政策，将其转换为园地、林草地等。

16.3　弃耕地景观自然恢复技术

对重庆市高山移民弃耕地进行景观恢复，首先要对弃耕地的生态环境进行修复，使之向安全良好的生态系统结构发展。在基于景观生态学原理的基础上，从土地退化灾害防治、污染物治理、土壤改良、水体治理、保护生物多样性等多方面入手，对弃耕地生态环境进行修复。在进行弃耕地修复时，若其生态系统受损较轻，则可依靠生态系统的自我演替，实现自我修复，最终使在弃耕过程中遭受到破坏的生态系统回到正常的循环状态。

16.3.1　弃耕地景观自然恢复过程

在植被生态学中，弃耕地植被的自然恢复需要一个漫长的自然演替过程，受植被受损程度影响，其时间可能跨度几年到几百年不等。自然恢复过程是指生态系统依靠自身能力，在无外界人为诱导的基础上，开展生态修复的过程，需要遵循恢复生态学的相关原理和原则(李永良和李瀚，2003)。弃耕地的自然演替按演替速度可分为三大类，即快速演替、长期演替及世纪演替，一般来说重庆市高山弃耕地生态恢复都是一个长期演替过程。按脆弱生态系统演替的初始条件，又可将演替分为原生演替和次生演替。弃耕地植被的恢复演替属次生演替，包含植物"定居—群聚—竞争—稳定"整个生长周期，各植物之间最终形成稳定的生态系统。

重庆高山整体移民弃耕区由于海拔相对较高，景观植被的自然恢复先从草地开始正向演替，并逐渐向高级植物群落演替。石丹等(2019)对重庆市巫山高山移民迁出区不同弃耕年限植物多样性的调查研究发现，重庆市区域内弃耕地处于自然恢复状态时，其群落结构由草本、灌木演变为草、灌、乔一体的复杂群落结构。其自然恢复表现为从草本+灌木的群落结构演变为草本+灌木+乔木的复杂群落结构，群落中的优势物种也由一年生喜阳草本转变为多年耐阴草本。

16.3.2　土壤种子库对自然植被恢复影响

土壤种子库指一定面积的土壤层具有的活力种子集合(张志权，1996)。其在时间和空间上的结构分布对脆弱生态系统恢复和植物群落结构有着重要影响，也是弃耕地能实现自身演替的能量来源。长期以来，在植物生态研究中土壤种子库问题一直受到广泛关注(班勇，1995)，马长明和袁玉欣(2004)指出自然演替的弃耕地恢复速度及程度与土壤中种子类型、数量有关，高山弃耕地自然恢复中土壤种子库占有重要作用。

关于土壤种子库与植被之间的相互联系，有关学者对其进行了深入研究。张志权(1996)认为，土壤种子库与地面植被类型之间不存在必然联系。但 Hutchings 和 Booth(1996)经过对石灰质草地植被土壤种子库长达 10 年的研究，得出在土壤表层聚集了土壤种子库，其中46.6%为禾本科，38.6%是多年生双子叶植物，8.4%是三年生植物种子，6.4%是一年生杂草。Rew 等(1992)通过对英格兰东南方 40 块休闲地的对比分析，证实了 Hutchings 和 Booth(1996)结论的正确性，并发现多年生植物种类与距原生草地边界距离呈反比关系，一年生和二年生则与之呈正比关系。弃耕地植被的类型来源于相邻植被体、风与种子库。

土壤种子库影响弃耕地初期先锋植物类型、数量以及后期稳定生态系统的植物种类。受弃耕地演化过程中物理因素、植物演替的影响，土壤种子库数量有所变化。大部分森林土壤中种子含量在 $10^2 \sim 10^3$ 粒/m^2，草地土壤中为 $10^3 \sim 10^6$ 粒/m^2，而耕作地中为 $10^3 \sim 10^5$ 粒/m^2(张志权，1996)。由此可见，深入研究土壤种子库在退化草地和弃耕地自然恢复过程中的作用，可进一步指导弃耕地的生态系统综合治理。

16.4　弃耕地景观人工选育再造技术

重庆一部分高山弃耕地受限于恶劣的立地条件，不适宜采用自然恢复手段进行生态环境恢复的，需采用人工干预方式，对弃耕地生境进行改善，通过优良的植物搭配开展生态修复。

16.4.1　改善立地条件的方法

尽管大部分弃耕地立地条件相对较好，但在某些地方仍存在立地条件需要改善的情况。弃耕地立地条件改善就是在遵循景观自然恢复的前提下，对难以自然恢复的地块分析其限制因子，找出限制要素并改善。如采取生物工程措施治理水土流失，进行地形地貌整治、污染物治理和土壤改良等。

16.4.2　适宜植物种类选择的基本原则

在弃耕地植物群落的自然演替规律上，其表现出的演变顺序是：一年生草本—多年生草本—灌木—乔木。但要完成上述群落演替需进行数十年甚至是数百年的演变。因而，可根据高山废弃耕地的实际立地条件，通过适当的人工选育方式缩短演替时间，从而加速植被景观恢复进程。

植被作为一种传统的造景元素，在国内外众多名园中都有大量运用，但是高山移民弃耕地植被景观再造不同于园林造景，它必须以生态环境恢复为前提。因此对高山移民弃耕地景观再造，植被种类不能像园林造景那样选择名贵、外形优美的植物，而是要遵循如下原则。

(1)选择与高山移民弃耕地立地条件相适宜的植物，如适宜高山大温差、较寒环境的马尾松等。

(2)选择具有土壤改良功能的植物，如刺槐、胡枝子和紫穗槐等。

(3)应以乡土植物为主，当地乡土植物能与周围植被景观形成较为统一协调的景观环境。

(4)构建乔、灌、草混合植物群落，不仅能够丰富景观层次，还有利于矿区植被覆盖率的提升以及稳定生态系统的形成。

(5)在植被大小的选择上，必须从苗木开始营造，因为高山移民弃耕地生境条件相对较好，选择苗木进行种植既能快速形成群落，又可节省经济成本。

16.4.3　植被景观营造技术

对重庆市高山弃耕地的植被景观营造来说，可依据景观生态学理论，以生态适宜性为最大约束条件，优先选择乡土树种。特殊情况下，可考虑珍贵的乡土树种，以兼顾生态与经济效益。同时，根据弃耕地种子库的状况及植被演化情况，确定植被恢复模式，如自然恢复、人工选育再造更新等。对种子库丰富，且有一定乔灌演化的弃耕地，采取保护性恢复措施；对种子库一般，弃耕地仅有灌丛生长的，采取人工选育再造更新措施。

对于弃耕地重新开展农业产业开发的，应尽量做好耕作田块的修筑，以减少水土流失或地质灾害的发生，同时，适当考虑乡土树种、农业景观及外来景观树种间的搭配，在确保自然生态、农业生态不受损的前提下，改善景观效果。

16.5　景观自然恢复与人工选育再造技术凝练

自然恢复和人工选育再造是生态修复的两大基本类型，各有侧重点，且各自所处的自然本底差异较大，恢复效果、恢复时间、建成的生态系统稳定性等均有较大不同。景观自然恢复与人工选育再造的技术要点有七个。第一，开展高山整体移民区耕地资源的适宜性评价，划分可耕区与非可耕区。第二，针对可耕区开展产业发展规划与基础设施配套，对非可耕区进行生态修复的可行性评价。第三，可耕地的用途转换要体现山区特色，要体现"两山论"和"两化论"的精髓。第四，可耕地的产业选择和土地整治均遵守前人研究所取得的成果。第五，非可耕区的生态修复依据本底条件分为以自然修复为主、人工选育再造为辅，或人工诱导为主、自然修复为辅的模式。第六，景观自然恢复以保护为主，让种子库在自然演替下发挥最大作用；人工选育再造则以乡土树种为主，提高其生态适宜性。第七，统筹兼顾经济投入与效益产出的合理性。

16.6　小　　结

重庆市高山整体移民留下的大量弃耕地对环境和经济造成恶劣影响，使弃耕地生态景观恢复成为国土综合整治与生态修复的重要内容之一。本章对高山移民弃耕地进行了科学的研究，对高山移民弃耕地景观自然恢复和人工选育再造技术进行了探讨。对不能复垦复绿的弃耕地，可通过用途转换的方式使其得到再生利用，如通过生态恢复和景观再生将其打造成高山避暑公园等对游客进行开放，从而带来经济效益。对弃耕地的修复与再生，是一个涉及多领域多学科的综合课题，因此要结合景观生态学、景观设计学等多领域的知识，解决弃耕地再生和产业转型的问题。对于弃耕地修复与再生大致概括为两部分内容：一是运用生态学原理对弃耕地进行景观的自然修复；二是在弃耕地用途转换的基础上运用人工选育再造的方法进行景观再造。通过这两个步骤丰富高山移民弃耕地恢复与再生的理论，以期达到弃耕地的环境、社会和经济效益的协调统一。

参 考 文 献

白宪台, 景才瑞, 1994. 论江汉平原以治水为主的国土综合整治对策[J]. 长江流域资源与环境, 3(2): 121-126.

白中科, 郧文聚, 2008. 矿区土地复垦与复垦土地的再利用: 以平朔矿区为例[J]. 资源与产业, 10(5): 32-37.

白中科, 周伟, 王金满, 等, 2019. 试论国土空间整体保护、系统修复与综合治理[J]. 中国土地科学, 33(2): 1-11.

班勇, 1995. 土壤种子库的结构与动态[J]. 生态学杂志, 14(6): 42-47.

鲍海君, 徐保根, 2009. 生态导向的土地整治区空间优化与规划设计模式: 以嘉兴市七星镇为例[J]. 经济地理, 29(11): 1903-1906.

毕如田, 白中科, 李华, 等, 2008. 基于 RS 和 GIS 技术的露天矿区土地利用变化分析[J]. 农业工程学报, 24(12): 201-204.

蔡笑盈, 2015. 家庭农场视角下的设施农用地研究[J]. 法制博览(7): 68-69.

蔡运龙, 2001. 土地利用/土地覆被变化研究: 寻求新的综合途径[J]. 地理研究, 20(6): 645-652.

曹光乔, 陈聪, 梁建, 等, 2015. 山区耕地细碎化对水稻机收效率的影响研究[J]. 云南农业大学学报(自然科学版), 30(6): 946-950.

陈百明, 1997. 试论中国土地利用和土地覆被变化及其人类驱动力研究[J]. 自然资源, 19(2): 31-36.

陈浮, 曾思燕, 张志宏, 等, 2018. 农村土地综合整治对乡村转型的影响研究: 以江苏省万顷良田工程为例[J]. 中国土地科学, 32(12): 50-58.

陈矫健, 2016. 关于"农家乐"和设施农用地的调研报告: 谈设施农用地制度的完善与发展[J]. 浙江国土资源(4): 52-54.

陈丽芳, 2018. 矿山重金属污染研究现状及修复技术[J]. 中国金属通报(6): 183-184.

陈刘忠, 2015. 安徽省新建高速公路临时用地复垦模式与技术研究[D]. 合肥: 安徽农业大学.

陈荣蓉, 2012. 重庆丘陵山区农村土地整治工程及其景观效应[D]. 重庆: 西南大学.

陈少卿, 2008. 基于 GEODATABASE 的流域基础数据模型的初步研究与应用[D]. 南昌: 江西师范大学.

陈心佩, 魏朝富, 2015. 非农建设占用耕地耕层土壤剥离与再利用技术综述[J]. 农村经济与科技, 26(8): 6-10.

陈旭欣, 2009. 基于适宜性评价的土地复垦技术体系研究[D]. 北京: 北京林业大学.

陈讯, 2011. 土地整治整村推进: 农民从分化走向分离: 基于皖南新村的考察[J]. 农村经济(6): 77-79.

成德宁, 2012. 我国农业产业链整合模式的比较与选择[J]. 经济学家(8): 52-57.

成小江, 开芳, 2018. 重庆高山生态移民环境政策论析[J]. 重庆广播电视大学学报, 30(2): 67-72.

程从坤, 2014. 耕作层土壤剥离再利用模式研究: 以安徽省为例[J]. 安徽农业科学, 42(23): 8017-8019.

刁承泰, 陈菲, 吕韬, 等, 2002a. 岩溶槽谷地区的土地利用和土地整理: 以重庆市涪陵区荒田片区为例[J]. 中国岩溶, 21(1): 14-18.

刁承泰, 黄京鸿, 卢涛, 2002b. 喀斯特地区土地整理的重点和技术探讨: 以重庆市涪陵区荒田片区为例[J]. 水土保持学报, 16(1): 127-129, 147.

丁家云, 周正平, 2015. 基于农业产业链延伸的农产品国际竞争力研究[J]. 南京审计学院学报, 12(3): 26-34.

董雪, 2012. 吉林省黑土区村庄表土剥离技术集成方案[D]. 长春: 吉林农业大学.

窦森, 董雪, 董丽娟, 等, 2014. 松辽平原表土剥离技术体系: 以吉林省松原市为例[J]. 吉林农业大学学报, 36(2): 127-133.

杜建平, 邵景安, 谭少军, 等, 2018. 煤矿区土地复垦研究: 前景与进展[J]. 重庆师范大学学报(自然科学版), 35(1): 131-140.

段德忠, 杜德斌, 刘承良, 2015. 上海和北京城市创新空间结构的时空演化模式[J]. 地理学报, 70(12): 1911-1925.

方超, 2018. 常用矿山修复技术的应用实例及评价[J]. 有色冶金设计与研究, 39(6): 126-127.

冯锐, 吴克宁, 王倩, 2012. 四川省中江县高标准基本农田建设时序与模式分区[J]. 农业工程学报, 28(22): 243-251.

付菊英, 高懋芳, 王晓燕, 2014. 生态工程技术在农业非点源污染控制中的应用[J]. 环境科学与技术, 37(5): 169-175.

付梅臣, 陈秋计, 谢宏全, 2004. 煤矿区生态复垦和预复垦中表土剥离及其工艺[J]. 西安科技学院学报, 24(2): 155-158.

傅广仁, 段德河, 2008. 表土剥离再利用技术在尾矿库恢复耕植功能中的应用研究[J]. 科技创新导报, 5(12): 136-137.

甘晓林, 2012. 新农村建设背景下土地整理综合效益评价研究[D]. 武汉: 华中农业大学.

高向军, 刘玉杰, 冯秀峰, 等, 2015. 从国土和农业部门协作现状看耕地资源的统一管理[J]. 国土资源情报(5): 3-7.

顾晓君, 刘刚, 闫其涛, 等, 2010. 安全型农业初探: 基于马斯洛需求理论视角[J]. 中国农学通报, 26(14): 429-432.

郭春秀, 刘世增, 杨自辉, 等, 2011. 石羊河中下游河岸植被的结构及其功能研究[J]. 中国农学通报, 27(28): 115-120.

郭二辉, 孙然好, 陈利顶, 2011. 河岸植被缓冲带主要生态服务功能研究的现状与展望[J]. 生态学杂志, 30(8): 1830-1837.

郭青霞, 吉谦, 王改玲, 等, 2002. 安太堡露天煤矿复垦土地适宜性评价研究[J]. 山西农业大学学报(自然科学版), 22(2): 82-86.

郭树华, 李石松, 2016. 综合交通运输体系对产业专业化与空间区域集聚的影响: 以云南省农业产业为例[J]. 经济问题探索(1): 125-131.

郭月婷, 2017. 中国耕作层土壤剥离利用研究进展[J]. 中国水土保持科学, 15(1): 148-156.

韩雪梅, 2012. 边坡绿化技术施工定额初步研究[D]. 北京: 北京林业大学.

郝志强, 2016. 旱涝保收标准农田示范项目灌排工程设计研究[J]. 农业科技与装备(1): 49-50.

何多兴, 谢世友, 路洪海, 2003. 岩溶槽谷地区土地整理的总结与思考: 以重庆市北碚区槽上为例[J]. 中国岩溶, 22(1): 35-40.

何灏, 师学义, 2012. 基于景观格局的农用地整理道路规划布局方法[J]. 农业工程学报, 28(11): 232-236.

胡昌礼, 胡建宇, 2016. 丘陵山区宜机化地块整理整治实践[J]. 农机科技推广(11): 45-47.

胡传景, 蒲玲媛, 2016. 构建耕作层土壤剥离再利用机制[J]. 中国土地(4): 22-23.

胡存智, 2011. 差别化土地政策助推主体功能区建设[J]. 行政管理改革(4): 19-25.

胡黎明, 袁露影, 2013. 津市市设施农用地管理情况调研报告[J]. 国土资源导刊, 10(5): 65-66.

胡桐元, 1984. 试论国土规划的综合性[J]. 经济问题探索(12): 9-12.

胡序威, 1982. 国土规划与区域规划[J]. 经济地理(1): 3-8.

黄威, 李淑杰, 王极, 等, 2013. 吉林省土地整治规划环境影响评价研究[J]. 吉林农业大学学报, 35(3): 334-339.

黄霄羽, 毕银丽, 张占录, 2008. 土地整理中景观生态规划设计系统构建[J]. 资源与产业, 10(5): 125-129.

黄占明, 2010. 旧灌区节水改造存在问题及对策[J]. 甘肃水利水电技术, 46(3): 54-55.

黄祖辉, 王建英, 陈志钢, 2014. 非农就业、土地流转与土地细碎化对稻农技术效率的影响[J]. 中国农村经济(11): 4-16.

贾淼, 王爱云, 2016. 高标准农田建设田间灌溉工程设计浅析[J]. 陕西水利(6): 53-54.

贾文涛, 张中帆, 2005. 德国土地整理借鉴[J]. 资源·产业, 7(2): 77-79.

贾文涛, 2012. 土地整治有了新目标: 《全国土地整治规划(2011—2015年)》解读[J]. 中国土地(4): 12-14.

姜娜, 冯伟, 张新和, 等, 2002. 道路建设中的耕地占用问题及其对策初探[J]. 西北农林科技大学学报(社会科学版), 2(2): 62-65.

姜睿清, 黄新建, 谢菲, 2013. 为什么农民无法从"公司+农户"中受益[J]. 中国农业大学学报(社会科学版), 30(3): 54-60.

姜树辉, 2013. 重庆市武隆区滑坡地质灾害遥感调查与评价分析研究[D]. 重庆: 重庆交通大学.

孔凡哲, 李莉莉, 2005. 利用 DEM 提取河网时集水面积阈值的确定[J]. 水电能源科学, 23(4): 65-67.

孔瑞霞, 何继业, 2013. 烟台市牟平区高陵水库灌区节水改造工程的必要性及规划方案[J]. 水利建设与管理, 33(6): 78-80.

孔雪松, 金璐璐, 郄昱, 等, 2014. 基于点轴理论的农村居民点布局优化[J]. 农业工程学报, 30(8): 192-200.

赖敏, 刘黎明, 2006. 生态退耕工程中的生态补偿问题及其补偿方法[J]. 水土保持通报, 26(3): 63-66.

李保杰, 顾和和, 纪亚洲, 2012. 矿区土地复垦景观格局变化和生态效应[J]. 农业工程学报, 28(3): 251-256.

李兵, 2017. 松桃县 2016 年农田水利设施建设项目区工程布局[J]. 黑龙江水利科技, 45(5): 170-172.

李春平, 关文彬, 范志平, 等, 2003. 农田防护林生态系统结构研究进展[J]. 应用生态学报, 14(11): 2037-2043.

李怀恩, 邓娜, 杨寅群, 等, 2010. 植被过滤带对地表径流中污染物的净化效果[J]. 农业工程学报, 26(7): 81-86.

李建春, 张军连, 李宪文, 等, 2013. 银川市基本农田保护区空间布局合理性评价[J]. 农业工程学报, 29(3): 242-249.

李建华, 赵艳玲, 付馨, 等, 2013. 丘陵区水田整治中的表土剥离技术研究[J]. 湖北农业科学, 52(5): 1039-1043.

李萍萍, 安伟, 袁建华, 等, 2015. 我国农村基础设施投资地区差异实证分析[J]. 农业科学研究, 36(2): 60-64, 81.

李世锋, 2003. 关于河岸缓冲带拦截泥沙和养分效果的研究[J]. 水土保持科技情报(6): 41-43.

李双鹏, 陈永富, 2014. 家庭农场发展中若干问题研究: 以浙江省为例[J]. 农业现代化研究, 35(6): 715-720.

李西, 2004. 应用于植被护坡两种岩生植物土壤植被系统(SVS)研究[D]. 雅安: 四川农业大学.

李秀彬, 1996. 全球环境变化研究的核心领域: 土地利用/土地覆被变化的国际研究动向[J]. 地理学报, 51(6): 553-558.

李延寿, 郑继凤, 2012. 济南市设施农用地发展现状与对策建议[J]. 山东国土资源(3): 53-55.

李阳兵, 高明, 魏朝富, 等, 2002. 岩溶山地土地整理模式研究[J]. 经济地理(S1): 92-96.

李永良, 李瀚, 2003. 退耕还林(草)天然次生植被变化规律研究[J]. 青海农林科技(B08): 54-57.

廖莎, 肖海, 2015. 建设占用耕地的耕作层剥离与再利用模式研究[J]. 时代农机, 42(12): 70-72.

廖兴勇, 2012. 重庆丘陵山区土地整理模式及其关键技术研究[D]. 重庆: 西南大学.

廖玉姣, 2019. 重庆巩固高山生态移民精准脱贫成果的对策探讨[J]. 农家科技(8): 8-10.

林芬, 宋衍川, 1995. 小流域综合开发整治的有益尝试: 浦城县水北街乡国土开发整治试点成效与经验[J]. 福建水土保持(2): 20-23.

林坚, 李尧, 2007. 北京市农村居民点用地整理潜力研究[J]. 中国土地科学, 21(1): 58-65.

林文声, 2015. 土地依赖、社会关系嵌入与农地非市场化流转[J]. 农村经济(12): 85-88.

刘东海, 1985. 基层国土规划的性质和任务[J]. 地理学报, 40(3): 197-206.

刘芳, 朱健, 陆海波, 等, 2012. 快速恢复矿山植被的纸质生态盘: CN202269225U[P]. 2012-06-13.

刘飞, 陆林, 2009. 采煤塌陷区的生态恢复研究进展[J]. 自然资源学报, 24(4): 612-620.

刘纪远, 1996. 中国资源环境遥感宏观调查与动态研究[D]. 北京: 中国科学技术出版社.

刘建生, 赵小敏, 2012. 求同存异: 土地整治的差别化: 探析浙江省湖州市吴兴区的做法[J]. 中国土地(2): 49-50.

刘刊, 刘兆胜, 郭健, 2010. 注重生态理念保证土地资源的可持续利用: 以辽宁省为例谈新一轮土地整治规划的编制[J]. 国土资源(5): 50-53.

刘敏, 2014. 山地废弃采石场生态恢复治理与再利用规划模式探索: 以《重庆四山地区关闭采石场再利用规划》为例[J]. 中国园林, 30(12): 117-120.

刘树勇, 钟耀斌, 赖文浩, 2014. 夯实设施农业的"地基": 对设施农用地管理政策实施效果的调研[J]. 中国土地(5): 40-42.

刘硕, 2016. 越西县古二乡土地整理规划及效益分析[D]. 成都: 成都理工大学.

刘文治, 刘贵华, 张全发, 2010. 湿地在面源污染治理中的应用回顾与展望[J]. 环境科学与管理, 35(7): 141-145.

刘晓菲, 张朝, 帅嘉冰, 等, 2012. 黑龙江省冷害对水稻产量的影响[J]. 地理学报, 67(9): 1223-1232.

刘新卫, 2008. 日本表土剥离的利用和完善措施[J]. 国土资源(9): 52-55.

刘新卫, 2016. 国内耕作层土壤剥离再利用研究与实践进展[J]. 贵州农业科学, 44(2): 172-176.

刘玉, 吴丹, 潘瑜春, 等, 2014. 中国线性工程沿线区域土地整治技术的研究进展与展望[J]. 地域研究与开发, 33(1): 83-87.

柳源, 1999. 中国地质灾害防治[J]. 中国地质灾害与防治学报, 10(1): 79-80.

龙花楼, 李秀彬, 2001. 长江沿线样带土地利用变化时空模拟及其对策[J]. 地理研究, 20(6): 660-668.

龙花楼, 1997. 采矿迹地景观生态重建的理论与实践[J]. 地理科学进展, 16(4): 68-74.

罗仁福, 张林秀, 赵启然, 等, 2011. 从农村公共基础设施变迁看未来农村公共投资方向[J]. 中国软科学(9): 30-40.

马俊, 王三反, 张训江, 等, 2009. 景观水体的修复技术[J]. 环境科学与管理, 34(5): 100-103.

马雪莹, 邵景安, 徐新良, 2016. 基于熵权-TOPSIS 的山区乡镇通达性研究: 以重庆市石柱县为例[J]. 地理科学进展, 35(9): 1144-1154.

马雪莹, 邵景安, 徐新良, 2017. 乡村路网对三峡库区社区水平森林结构的影响[J]. 自然资源学报, 32(9): 1482-1494.

马长明, 袁玉欣, 2004. 国内外退耕地植被恢复研究现状[J]. 世界林业研究, 17(4): 24-27.

潘文灿, 2001. 法国国土资源管理的经验与启示[J]. 国土资源(3): 46-47.

彭新万, 2006. 法国解决地区差距问题的作法及对我国的启示[J]. 商业研究(12): 27-29.

戚荣建, 苏德成, 陈建, 2015. 设施农用地执法监管困境与出路[J]. 中国土地(11): 34-36.

钱凤魁, 王秋兵, 李娜, 2015. 基于耕地质量与立地条件综合评价的高标准基本农田划定[J]. 农业工程学报, 31(18): 225-232.

钱文荣, 应一逃, 2014. 农户参与农村公共基础设施供给的意愿及其影响因素分析[J]. 中国农村经济(11): 39-51.

秦天宝, 2007. 德国土壤污染防治的法律与实践[J]. 环境保护(5B): 68-71.

单良, 2015. 吉林油田红岗子采油厂泥浆坑表土剥离及复垦技术研究[D]. 长春: 吉林农业大学.

单薇, 金晓斌, 孟宪素, 等, 2019. 基于多源遥感数据的土地整治生态环境质量动态监测[J]. 农业工程学报, 35(1): 234-242.

邵景安, 刘秀华, 魏朝富, 等, 2004. 重庆市不同经济类型区土地整理研究[J]. 水土保持学报, 18(5): 179-183.

邵景安, 刘秀华, 魏朝富, 等, 2005. 浅丘平坝区土地整理规划设计研究: 以重庆垫江县金临土地整理规划设计为例[J]. 西南师范大学学报(自然科学版), 30(3): 577-580.

沈春竹, 何立恒, 金晓斌, 等, 2012. 高速铁路大型临时设施土地复垦利用研究[J]. 南京林业大学学报(自然科学版), 36(3): 125-130.

沈志勤, 严庆良, 何佑勇, 2015. 对全面推进建设占用耕地耕作层土壤剥离再利用的思考[J]. 国土资源情报(4): 36-40.

施卫明, 薛利红, 王建国, 等, 2013. 农村面源污染治理的"4R"理论与工程实践: 生态拦截技术[J]. 农业环境科学学报, 32(9): 1697-1704.

施学光, 2001. 西欧的国土整治与区域经济及其对我省苏北开发的启示[J]. 江苏改革(7): 32-34.

石丹, 倪九派, 倪呈圣, 等, 2019. 巫山高山移民迁出区不同弃耕年限对植物物种多样性的影响[J]. 生态学报, 39(15): 5584-5593.

束文圣, 杨开颜, 张志权, 等, 2001. 湖北铜绿山古铜矿冶炼渣植被与优势植物的重金属含量研究[J]. 应用与环境生物学报, 7(1): 7-12.

宋光齐, 2008. 为了"天府之国"的安宁: 四川省地质灾害防治工作综述[J]. 国土资源通讯(4): 39-41.

宋立旺, 戚德辉, 郝咪娜, 2017. 生产建设项目表土资源的保护与利用[J]. 中国水土保持(9): 26-28.

宋振榜, 2016. 农业设施用地的依法管理[J]. 资源导刊(1): 48.

宋子秋, 2017. 浅谈实施耕作层土壤剥离再利用问题[J]. 中国土地(3): 43-44.

苏壁耀, 1994. 土地资源学[D]. 南京: 江苏教育出版社: 42-81.

睢海静, 2016. 新绛县石灰岩石料矿土地复垦工程措施与成本效益分析[D]. 晋中: 山西农业大学.

孙清, 许鹏, 2012. 如何加强设施农用地管理[J]. 中国土地(7): 36-37.

孙志斌, 2017. 道路建设项目临时用地复垦措施分析[J]. 甘肃农业(6): 45-46, 49.

谭驱雪, 2017. 表土剥离与再利用研究[J]. 西部交通科技(7): 26-29.

谭少军, 邵景安, 张琳, 等, 2018. 西南丘陵区高标准基本农田建设适宜性评价与选址: 以重庆市垫江县为例[J]. 资源科学, 40(2): 310-325.

谭永忠, 韩春丽, 吴次芳, 等, 2013. 国外剥离表土种植利用模式及对中国的启示[J]. 农业工程学报, 29(23): 194-201.

唐秀美, 潘瑜春, 程晋南, 等, 2015. 高标准基本农田建设对耕地生态系统服务价值的影响[J]. 生态学报, 35(24): 8009-8015.

田阡, 李虎, 2015. 人往低处迁: 武陵山区土家族自愿搬迁移民的理性选择: 基于重庆石柱县汪龙村的调查[J]. 思想战线, 41(5): 17-22.

王晨, 汪景宽, 李红丹, 等, 2014. 高标准基本农田区域分布与建设潜力研究[J]. 中国人口·资源与环境, 24(S2): 226-229.

王发明, 2015. 如何正确安全操作及保养维护微耕机[J]. 农村实用技术(12): 53-54.

王军, 钟莉娜, 应凌霄, 2018. 土地整治对生态系统服务影响研究综述[J]. 生态与农村环境学报, 34(9): 803-812.

王庆仁, 崔岩山, 董艺婷, 2001. 植物修复: 重金属污染土壤整治有效途径[J]. 生态学报, 21(2): 326-331.

王行风, 汪云甲, 李永峰, 2009. 基于生命周期理论的煤矿区土地利用演化模拟[J]. 地理研究, 28(2): 379-390.

王旭熙, 彭立, 苏春江, 等, 2016. 基于景观生态安全格局的低丘缓坡土地资源开发利用: 以四川省泸县为例[J]. 生态学报, 36(12): 3646-3654.

王志宏, 李爱国, 2005. 矿山废弃地生态恢复基质改良研究[J]. 中国矿业, 14(3): 22-23.

王忠志, 2014. 基于 GIS 的重庆市地质灾害空间分布的分形分维研究[D]. 重庆: 西南大学.

卫龙宝, 李静, 2014. 农业产业集群内社会资本和人力资本对农民收入的影响: 基于安徽省茶叶产业集群的微观数据[J]. 农业经济问题(12): 41-47, 110-111.

魏海, 秦博, 彭建, 等, 2014. 基于 GRNN 模型与邻域计算的低丘缓坡综合开发适宜性评价: 以乌蒙山集中连片特殊困难片区为例[J]. 地理研究, 33(5): 831-841.

魏秀菊, 胡振琪, 何蔓, 2005. 土地整理可能引发的生态环境问题及宏观管理对策[J]. 农业工程学报, 21(S1): 127-130.

魏远, 顾红波, 薛亮, 等, 2012. 矿山废弃地土地复垦与生态恢复研究进展[J]. 中国水土保持科学, 10(2): 107-114.

吴春花, 杜培军, 谭琨, 2012. 煤矿区土地覆盖与景观格局变化研究[J]. 煤炭学报, 37(6): 1026-1033.

吴春生, 黄翀, 刘高焕, 等, 2018. 基于模糊层次分析法的黄河三角洲生态脆弱性评价[J]. 生态学报, 38(13): 4584-4595.

吴建军, 孔云峰, 李斌, 2008. 基于 GIS 的农村医疗设施空间可达性分析: 以河南省兰考县为例[J]. 人文地理, 23(5): 37-42.

吴平, 2015. 关于贵州喀斯特地区表土剥离及防护的几点认识[J]. 中国水土保持(5): 29-31.

吴强华, 2015. "大棚+" 时代来袭: 设施农用地监管面临的新课题[J]. 中国土地(4): 17-19.

吴晓林, 胡柳, 2014. 城乡一体化进程中土地流转之主体与流转效益的调查研究: 基于湖南省宁乡县关山模式的调查[J]. 中南大学学报(社会科学版), 20(5): 88-95.

吴燕, 奚成刚, 付金生, 2010. 公路建设中临时用地可持续利用技术研究综述[J]. 公路交通科技(应用技术版), 6(10): 374-378.

伍新木, 杨莹, 2006. 日本国土开发利用及对我国的启示[J]. 中国人口·资源与环境, 16(4): 138-142.

夏囯刚, 2016. 耕地耕作层土壤剥离再利用途径探讨[J]. 农场经济管理(10): 44-47.

夏汉平, 束文圣, 2001. 香根草和百喜草对铅锌尾矿重金属的抗性与吸收差异研究[J]. 生态学报, 21(7): 1121-1129.

信桂新, 2016. 山地丘陵区土地资源流动与整合机制研究[D]. 重庆: 西南大学.

修维宁, 2011. 紫色土丘陵山区田间道路基工程设计[D]. 重庆: 西南大学.

徐炳玉, 王涛, 窦森, 2012. 关于表土剥离技术的初步研究[J]. 吉林农业(学术版)(1): 18.

徐萍, 卫新, 王美青, 等, 2013. 浙江省低丘缓坡农业资源高效集约利用的路径与对策研究[J]. 中国农业资源与区划, 34(3): 73-77.

徐阅, 2017. 表土剥离优化利用研究[D]. 长春: 吉林农业大学.

雅克·马修·亨利·博德利, 2017. 土地规划与整治中的生物多样性问题: 欧洲的案例[J]. 中国土地(3): 39-40.

闫玉婷, 2013. 四川省农村水利建设标准与评价方法研究[D]. 保定: 河北农业大学.

严企松, 1959. 稻改田抗旱治漏保水的经验[J]. 中国农业科学(13): 456-458.

杨翠霞, 2014. 露天开采矿区废弃地近自然地形重塑研究[D]. 北京: 北京林业大学.

杨建辉, 2017. 农业化学投入与农业经济增长脱钩关系研究: 基于华东6省1市数据[J]. 自然资源学报, 32(9): 1517-1527.

杨树凌, 2011. 设施农用地怎么管[J]. 中国土地(4): 47-49.

杨晓艳, 闫东浩, 程锋, 2005. 耕地整理的景观效应分析[J]. 自然资源学报, 20(4): 572-581.

杨智钧, 2015. 规模化种植设施农用地管理初探: 以军王村葡萄种植设施农用地为例[J]. 资源导刊(3): 24-25.

杨紫千, 刘小庆, 王秋兵, 2017. 表土剥离再利用方向及路径[J]. 中国土地(11): 28-29.

姚刚, 2008. 公路工程临时用地生态恢复研究[D]. 西安: 长安大学.

叶丽敏, 周沿海, 邱荣祖, 等, 2015. 区域道路建设对两侧景观生态的影响: 以福建省将乐县为例[J]. 四川农业大学学报, 33(2): 159-165.

叶艳妹, 吴次芳, 俞婧, 2011. 农地整理中灌排沟渠生态化设计[J]. 农业工程学报, 27(10): 148-153.

叶艳妹, 吴次芳, 2002. 土地整理对土壤性状的影响及其重建技术和工艺研究[J]. 浙江大学学报(农业与生命科学版), 28(3): 267-271.

叶英聪, 匡丽花, 赵小敏, 等, 2017. 基于时间可达性的土地整治道路布局研究[J]. 自然资源学报, 32(6): 1064-1073.

余敦, 袁胜国, 2016. 江西省建设占用耕地表土剥离的技术探讨[J]. 中国农业资源与区划, 37(8): 47-51.

俞布, 潘文卓, 宋健, 等, 2012. 杭州市滑坡地质灾害危险性区划与评价[J]. 岩土力学, 33(S1): 193-200.

虞卫, 冯书剑, 2011. 以土地整治为抓手 整镇推进城乡统筹: 新津县兴义镇集成系统建设新农村的调查报告[J]. 资源与人居环境(4): 34-39.

袁清超, 牛首业, 赵廷华, 等, 2017. 石质边坡防护中生态植被毯水土保持效果研究[J]. 人民长江, 48(17): 34-36.

袁中友, 杜继丰, 王枫, 2012. 日本土地整治经验及其对中国的启示[J]. 国土资源情报(3): 15-19.

郧文聚, 张蕾娜, 2015. 新形势下永久基本农田划定的启示[J]. 农村工作通讯(2): 27-29.

曾红伟, 李丽娟, 2011. 澜沧江及周边流域TRMM 3B43数据精度检验[J]. 地理学报, 66(7): 994-1004.

曾吉彬, 邵景安, 谢德体, 2018. 基于遥感影像的重庆高标准基本农田建设难度与时序分析[J]. 农业工程学报, 34(23): 267-278.

张锋, 王慎敏, 2008. 基于综合效益评价的土地整理项目规划方案择优研究: 以江苏省泰兴市分界乡土地整理项目为例[J]. 中国农学通报, 24(2): 419-424.

张广纳, 邵景安, 王金亮, 等, 2015. 三峡库区重庆段农村面源污染时空格局演变特征[J]. 自然资源学报, 30(7): 1197-1209.

张国斌, 2008. 德国土地整理给我们的启迪[J]. 浙江国土资源(8): 11-13.

张克俊, 张泽梅, 2015. 农业大省加快构建现代农业产业体系的研究[J]. 华中农业大学学报(社会科学版)(2): 25-32.

张绍云, 周忠发, 熊康宁, 等, 2016. 贵州洞穴空间格局及影响因素分析[J]. 地理学报, 71(11): 1998-2009.

张雅杰, 邵庆军, 李海彩, 等, 2015. 生态景观型灌排系统面源污染防治试验及生态响应[J]. 农业工程学报, 31(1): 133-138.

张莹, 2015. 基于LESA模型的高标准基本农田建设潜力区划定研究: 以德化县为例[J]. 福州: 福建师范大学.

张振超, 张琳琳, 王冬梅, 等, 2015. 生产建设项目表土保护与利用[J]. 中国水土保持科学, 13(1): 127-132.

张志权, 1996. 土壤种子库[J]. 生态学杂志, 15(6): 36-42.

赵桂慎, 贾文涛, 柳晓蕾, 2007. 土地整理过程中农田景观生态工程建设[J]. 农业工程学报, 23(11): 114-119.

赵默涵, 2008. 矿山废弃地土壤基质改良研究[J]. 中国农学通报, 24(12): 128-131.

赵志军, 2017. 重庆市自然灾害综合区划研究[D]. 重庆: 西南大学.

郑秋月, 姜广辉, 张瑞娟, 2018. 基于乡村地域功能导向的土地整治分区: 以北京市平谷区为例[J]. 中国农业资源与区划, 39(11): 70-76.

中央党校访德代表团, 2006. 德国土地整理和乡村革新的经验及其启示[J]. 科学社会主义(1): 112-114.

钟云山, 姚剑, 2015. 服务产业化 遏制非农化: 山东省寿光市加强设施农用地监管的做法[J]. 中国土地(4): 11-12.

周丽, 唐瑭, 2018. 乡村振兴战略背景下的景观型土地整治设计研究[J]. 科技创新导报, 15(31): 120-121.

周淑景, 2002. 法国多功能农业发展模式[J]. 中国农垦(5): 36-37.

朱冬雪, 许强, 李松林, 2020. 三峡库区大型: 特大型层状岩质滑坡成因模式及地质特征分析[J]. 地质科技通报, 39(2): 158-167

朱教君, 姜凤岐, 范志平, 等, 2003. 林带空间配置与布局优化研究[J]. 应用生态学报, 14(8): 1205-1212.

朱立安, 吴志峰, 卓慕宁, 等, 2002. 高速公路用地复垦技术体系浅析[J]. 交通环保, 23(5): 14-17.

朱求安, 张万昌, 赵登忠, 等, 2005. 基于 PRISM 和泰森多边形的地形要素日降水量空间插值研究[J]. 地理科学, 25(2): 233-238.

朱先云, 2009. 国外表土剥离实践及其特征[J]. 中国国土资源经济, 22(9): 24-26.

朱小敏, 2010. 铁路建设项目土地复垦要点及措施体系初探[J]. 中国水土保持(9): 14-15.

朱晓华, 丁晶晶, 刘彦随, 等, 2010. 村域尺度土地利用现状分类体系的构建与应用: 以山东禹城牌子村为例[J]. 地理研究, 29(5): 883-890.

邹长新, 王燕, 王文林, 等, 2018. 山水林田湖草系统原理与生态保护修复研究[J]. 生态与农村环境学报, 34(11): 961-967.

祖健, 张蚌蚌, 孔祥斌, 2016. 西南山地丘陵区耕地细碎化特征及其利用效率: 以贵州省草海村为例[J]. 中国农业大学学报, 21(1): 104-113.

左旭阳, 陈鑫婵, 范雁阳, 2014. 加快现代农业发展 规范设施农用地管理[J]. 南方国土资源(8): 33-34.

Castelle A J, Johnson A W, Conolly C, 1994. Wetland and stream buffer size requirements: A Review[J]. Journal of Environmental Quality, 23(5): 878-882.

Cay T, Iscan F, 2011. Fuzzy expert system for land reallocation in land consolidation[J]. Expert Systems with Applications, 38(9): 11055-11071.

Duyckaerts C, Godefroy G, 2000. Voronoi tessellation to study the numerical density and the spatial distribution of neurones[J]. Journal of Chemical Neuroanatomy, 20(1): 83-92.

Hutchings M J, Booth K D, 1996. Studies on the feasibility of re-creating chalk grassland vegetation on ex-arable land. I. The potential roles of the seed bank and the seed rain[J]. Journal of Applied Ecology, 33(5): 1171-1181.

Lambin E F, Turner B L, Geist H J, et al., 2001. The causes of land-use and land-cover change: Moving beyond the myths[J]. Global Environmental Change, 11(4): 261-269.

Long H L, Liu Y S, Li X B, et al., 2010. Building new countryside in China: A geographical perspective[J]. Land Use Policy, 27(2): 457-470.

Long H L, Zhang Y N, Tu S S, 2019. Rural vitalization in China: A perspective of land consolidation[J]. Journal of Geographical

Sciences, 29(4): 517-530.

López-Gamero M D, Claver-Cortés E, Molina-Azorín J F, 2009. Evaluating environmental regulation in Spain using process control and preventive techniques[J]. European Journal of Operational Research, 195(2): 497-518.

Ockenden M C, Deasy C, Quinton J N, et al., 2012. Evaluation of field wetlands for mitigation of diffuse pollution from agriculture: Sediment retention, cost and effectiveness[J]. Environmental Science & Policy, 24: 110-119.

Ojima D, Moran E, Mcconnell W, et al., 2005. Global Land Project: Science Plan and Implementation Strategy[M]. Stockholm: IGBP Secretariat.

Pašakarnis G, Maliene V, 2010. Towards sustainable rural development in Central and Eastern Europe: Applying land consolidation[J]. Land Use Policy, 27(2): 545-549.

Pašakarnis G, Morley D, Malienė V, 2013. Rural development and challenges establishing sustainable land use in Eastern European countries[J]. Land Use Policy, 30(1): 703-710.

Rew L J, Theaker R J, Froud-Williams R L, et al., 1992. Nitrogen feitilizer misplacement and field boundaries[J]. Aspects of Applied Biology, 30: 203-206.

Srivastava P, Edwards D R, Daniel T C, et al., 1996. Performance of vegetative filter strips performance with varying pollutant source and filter strip lengths[J]. Transactions of the ASAE, 39(6): 2231-2239.

Wu J G, 2000. Landscape Ecology: Pattern, Scale and Hierarchy[M]. Beijing: Higher Education Press.

彩 版

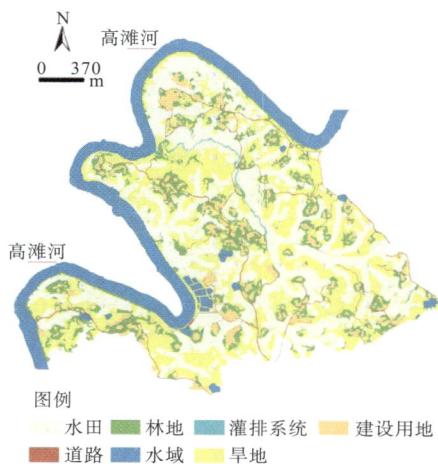

图 3-1 研究区土地利用现状图

图 3-2 研究区产业布局图

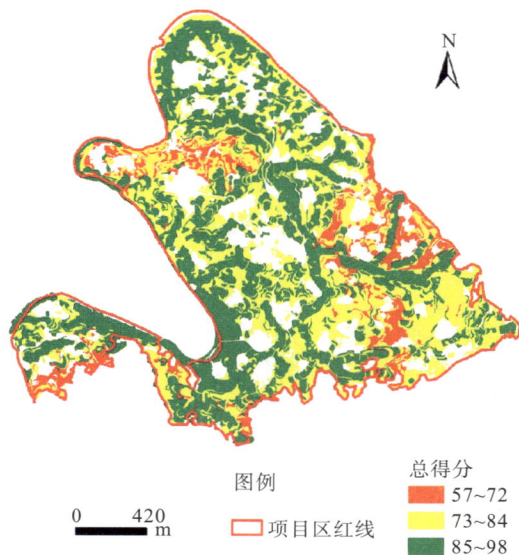

图 3-4 条田整治适宜性评价结果

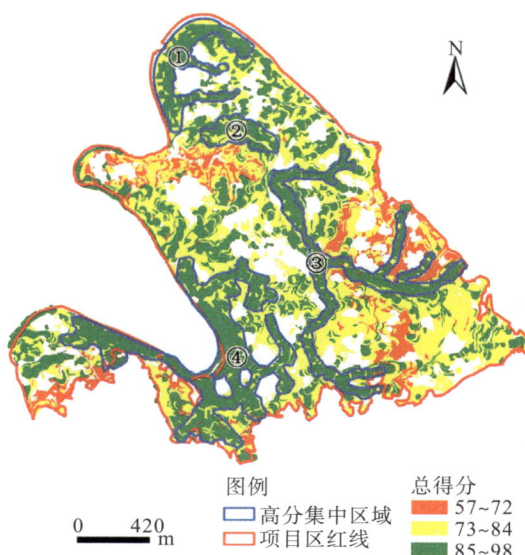

图 3-5 适宜整治区域集中区域展示

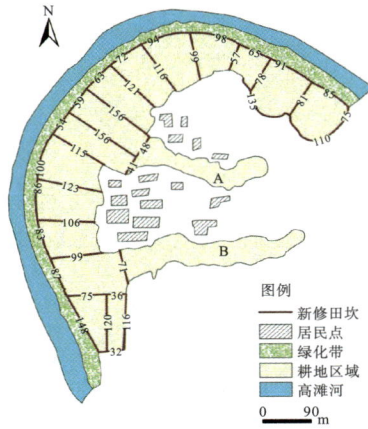

图 3-6 平坝区田块规格图(单位：m)

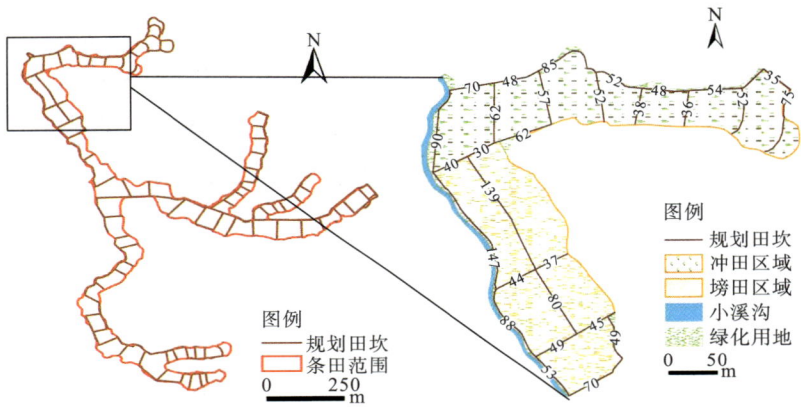

图 3-7 缓丘区典型田块规格图

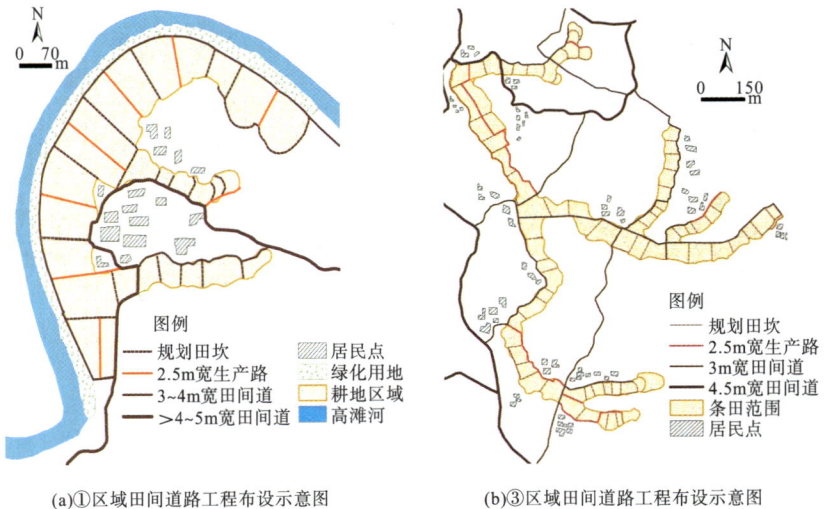

(a)①区域田间道路工程布设示意图

(b)③区域田间道路工程布设示意图

图 3-8 田间道路工程布设示意图

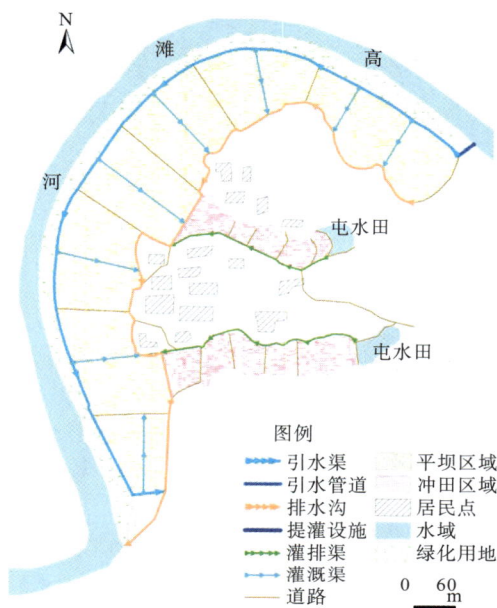

图 3-9 ①区域灌排工程布局示意图

图 3-10 ③区域灌排工程示意图

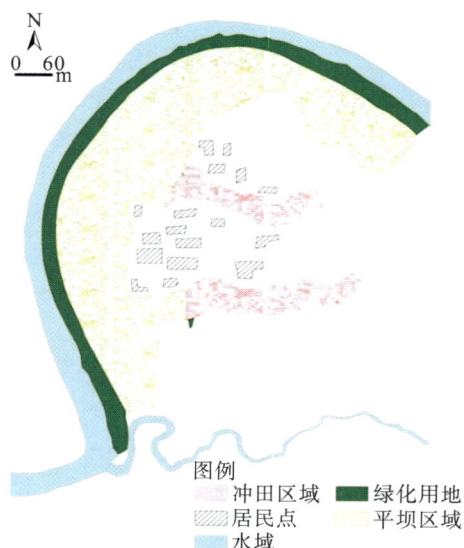

(a)①区域生态防护工程布局示意图

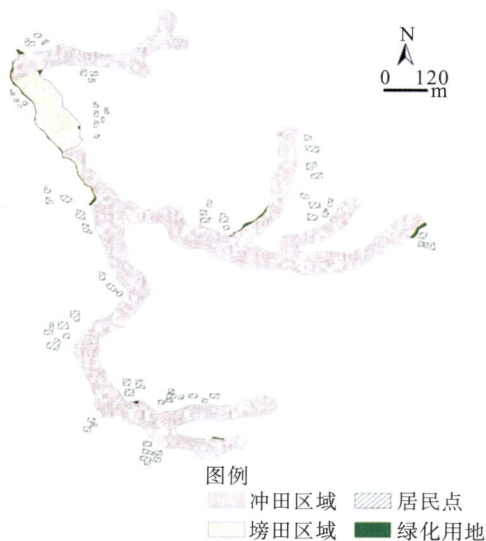

(b)③区域生态防护工程示意图

图 3-11 生态防护工程示意图

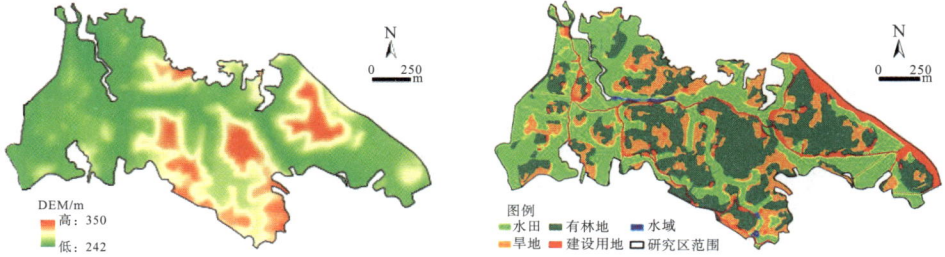

图 4-1　研究区 DEM 及土地利用类型

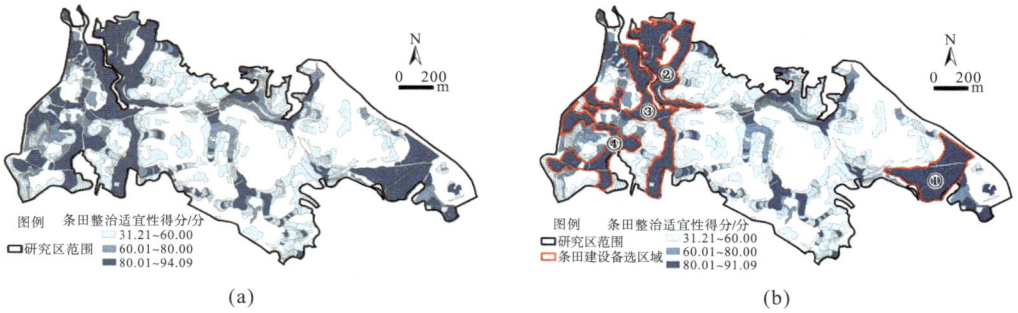

图 4-2　浅丘宽谷与丘陵交错区条田整治适宜性评价结果(a)及集中区域(b)

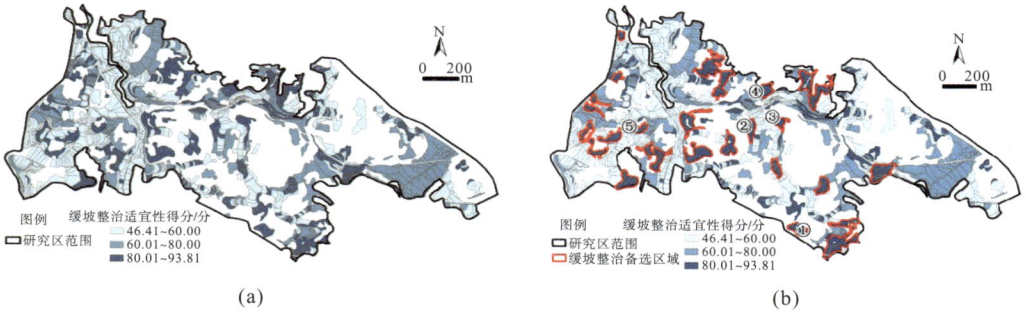

图 4-3　浅丘宽谷与丘陵交错区缓坡整治适宜性评价结果(a)及集中区域(b)

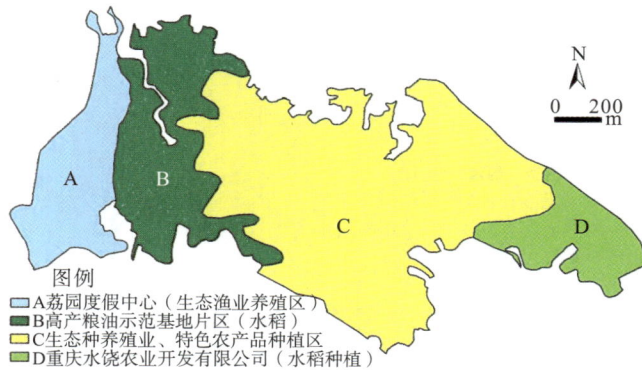

图 4-4　研究区产业发展定位示意图

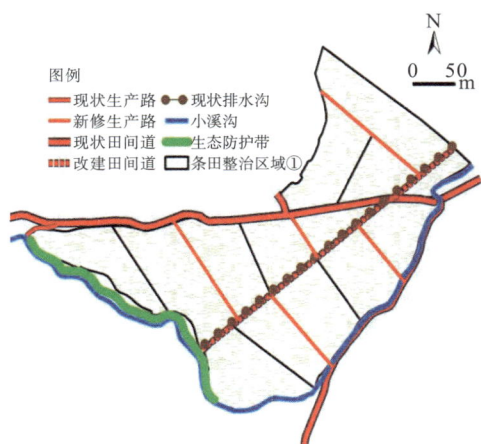

图 4-5　条田整治区域①的空间布局规划结果　　图 4-6　条田整治区域②的空间布局规划结果

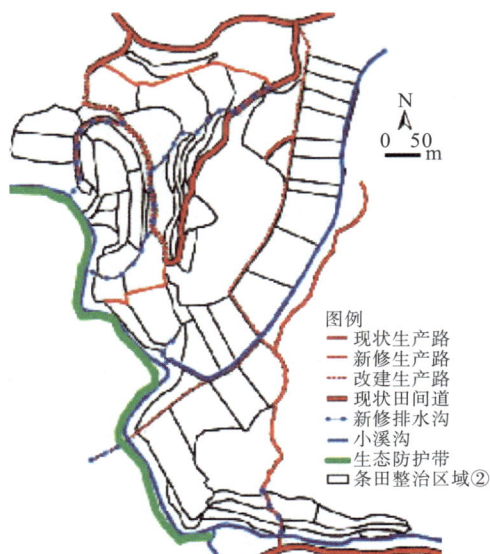

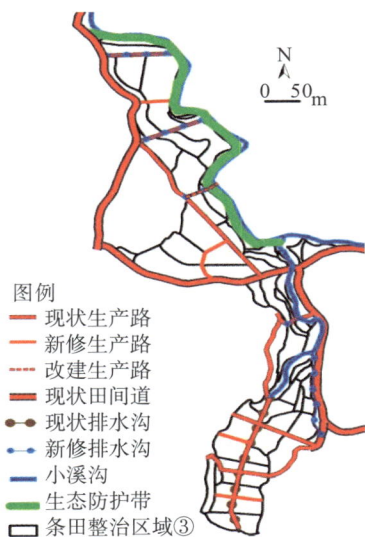

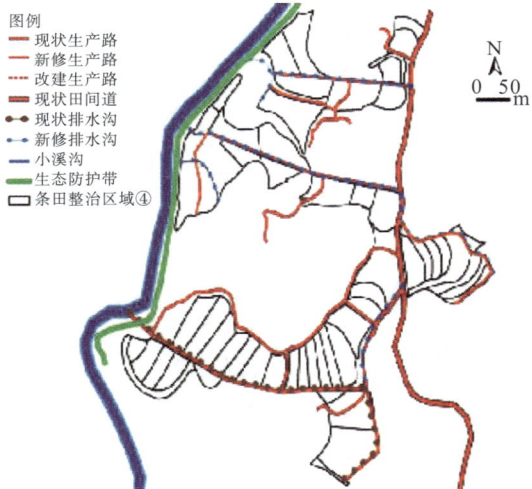

图 4-7　条田整治区域③的空间布局结果　　图 4-8　条田整治区域④的空间布局结果

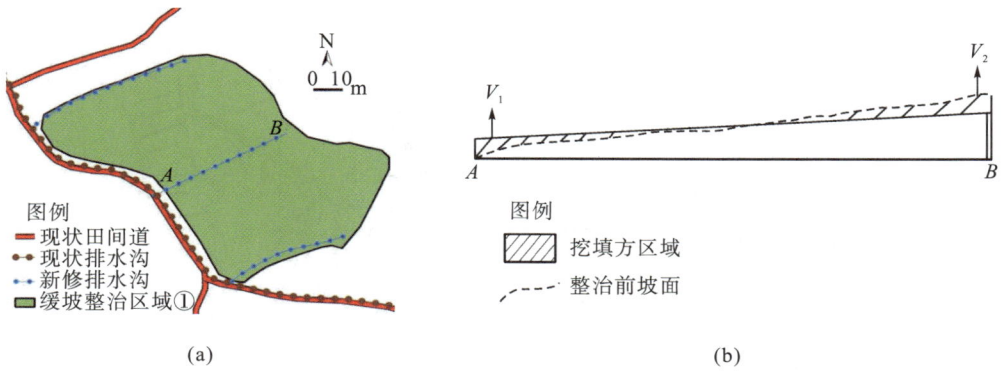

图 4-9　缓坡整治区域①的空间布局结果(a)及剖面示意图(b)

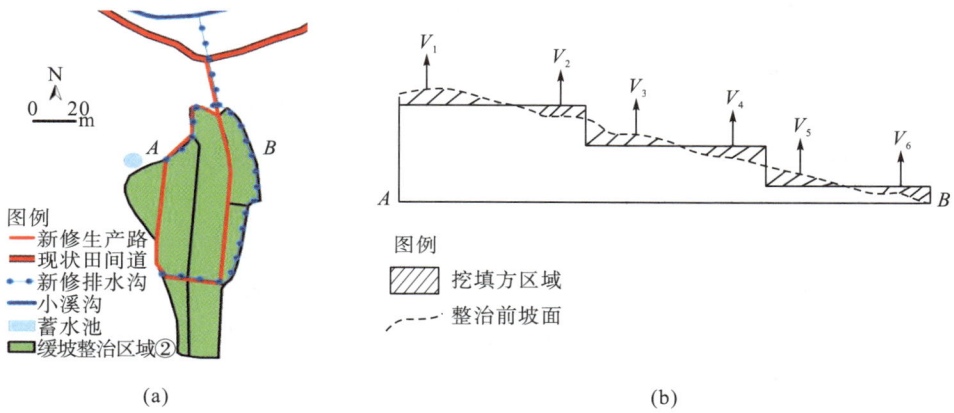

图 4-10　缓坡整治区域②的空间布局结果(a)及剖面示意图(b)

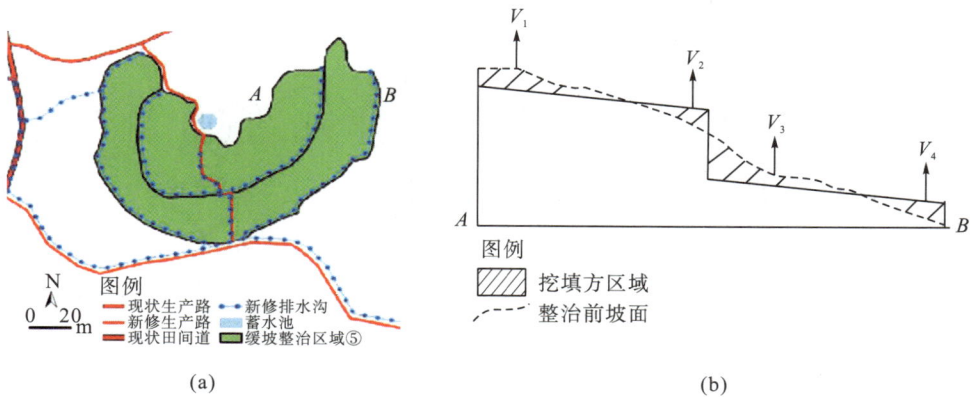

图 4-11　缓坡整治区域⑤的空间布局结果(a)及剖面示意图(b)

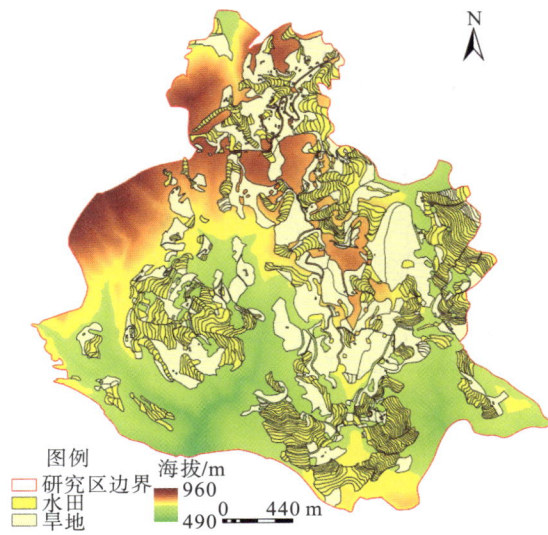

图 5-1　研究区概况

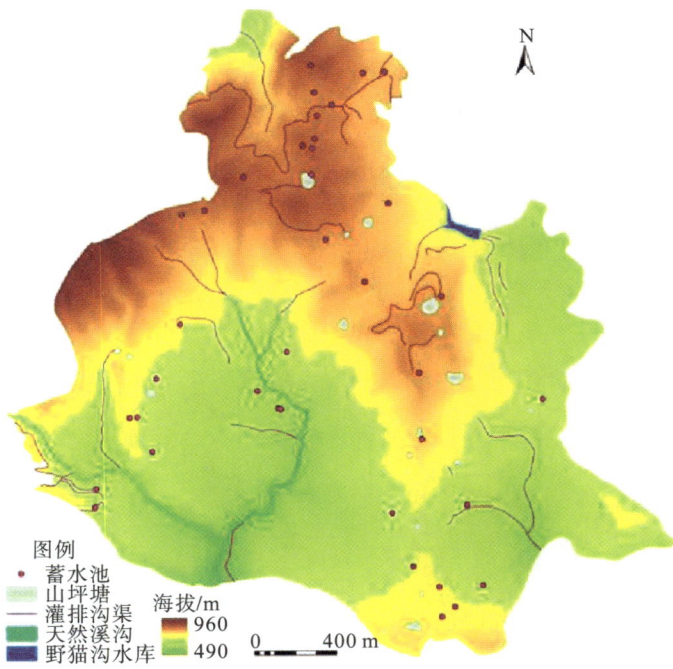

图 5-2　岩溶槽谷耕地连片区灌排系统分布

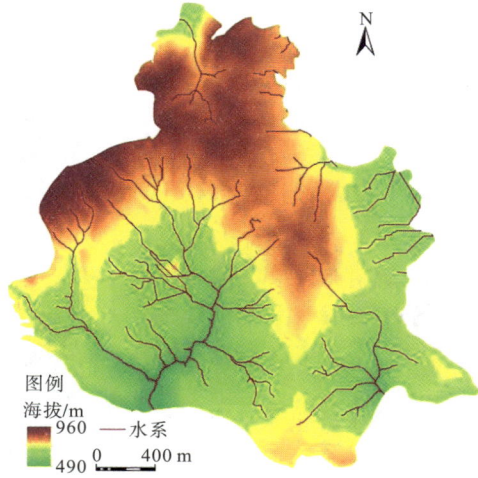

图 5-4 研究区水系网络图

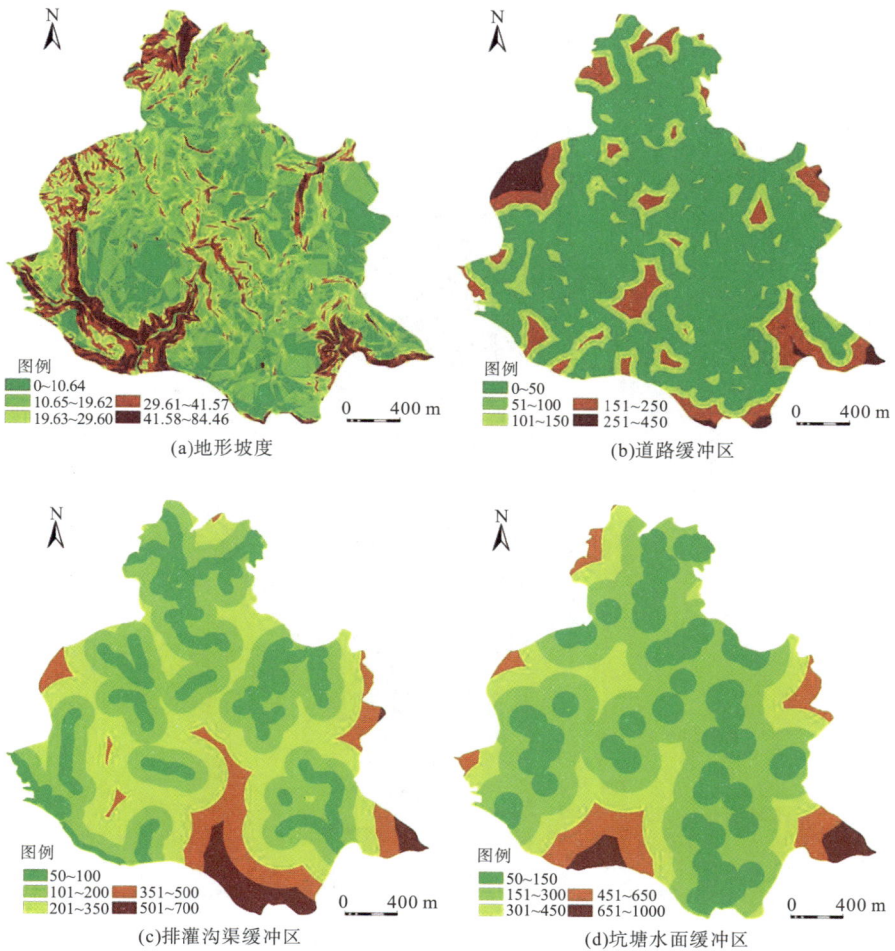

图 5-5 灌排系统布局各影响因子分布图

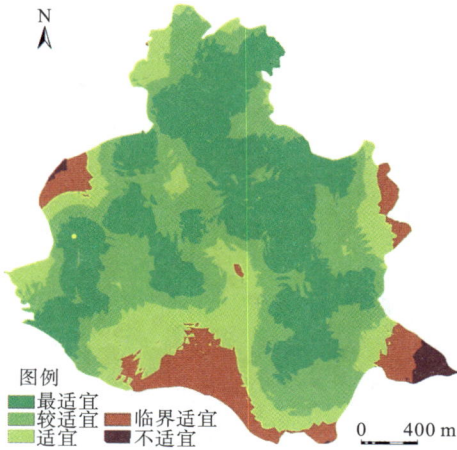

图 5-6 研究区灌排系统布局适宜性分布图

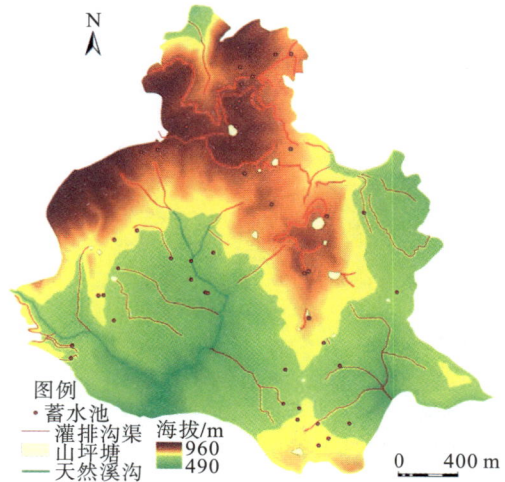

图 5-7 研究区灌排系统优化布局

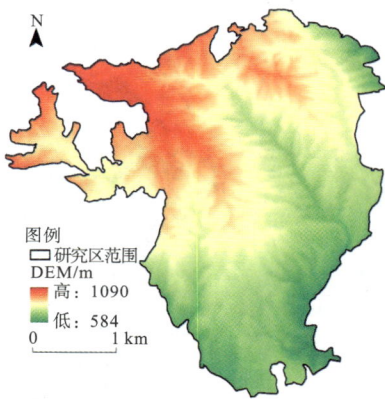

(a)

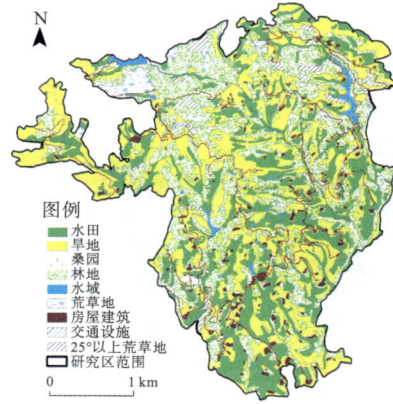

(b)

(c)

图 7-1 研究区 DEM(a)、地类(b)、产业规划图(c)

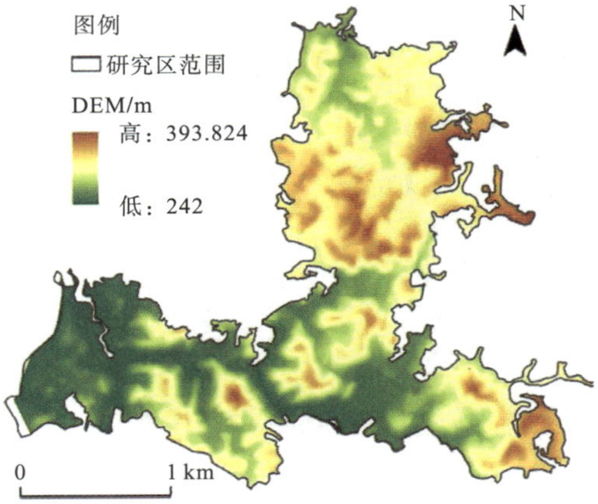

图 8-3　研究区产业发展地域分布

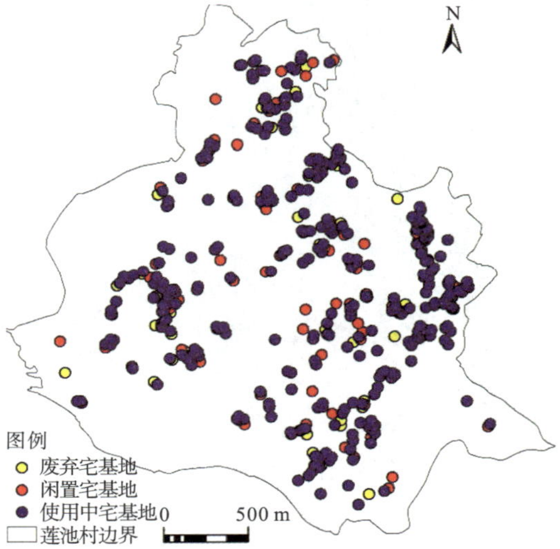

图 9-2　莲池村宅基地使用状况图

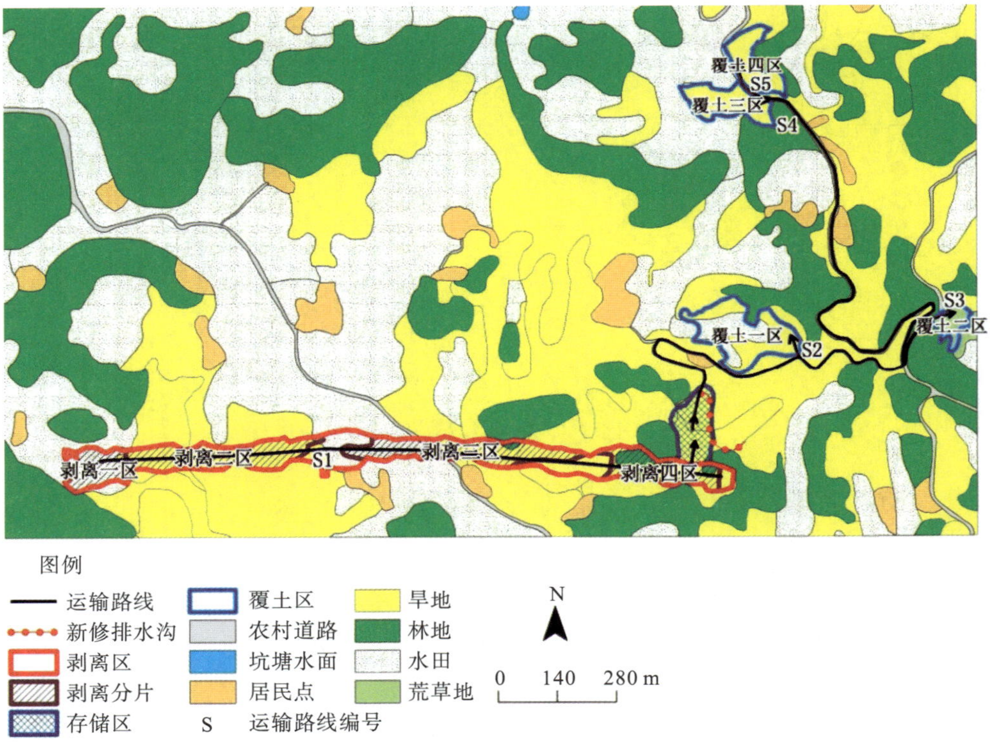

图 12-2　项目工程规划图

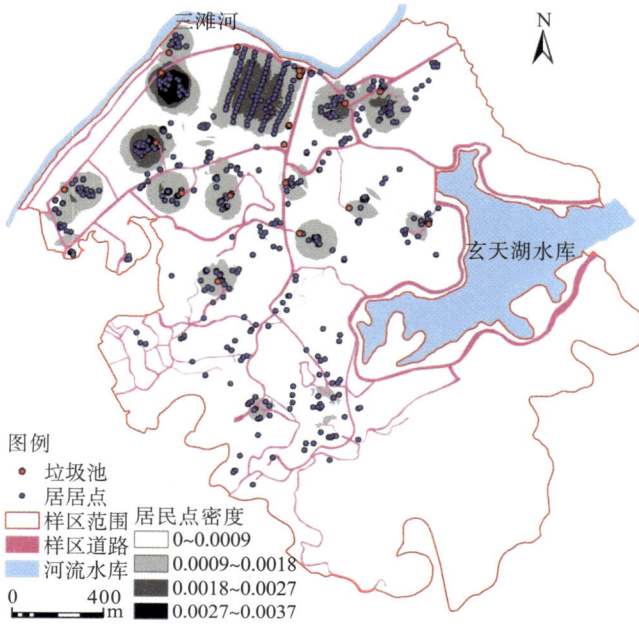

图 13-4　居民点密度及优化后垃圾池分布

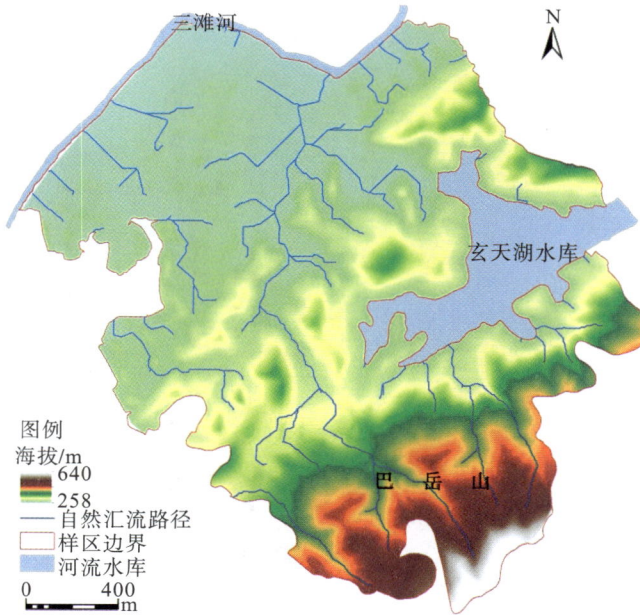

图 13-5　研究区自然水流汇集路径

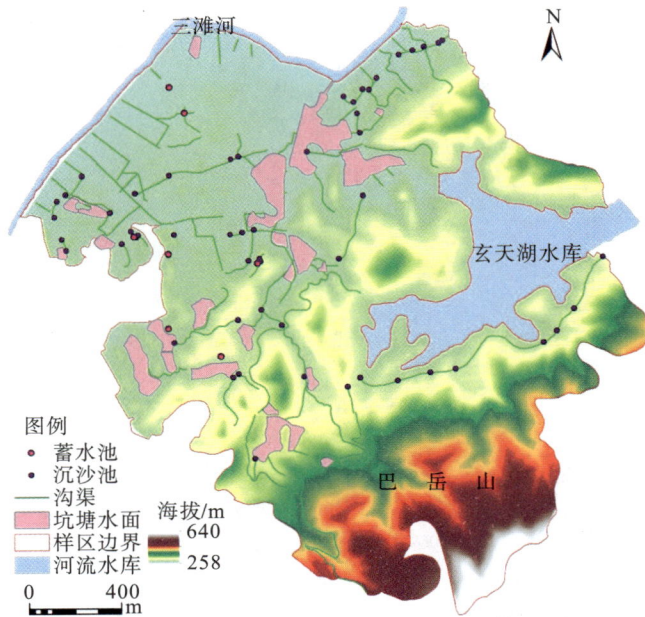

图 13-6　优化后的沟渠池凼分布

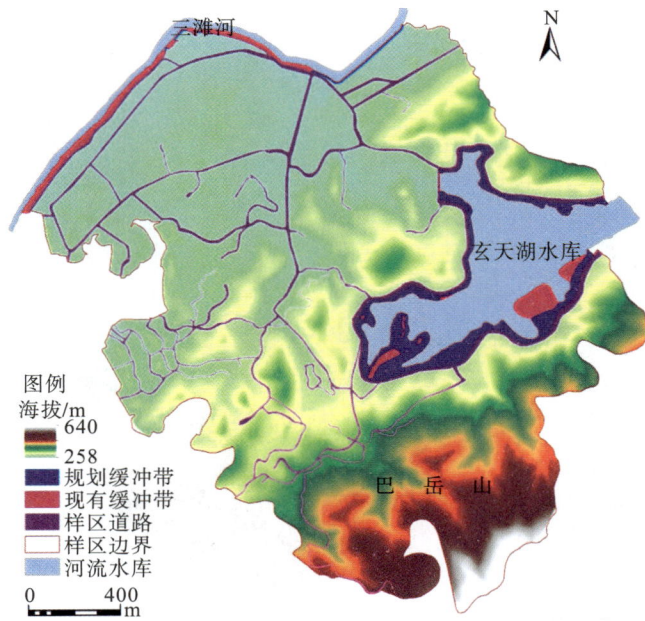

图 13-7　优化后的植被缓冲带分布

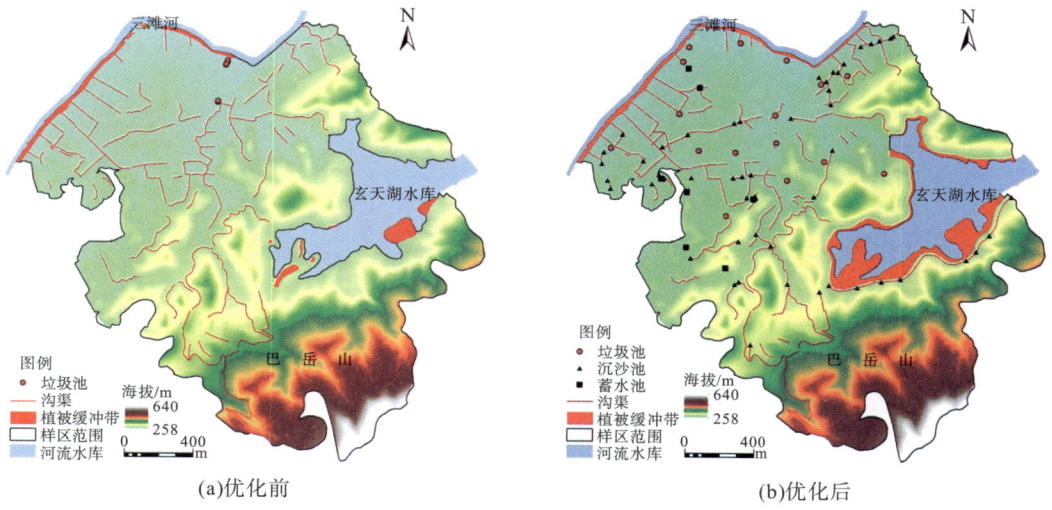

(a)优化前　　　　　　　　　　　　(b)优化后

图 13-8　污染物拦截与消纳工程体系优化前后对比